«Wie ist es also, tot zu sein? Nun, das hängt davon ab, wen man fragt. Nach meiner eigenen kurzen Begegnung mit dem Tod habe ich viele Jahre lang mit Verstorbenen der verschiedensten Religionen und Kulturen gesprochen. In der Folge habe ich begriffen, dass es ebenso viele Beschreibungen vom Leben im Jenseits (und ebenso viele Namen für den Himmel) gibt wie Verstorbene. Dennoch weisen die zahllosen individuell unterschiedlichen Einzelheiten eine zugrunde liegende Einheitlichkeit auf. Das Leben jenseits des Todes ist weiter und großartiger, als wir es uns vorstellen können.»

Hollister Rand ist eine bekannte amerikanische Hellseherin. Als Medium hält sie weltweit Vorträge und veranstaltet Workshops. Mehr über die Autorin erfahren Sie unter: www.hollisterrand.com.

Hollister Rand

ICH BIN NICHT TOT, NUR ANDERS

Kinder berichten aus dem Jenseits

Rowohlt Taschenbuch Verlag

Aus dem Englischen von
Diane von Weltzien

Die Originalausgabe erschien 2011
unter dem Titel «I'm Not Dead, I'm Different»
bei HarperCollins Publishers, New York.

Deutsche Erstausgabe
Veröffentlicht im Rowohlt Taschenbuch Verlag,
Reinbek bei Hamburg, Oktober 2012

Redaktion Bernd Jost
Umschlaggestaltung ZERO Werbeagentur, München
(Illustration: FinePic, München)
Satz aus der Trinité (InDesign)
bei hanseatenSatz-bremen, Bremen
Druck und Bindung CPI – Clausen & Bosse, Leck
Printed in Germany
ISBN 978 3 499 62970 9

Meiner Mutter **Joan Harriet Farrer Gierisch** *gewidmet, deren Engagement für das Wohlergehen anderer mein Verlangen beflügelte, Heilung zu bewirken, deren Begeisterung für Bücher mich zum Schreiben veranlasste und deren leidenschaftliches lebenslanges Lernen mich lehrte, das Leben zu erforschen … ohne Angst vor überraschenden Erkenntnissen.*

INHALT

«Aufwachen!», hörte ich eine Stimme rufen.

Also erwachte ich.

Es war vier Uhr früh und noch dunkel. Ich war allein. Jedenfalls *meinte ich,* allein zu sein. Doch ich war es nicht. Am Fußende meines Bettes stand der Geist eines verstorbenen jungen Mannes. Von der Taille abwärts sah ich ihn nur verschwommen. In seinen Augen las ich große Dringlichkeit. Ich war überrascht, doch Angst hatte ich nicht. Es war nicht das erste Mal, dass ein Verstorbener am Fußende meines Bettes stand. Doch irgendwie spürte ich, dass es dieses Mal anders war. «Wach auf!», rief er wieder. Ich wollte gerade zurückbrüllen: «Du hast mich ja schon aufgeweckt!», da war er plötzlich verschwunden. Verstorbene haben gerne das letzte Wort, und die Botschaft dieses jungen Verstorbenen, wenn auch kurz, war für mich wichtig.

Inzwischen habe ich begriffen, dass es dem Verstorbenen um mehr ging als nur darum, mich morgens aus dem Bett zu holen. Er hatte mich dazu aufgefordert, präsent zu sein, mit jeder Faser zu leben, mir das Leben in all seiner Fülle bewusst zu machen – zu lieben ungeachtet des Trennungsschmerzes, den der Tod uns zumutet.

Wie ironisch, dass es ausgerechnet ein verstorbener Mensch war, der mich mahnte zu leben. Die geschilderte Begegnung ereignete sich vor ungefähr zwanzig Jahren. Seitdem habe ich viel von den Verstorbenen gelernt. Unter anderem auch, wie man sich ihnen während des Tages öffnet, damit sie sich nicht nachts bemerkbar machen müssen. Doch noch wichtiger ist, dass ich von den Verstorbenen angeleitet, geführt und geradezu gedrängt wurde, ihnen eine Stimme im Diesseits zu geben.

Wie der vorausgegangene Bericht zeigt, gibt es im Jenseits eine ganz besonders lautstarke und hartnäckige Gruppe: die jungen Verstorbenen. Seit Jahren schon hatten medial begabte Personen aus meinem Freundes- und Bekanntenkreis bemerkt, dass ich fortwährend von verstorbenen Kindern und Jugendlichen umgeben war. Wir empfanden das als merkwürdig, da ich keine eigenen Kinder habe, jedenfalls nicht im physischen Sinne. Meine Kinderlosigkeit ließ mich an meiner Eignung zweifeln, trauernde Eltern zu trösten. Ich war fest davon überzeugt, dass die Verstorbenen in mir die falsche Person ausgewählt hatten, und darum bat ich sie, sich meiner Gabe für jede Form von Kommunikation zu bedienen, *außer* für die Botschaften der zu früh Verstorbenen. Ich sträubte mich aufrichtig gegen ihre ständige Gegenwart in meinem Leben und in meiner Arbeit. Ich sagte: «Nein, nein, nein!» Doch die Kinder auf der anderen Seite beharrten auf ihrem «Ja, ja, ja!». Also begann ich, ihnen zuzuhören und schließlich auch von ihnen zu lernen. Die Liebe, die sie durch mich als Medium ihren trauernden Familien zuteilwerden ließen, hat nach und nach das Leben aller verwandelt, auch meines.

Inzwischen bin ich froh über ihre Hartnäckigkeit. Kinder können, wenn sie etwas wollen, unerbittlich sein, und ihre Beharrlichkeit nimmt durch den Tod nicht ab. Das ist eines der vielen Dinge, die mir an ihnen gefallen.

Im Wesentlichen könnte man sagen, dass die Kinder im Himmel den Spieß umgedreht haben. Wir glauben vielleicht, dass es unsere Aufgabe ist, ihnen alles Wissenswerte über das Leben beizubringen, sie vor der großen bösen Welt zu beschützen und ihnen die Zukunft zu überantworten, wenn wir selbst hier unten fertig sind. Doch tatsächlich sind sie es, die *uns* das eine oder andere beizubringen haben.

Kinder haben eine Sichtweise auf das Leben, die unsere eigene transformieren kann.

Jedoch kann diese transformierende Sichtweise für uns, die wir im Diesseits zurückgeblieben sind, eine Herausforderung darstellen, insbesondere wenn der Verlust erst kurze Zeit zurückliegt. Und so hoffe ich, dass meine Art, ihre Mitteilungen darzustellen, es Ihnen ein wenig leichter macht, sie zu verstehen und anzunehmen.

Jedes Kapitel setzt sich aus vier Teilen zusammen:

Das Twittern der Verstorbenen sind kurze anregende Zitate aus dem Mund junger Verstorbener. Nicht nur die jungen Menschen im Diesseits haben Spaß daran, immer wieder neue Kommunikationswege mit Freunden und Angehörigen auszuprobieren, auch die Verstorbenen finden Formen, mit uns in Verbindung zu bleiben. Diese oft knappen und überraschenden Mitteilungen aus dem Jenseits sind das Gegenstück zu unserem Texten und Twittern, mit dem Unterschied, dass Erstere meist gehaltvoller sind als ihre irdischen Entsprechungen. Das Twittern der Verstorbenen, wie es in diesem Buch präsentiert wird, kann für uns eine tägliche Erinnerung daran sein, den Alltag mehr aus der Perspektive des Himmels zu sehen.

Jenseitsgedanken liefern neben meinen eigenen Beobachtungen, Gedanken und Geschichten über die Verstorbenen und Menschen, die ich kennengelernt habe, eine erweiterte Diskussionsgrundlage für die Themen der einzelnen Kapitel. In diesem Abschnitt geht es auch darum, wie mein Leben und meine Arbeit als Medium zusammenlaufen und sich gegenseitig ergänzen.

Antworten aus dem Jenseits gilt jenen Fragen, die mir bei meinen weltweiten Vorträgen immer wieder gestellt werden. Diejenigen Fragen, die mir am interessantesten erscheinen, sollen hier beantwortet werden. Vielleicht sind auch Ihre Fragen darunter.

Die **Jenseitsessenz** ist eine knappe Zusammenfassung der wichtigsten Gedanken des entsprechenden Kapitels. Der eine Leser wählt dieses Buch, weil er sich Trost von ihm erhofft, der andere, weil er eine Erklärung sucht und verstehen will. Der nächste liest es von der ersten bis zur letzten Seite in einem Stück durch, wieder ein anderer steuert direkt auf die Antworten zu, die ihm bei seinen drängendsten Fragen weiterhelfen. Manche wollen auch die Abschnitte, die sie am tiefsten berührt haben, wieder und wieder lesen. Wie immer Sie sich mit dem vorgestellten Material auseinandersetzen wollen, die Zusammenfassungen sollen Ihnen die Lektüre erleichtern und zu einer heilenden Erfahrung machen.

Weil dieses Buch von Kindern handelt, die im Himmel sind, könnte man meinen, dass nur diejenigen, die selbst ein Kind verloren haben, von ihm profitieren. Doch mir und jenen, deren Botschaften ich übermittle, ist es wichtig zu betonen, dass *jeder* in diesem Buch für sich etwas von Wert finden kann. Wir hoffen aufrichtig, dass dieses Buch jene berührt, die den Verlust eines geliebten jungen Menschen direkt erfahren mussten, doch wir gehen außerdem davon aus, dass auch zahllose andere Menschen darin Sinn und Antworten finden werden.

Ja, vor Kurzem erzählte mir eine Freundin eine Geschichte, die genau zeigt, warum dieses Buch *für uns alle* eine wichtige Lektüre ist. Als sie erfuhr, dass ihre neunundsechzigjährige Mutter an Bauchspeicheldrüsenkrebs erkrankt war, musste sie weinen. «Mama, bitte stirb nicht», flehte sie. Mit der Würde und Weisheit ihres Alters entgegnete die Mutter: «Aber Nancy, dein Vater und ich, wir haben ein gutes Leben geführt – wir haben miterlebt, wie unsere Kinder herangewachsen sind. Ich sterbe glücklich.» Diese Worte bestätigen, was wir alle wissen: Gleichgültig, ob die eigenen Kinder noch klein sind oder schon in den Sechzigern, kein Vater und keine Mutter will sie überleben. Doch Nancys Geschichte verdeutlicht außerdem etwas, worauf die Kinder aus dem Jenseits mich immer wieder hinweisen: *Jeder* wird irgendwann einmal einen Menschen überleben, den er liebt. Das ist das Spiel von Leben und Tod. Wenn wir mehr über das Leben nach dem Tod wissen, dann können wir dem Tod anders begegnen und unser Leben hier auf Erden in einem neuen Licht betrachten. Das ist es, worüber die verstorbenen Kinder aller Altersgruppen mit uns sprechen wollen, das ist ihre Botschaft.

Jedes Mal, wenn ein Kind aus dem Jenseits mit mir Kontakt aufnimmt, dann berührt mich das ungemein. Sie sprechen so offen und aufrichtig über das Leben und den Tod. Sie schließen kein Thema aus, und sei es auch Abtreibung oder Selbstmord. Sie sprechen über die wesentlichen Dinge des Lebens – die Dinge, die uns alle angehen.

Ich empfinde Ehrfurcht vor der Art, wie verstorbene Kinder

bis zum Kern der Dinge vorstoßen. Werden wir geliebt? Wenn ja, warum fühlen wir uns dann manchmal so allein gelassen? Wie können wir Verlust und Herzensqualen (jeglicher Art) überwinden?

Wir alle waren einmal Kinder, und was diese jungen Seelen uns mitteilen, erinnert uns an das Gefühl von Unbesiegbarkeit, das uns einmal erfüllte. Sie sind bereits dort eingetroffen, wohin wir alle unterwegs sind, folglich können sie uns viel darüber berichten, was uns dort erwartet.

Was könnten Kinder uns schon vom Leben nach dem Tod mitteilen, das uns hier auf Erden hilft? Die Antwort lautet: sehr viel.

Ich habe es wieder und wieder miterlebt: Junge Menschen im Jenseits vermitteln ihre Weisheit mit einem Humor und einer Leichtigkeit, die uns hilft, unseren Weg klarer zu sehen.

Wie es bei Jesaja 11,6 heißt: «Ein kleiner Knabe soll sie führen.»

Wenn Sie also bereit sind, dann wollen wir uns von den Kindern führen lassen.

Hollister Rand

Dieses Buch basiert auf tatsächlichen Begegnungen mit Verstorbenen und Lebenden.

In meinen Berichten über meine Erfahrungen mit diesen Begegnungen habe ich Namen und gewisse Einzelheiten verändert, um die betroffenen Personen zu schützen. In der Regel sind die Botschaften der Verstorbenen nicht vollständig oder wortwörtlich wiedergegeben, sondern sie wurden für dieses Buch bearbeitet und zusammengefasst.

1

SO FÜHLT ES SICH AN, WENN MAN TOT IST?

Was Kinder vom Tod und dem Leben danach berichten

DAS TWITTERN DER VERSTORBENEN

«Der Himmel ist ein Seelenzustand.»
Von einem neunzehnjährigen Verstorbenen, der zu Lebzeiten mit Depressionen zu kämpfen hatte.

JENSEITSGEDANKEN

Sollte das der Himmel sein?

So fühlt es sich also an, wenn man tot ist, dachte ich. Ein strahlendes weißes Licht breitete sich vor meinem Gesicht aus. Es war zugleich diffus und blendend hell. Am Rande meines Wahrnehmungsfeldes bewegten sich zielgerichtet Gestalten in Blau und Weiß. Murmelnde Stimmen klangen eindringlich, doch was sie sagten, war unverständlich. Ein beharrliches und aufdringliches Piepen störte die menschlichen Stimmen. Ich konnte meine Beine nicht bewegen, und meine Arme fühlten sich schwer an und als würden sie festgehalten. Mein Kopf ließ sich nicht drehen. Ich blinzelte mit den Augen, doch der Schleier wollte sich nicht heben. Keine himmlische Pforte. Kein heiliger Petrus. War ich vielleicht am falschen Ort? Wenn das der Himmel sein sollte, dann gefiel er mir bisher überhaupt nicht.

Ich machte eine Bestandsaufnahme. *Kann ich atmen?* Ja. *Kann ich mit den Zehen wackeln?* Ja. *Kann ich sprechen?* Ich brachte keine Worte hervor. *Weiß ich, wie ich hierhergekommen bin?* Nein. *Weiß ich genau, wo ich bin?* Nein.

Gerade als ich dachte, schlimmer könne es wohl kaum werden, legte sich ein Laken über mein Gesicht. *Dann bin ich also wirklich tot! Aber Moment mal! Ich nehme die Dinge wahr, die um mich geschehen!*

Ich kehrte zu meiner Bestandsaufnahme zurück. *Kann ich die Finger bewegen? Ja. Schlucken? Ja.* Das Piepen wurde lauter. Und dann hörte ich eine Stimme, die sagte: «Willkommen zurück bei uns!»

In diesem Augenblick war ich mir keineswegs sicher, wo ich mich befand. Erst als mir das Tuch vom Gesicht gezogen wurde, sah ich klarer. Ich befand mich in der Notaufnahme eines Krankenhauses. Später erklärte man mir, dass ich einen schweren Autounfall gehabt hatte. Meine Mutter hatte eine gebrochene Halswirbelsäule und überlebte. Der Wagen war ein Totalschaden und ich beinahe auch. Ich war achtzehn Jahre alt. Mein Vater und meine Schwester hatten fast in einem einzigen Augenblick ihre halbe Familie verloren. Als ich Wochen später das Krankenhaus verließ, war ich wiederhergestellt und begann mit Korsett und Augenklappe mein erstes Jahr am College.

Ich meinte, dem Tod begegnet zu sein. Die Rückkehr ins Leben war langwierig und beschwerlich. Damals war mir noch nicht klar, dass es bei dieser Erfahrung um die Begegnung mit dem ging, was sich *jenseits* des Todes befindet. Ab dem Moment, als mir das Tuch vom Gesicht gezogen wurde, war alles anders. Ich hatte mich verändert. Nicht nur im körperlichen Sinne, sondern auch im Hinblick auf mein Wahrnehmungsvermögen und mein Bewusstsein. Schon als Kind war ich immer wieder Verstorbenen begegnet. Ich hatte mich jedoch immer bemüht, solche Erfahrungen für mich zu behalten, denn schließlich wollte ich sein wie alle anderen und nicht ein Mensch, dem es schwerfiel, zwischen den Lebenden und den Toten zu unterscheiden.

Doch fast gestorben zu sein bewirkte bei mir einen Sinneswandel. Nun wollte ich mit *jedem* sprechen, dem ich zutraute, mir bei der Beantwortung meiner auftauchenden Fragen zu helfen. Bisher hatte ich in einer Vorstadt von New York ein angenehmes Leben geführt, doch nun sah ich mich plötzlich mit der Frage konfrontiert: «Hat das Leben einen Sinn?» Und noch präziser: «Hat *mein* Leben einen Sinn?» Ich wusste, die Antwort auf beide Fragen lautete «Ja». Unklar war mir lediglich, worin dieser Sinn bestand. Auch in meiner Familie hatte sich die Einstellung zum Leben verändert. Wir alle waren dankbar, dass der Unfall keine schlimmeren Folgen gehabt hatte. Während meines Krankenhausaufenthalts hatten wir ausreichend Gelegenheit zu erkennen, dass andere Familien nicht halb so viel Glück gehabt hatten wie wir.

In den Jahren nach dem Unfall beschäftigten mich sogar noch tiefgreifendere Fragen: «Woher kommen wir?», «Wohin gehen wir?», und, die schwierigste Frage von allen: «Warum?»

Und habe ich die Antworten inzwischen gefunden? Nein. Doch ich bin weiter auf der Suche. In den zurückliegenden zwanzig Jahren, in denen ich es mit Verstorbenen jeglicher Art zu tun hatte, konnte ich viel über das Leben nach dem Tod erfahren. Außerdem habe ich festgestellt, dass ich immer dann, wenn ich meine, endlich Bescheid zu wissen, neue wichtige Hinweise aus dem Jenseits erhalte.

Eines weiß ich jedoch mit absoluter Gewissheit. Wenn wir bereit sind zu lernen, dann gibt es keine Grenzen für das, was Verstorbene uns beibringen können.

Benjamin Franklin hat einmal gesagt: «In dieser Welt ist nichts sicher außer dem Tod und die Fälligkeit von Steuern!» Diese Aussage ist nicht nur die Binsenweisheit, die sie auf den ersten Blick zu sein scheint, sie enthält auch eine doppelte Wahrheit, der sich nur wenige von uns stellen wollen. Ich zum Beispiel schiebe meine Steuererklärung immer vor mich her.

Ich gebe sie immer erst in der allerletzten Minute ab. Und das mache nicht nur ich so.

Die meisten Menschen haben zum Tod eine ähnliche Einstellung. Erst wenn es unausweichlich ist, wollen wir uns mit ihm befassen. Doch der Tod hat eine sehr unfeine Art, sich in unseren Tagesablauf zu drängen. Manche Menschen sterben ohne jegliche Vorwarnung. Und der Tod ist dann am unhöflichsten, wenn er unsere Vorstellungen vom Leben durcheinanderbringt. Kinder beispielsweise dürften doch nicht vor ihren Eltern sterben, aber es geschieht.

Meine so nahe und persönliche Begegnung mit dem Tod hat mich gelehrt, mich keinen Mutmaßungen über das Sterben und das Leben nach dem Tod hinzugeben. Da uns allen der Tod sicher ist und Jugend uns nicht vor ihm bewahrt, sollten wir von den Verstorbenen im Jenseits so viel Information darüber sammeln wie möglich. Und genau das ist es, was ich tue.

Zum Glück hat mir die Aussicht, bei jenem Verkehrsunfall zu sterben, nicht gar so viel Angst gemacht wie den meisten, da ich bereits Menschen kennengelernt hatte, die gestorben waren und sozusagen «überlebt» hatten. Ja, die Gespräche, die ich im Verlauf der Jahre mit Verstorbenen geführt hatte, verschafften mir einen kleinen Vorteil, denn ich folgerte, wenn sie ihr Sterben überstanden hatten, dann würde ich meins ebenfalls überstehen.

Nächtliche Partys

Solange ich mich zurückerinnern kann, waren schon immer die Geister von Verstorbenen Bestandteil meines Lebens, ein wichtiger Bestandteil. Während meiner Kindheit gab es keinen klaren Trennungsstrich zwischen der Welt des Sichtbaren und des Unsichtbaren. Falls es doch eine Grenze zwischen beiden gab, so verblasste sie nachts, wenn die Verstorbenen mir wie in einem 3-D-Farbfilm erschienen.

Sobald ich das Licht löschte, waren sie einfach da.

Das war für mich nicht immer eine schöne Erfahrung, vor allem, als ich noch sehr jung war. Und ganz sicher waren diese Begegnungen nichts, wovon ich irgendjemandem etwas erzählen wollte. Selbstverständlich wussten meine Eltern, dass irgendetwas los war; ich war besessen von Gespenstergeschichten und entwickelte ständig ausgetüftelte Fluchtpläne für den Fall, dass es in meinem Zimmer mit all diesen Besuchern zu eng würde. Eine meiner Strategien bestand darin, mit einer zusammenklappbaren Leiter, die ich unter meinem Bett aufbewahrte, aus meinem Fenster im zweiten Stock zu klettern. Die Nachtbeleuchtung wurde in der Abenddämmerung an- und im Morgengrauen ausgeschaltet, und trotzdem kamen die Geister der Verstorbenen.

Besuch von Großvater

Als ich klein war, war es vor allem einer, der mir noch mehr Trost spenden konnte als meine blaue Angoradecke: mein Großvater.

Mein Großvater war in unserer Familie aus lauter Frauen der einzige Mann. Er hatte während der Wirtschaftsdepression in den Vereinigten Staaten drei Mädchen alleine aufgezogen, meine Mutter und ihre zwei Schwestern. In einer Zeit, in der vielen das Nötigste zum Überleben fehlte, brachte er durch seinen Beruf als Elektrikermeister Essen auf den Tisch. Zum Zeitpunkt meiner Geburt hatte er bereits alle Haare verloren; nur die paar Büschel über den Ohren waren ihm geblieben. Er hatte den für Schotten typischen hellen Teint, und in seinem roten

Gesicht wirkten seine blauen Augen umso blauer. Mein Großvater gab mir das Gefühl, etwas Besonderes zu sein, und, was noch wichtiger war, ich fühlte mich bei ihm geborgen.

Als ich in die Schule kam, starb er an Herzversagen. Ich durfte meinen toten Großvater nicht mehr sehen und auch nicht an der Beerdigung teilnehmen, weil meine Eltern fanden, ich sei dafür zu jung. Eine Freundin der Familie, die immer den Kindergottesdienst leitete, blieb bei mir, während alle übrigen Familienmitglieder sich um die bei einem Sterbefall üblichen Dinge kümmerten.

Die Freundin der Familien erklärte mir, dass mein Großvater jetzt im Himmel wohnen würde. Sie gab sich alle Mühe, um mir die Veränderung in meiner Welt begreiflich zu machen. Doch ihr war nicht klar, dass sich meine Welt gar nicht so sehr verändert hatte.

Seit dem Tag, an dem mein Großvater gestorben war, besuchte er mich. Ja, an dem Abend, an dem meine Eltern im Sterbehaus die Beileidsbekundungen von Freunden und Verwandten entgegennahmen, stand mein Großvater am Fußende meines Bettes. Dann küsste er mich auf die Stirn. Immer wenn mein Großvater bei mir war, hielten sich alle anderen Verstorbenen, bis auf einen Jungen in meinem Alter, von mir fern.

Ich konnte deutlich erkennen, dass mein Großvater und der kleine Junge einander nahestanden. Zwar sagte der Junge nichts, doch ich hatte Gelegenheit, ihn eingehend zu betrachten. Er hatte rötliche Haare, seine Augen waren blau, und er blickte schüchtern beiseite.

Als ich meiner Mutter berichtete, dass ich Großvater und den kleinen Jungen gesehen hatte, meinte ich, sie würde sich freuen. Doch stattdessen wollte sie nicht darüber sprechen. Da wurde mir zum ersten Mal klar, dass es vielleicht nicht gut ankam, wenn man Menschen sah, die andere für tot hielten, und schon gar nicht durfte man darüber reden! Ich erkannte, dass an mir irgendetwas anders war und dass dieses Anderssein nicht unbedingt wünschenswert war. Seither bemühte ich mich zunehmend, die ständige Anwesenheit von Geistern der Verstorbenen in meinem Leben zu ignorieren.

Jahre später fand ich heraus, dass es sich bei dem kleinen Jungen, den Großvater dabeigehabt hatte, damit er mich kennenlernte, um meinen Onkel handelte, der mit sechs Jahren verstorben war. Sein zweiter Name lautete Gibson, und sein Spitzname war folgerichtig «Gibby». Sein Tod hatte dafür gesorgt, dass die Haare meiner Großmutter über Nacht weiß geworden waren; jedenfalls behauptete das meine Mutter. Die Trauer meiner Großmutter war so überwältigend gewesen, dass sie nicht in das Haus hatte zurückkehren können, in dem Gibby gelebt hatte. Meine Mutter wurde den Sommer über fortgeschickt, während mein Großvater ein neues Haus für die Familie baute, das Haus, in dem meine Großmutter schließlich mit sechsundsiebzig Jahren starb.

Wir besitzen ein einziges Foto von Gibby. Auf diesem Bild lächelt er schüchtern hinter einer vollkommenen, kleinen molligen Hand hervor. Sein Kopf ist zur Seite geneigt, und sein eines nacktes Bein ist am Knie auf eine atemberaubende Weise und physischen Gesetzen spottende Weise abgewinkelt. Genau so sah er auch aus, als mein Großvater ihn an mein Bett führte.

Gibby war das erste verstorbene Kind, das ich kennenlernte. Er war das erste von vielen, die noch folgen sollten.

Auf Du und Du mit dem Jenseits

Wie ist es also, tot zu sein? Nun, das hängt davon ab, wen man fragt. Nach meiner eigenen kurzen Begegnung mit dem Tod habe ich viele Jahre lang mit Verstorbenen der verschiedensten

Religionen und Kulturen gesprochen. In der Folge habe ich begriffen, dass es ebenso viele Beschreibungen vom Leben im Jenseits (und ebenso viele Namen für den Himmel) gibt wie Verstorbene. Dennoch weisen die zahllosen individuell unterschiedlichen Einzelheiten eine zugrundeliegende Einheitlichkeit auf. Das Leben jenseits des Todes ist weiter und großartiger, als wir es uns vorstellen können. Zum Glück berichten die Verstorbenen und insbesondere die Kinder unter ihnen auf eine zugängliche und prägnante Weise über die manchmal erhabenen und beeindruckenden Vorstellungen vom Leben nach dem Tod.

Ein junger Verstorbener klärte mich auf: «Hier gibt es viele verschiedene Kieze. Ich gehe nicht in die üblen, weil ich gerne mit netten Leuten zusammen bin.» Aha. Scheint mir ein guter Rat zu sein. Vor allem, weil ich es in frühen Phasen meines Lebens, als ich es noch nicht besser wusste, während nächtlicher «Geisterjagden» bereits mit widerwärtigen Verstorbenen zu tun bekommen hatte. Dank jenes jungen Verstorbenen erkannte ich, dass ich Anforderungen an meine Begegnungen mit Verstorbenen stellen darf. Inzwischen gestatte ich nur noch den Bewohnern vom Kiez der Liebe, mich zu besuchen.

Ich halte mich von den üblen Kiezen im Jenseits fern, weil mein Interesse und mein Bezugssystem für die Kommunikation mit Verstorbenen von Liebe getragen sind. Die Verstorbenen, mit denen ich Kontakt suche, wollen uns helfen, mit unserer Trauer fertigzuwerden. Sie geben uns gute Ratschläge, um unser Leben im Diesseits zu verbessern, und bereiten uns auf das Leben im Jenseits vor.

Leben im Jenseits. Das ist das Erste, das die Verstorbenen uns klarmachen wollen. Sie *leben* und sind nicht tot.

Jacobs rasches Comeback

Vor ein paar Jahren suchte mich eine komplette Familie auf: Mutter, Vater, Sohn und Tochter. Während sie es sich bei mir gemütlich machten, sah ich einen jungen Verstorbenen, der immer im Kreis im Zimmer herumrannte. Er war so schnell, dass ich ihn nur verschwommen wahrnahm. Als er an mir vorbeirannte, nannte er seinen Namen: Jacob. Ich sagte zu der Familie: «Hier ist ein junger Mann namens Jacob, und, Junge, Junge, der läuft vielleicht schnell!» Die Mutter fing an zu weinen, der Vater legte den Kopf in seine Hände, der Bruder sah aus, als würde er gleich aus dem Zimmer stürzen, und die Schwester erklärte schließlich: «Mein verstorbener Bruder heißt Jacob, und er war in der Highschool Sprinter.» Nun sprach Jacob mit jedem einzelnen Familienmitglied und schimpfte sogar mit seinem Bruder, weil er nicht ernsthaft genug für die Schule arbeitete. (Der Bruder erzählte mir später, Jacob sei vor seinem Tod genauso gewesen.) Dann auf einmal begann Jacobs Vater zu weinen und schluchzte: «Er ist tot, für immer fort.» Ohne einen Augenblick des Zögerns brüllte Jacob mir ins Ohr: «Ich bin *nicht* tot und für immer fort. Ich bin nur ... *anders.*» Bei mir dachte ich, nun, das bringt die Sache auf den Punkt, und falls ich jemals ein Buch schreibe, dann wird es genau so heißen.

Die Verzweiflung von Jacobs Vater ist nur zu verständlich. Wenn ein Mensch stirbt, der uns nahesteht, dann scheint der Tod das Ende des Lebens, der Beziehung, ja der Hoffnung zu sein. Wir wollen, dass die von uns geliebten Menschen *bei uns sind*, nicht, dass sie «anders» sind. Doch Verstorbene haben eine andere Einstellung zum Tod, eine, die uns sehr befremdlich vorkommen mag. *Was also bedeutet für Verstorbene der Tod, insbesondere für die jungen?* Nun, der Tod ist für sie nichts anderes als der Übergang auf die andere Seite des Lebens.

Zunächst erscheint es einem merkwürdig, etwas so Bedeutsames wie den Tod mit einer Reise im Wagen, auf einem Schiff, im Flugzeug oder Zug zu vergleichen. Doch verstorbene Kinder sind ebenso wie die Kinder hier auf Erden weniger an der Reise als am Ziel interessiert. Jeder, der jemals mit einem Kind verreist ist, weiß das. Die Frage «Wann sind wir endlich da?» stellen alle Kinder. Wenn ich mit jungen Verstorbenen spreche, dann vermeiden sie es durchweg, Auskunft über ihren Sterbeprozess zu geben. Für mich ist das sehr frustrierend. Zum einen, weil ich von Natur aus neugierig bin, und zum anderen, weil ich es als meine Aufgabe empfinde, Einzelheiten über das Sterben herauszufinden. In der Anfangsphase meiner Arbeit als professionelles Medium suchte ein junger Verstorbener Anfang zwanzig meine Gruppe auf. Eine meiner ersten Fragen lautete: «Wie bist du gestorben?» Er antwortete: «Ich wurde mit einem Hammer auf den Kopf geschlagen.» Mein Gott! Diese Antwort warf für mich eine ganze Reihe neuer Fragen auf. Ich wollte wissen, ob es sich dabei um unglückliche Umstände oder um einen Unfall gehandelt habe oder ob die Tat mit Vorsatz geschehen war. Seine Antwort? «Das beschreibt doch nur, wie ich hergekommen bin.» Wie ärgerlich! Ich wollte Genaueres über die Einzelheiten erfahren, und er betrachtete seinen Tod einfach als Fahrtstrecke von A nach B.

Andererseits, wenn ich mit Verstorbenen spreche, die im hohen Alter aus dem Leben geschieden sind, dann berichten sie mir häufig detailliert von jedem Arztbesuch, jeder Blutabnahme und jedem Zipperlein. Wenn ich wissen will, warum Kinder auf diese Fragen anders reagieren, erhalte ich eine äußerst nachvollziehbare Antwort. Zunächst einmal berichten mir jene, die nach langer Krankheit sterben, dass der Sterbeprozess zu einem Bestandteil ihrer Lebenserfahrung wird.

Weil junge Menschen, von einigen Ausnahmen einmal abgesehen, es nicht mit dem langsamen Verfall ihres Körpers zu tun bekommen, haben sie andere Bezugspunkte. Die meisten verstorbenen Kinder, mit denen ich es zu tun hatte, sind gestorben, während sie gerade in Bewegung waren.

Der Faktor Furchtlosigkeit

Im Großen und Ganzen haben Kinder kein Gefühl für ihre Sterblichkeit. Der Tod spielt bei der Art, wie sie sich dem Leben stellen, keine große Rolle. Kinder denken nicht über ihren eigenen Tod nach. Sie meinen, sie würden ewig leben ... und in gewisser Weise haben sie recht.

Doch eigentlich sprechen junge Verstorbene vor allem deshalb nicht gerne über die Einzelheiten ihres Sterbens, weil sie damit den Schmerz verstärken würden, den ihre Angehörigen im Diesseits angesichts ihres Verlustes empfinden. Hinübergegangene liefern Informationen, weil sie bei Familienmitgliedern und Freunden Ängste zerstreuen wollen. Beispielsweise versuchte ein verstorbenes Mädchen, das durch einen betrunkenen Fahrer zu Tode gekommen war, ihre Mutter mit der Erklärung zu beruhigen, dass ihre Bemühungen, das Fahrzeug auf der Straße zu halten, ihr keine Zeit gelassen hatten, Angst zu entwickeln. Im nächsten Augenblick habe ihre geliebte verstorbene Großmutter sie bei der Hand genommen.

Verstorbene Kinder sind nicht daran interessiert, *unsere* Geschichten von *ihrem* Tod endlos fortzusetzen. Manchmal zeigen sich Hinterbliebene so besessen von der Frage nach dem Transportmittel ins Jenseits (dem Unfall, dem Mord, dem Selbstmord), dass sie keinen Gedanken mehr auf den Bestimmungsort richten können. Die Kinder im Jenseits jedoch interessieren sich mehr für das, was nach ihrer Ankunft geschieht, als für die Frage, wie sie auf die andere Seite gelangt sind.

Das Multitasking von Verstorbenen

Oft werde ich im Verlauf von Sitzungen gefragt: «Ist mein Angehöriger im Himmel glücklich?» Interessanterweise hat mir bisher kein Verstorbener diese Frage mit einem ausdrücklichen «Ja!» beantwortet. Ich wunderte mich darüber, bis mir erklärt wurde, dass unsere Auffassung von irdischem Glück im Jenseits keine Entsprechung hat. In unserer Welt hat das Empfinden von Glück so oft etwas mit den äußeren Umständen zu tun wie etwa, wenn wir sagen: «Ich bin so glücklich über meine Gehaltserhöhung.» Oder: «Du machst mich so glücklich!» Verstorbene sprechen eher über Frieden als über Glück. Mir haben die Verstorbenen erklärt, dass die Toten Frieden haben – wenngleich sie nach allem, was ich darüber weiß, ganz gewiss nicht darin ruhen.

Aus der Perspektive der Verstorbenen ist im Himmel allerlei los. Das Leben im Jenseits steht nicht still. Die Verstorbenen berichten, dass sich die Dinge im Himmel auf eine Weise gleichzeitig ereignen, wie sie die Zeit auf Erden nicht zulässt. Auch wenn es uns vielleicht schwerfällt, das zu verstehen, aber das Gefühl, auf der Überholspur zu leben, beglückt die Verstorbenen, insbesondere die jüngeren. Die Kinder bei uns hört man oft rufen: «Höher, schneller, noch mehr!» Die Kinder im Jenseits nehmen die Geschwindigkeit im Leben auf der anderen Seite als Normalzustand an. Ein Jugendlicher erklärte seinen Eltern durch mich, dass im Himmel die Dinge endlich so schnell geschähen, wie er es sich schon immer gewünscht habe. Seine Eltern bestätigten, dass ihr Sohn schon immer unglaublich ungeduldig gewesen sei und sich dauernd darüber beklagt habe, dass das Leben nicht rascher vorankam. Ja, er war verunglückt, als er mit seinem neuen Wagen die Geschwindigkeit deutlich überschritten hatte.

Im Jenseits sind für uns unvorstellbare Geschwindigkeiten möglich, weil die Verstorbenen nicht wie wir den Beschränkungen durch einen physischen Körper unterworfen sind. Sie können sich an mehreren Orten gleichzeitig aufhalten, weil sie nicht länger in einem physischen Körper gefangen sind. In zahlreichen Sitzungen haben Verstorbene mir signalisiert, dass sie genau wissen, was sich im Leben vieler noch lebender Menschen gerade ereignet. So erzählte mir ein verstorbener Jugendlicher genau, welche Verrichtungen jedes einzelne Familienmitglied morgens absolviert. Als die Familienmitglieder sich miteinander berieten, stellten sie erstaunt fest, dass all die von dem Verstorbenen aufgeführten Aktivitäten *gleichzeitig stattgefunden hatten*! Ich bin mir sicher, dass dieser verstorbene Teenager darüber sprach, weil er die Reaktionen seiner Verwandten sehen wollte. So sind Jugendliche – sie wollen immer Eindruck machen.

Die Befreiung von ihrem physischen Körper eröffnet verstorbenen Kindern grenzenlose Möglichkeiten. Ein kleiner fünf- oder sechsjähriger Junge sang mir «It's a Small World» vor und zeigte mir dazu in meinem Kopf die dazugehörige Themenfahrt in Disneyland. Er erklärte mir, dass er nun im Jenseits die Fahrt wirklich unternehmen und noch dazu im Land der Verstorbenen all die fremden Länder aufsuchen könne. Seine Eltern mussten trotz ihrer Tränen lachen, als sie mir beschrieben, dass ihr Sohn bei einem Familienausflug nach Disneyland von dieser Themenfahrt nicht genug bekommen konnte. Sobald der letzte Refrain gesungen war, wollte er wieder von vorn anfangen. Jetzt, im Jenseits, hat er endlich die Gelegenheit, so lange zu fahren, wie er will.

Obgleich die meisten Kinder, die zu mir aus dem Himmel zu Besuch gekommen sind, bei ihrem Abschied von der Erde gesund waren, habe ich auch Kontakt zu Verstorbenen gehabt, die unter angeborenen oder unheilbaren Krankheiten litten. Wenn Kinder sterben, lassen sie all ihr Leiden hinter sich zurück. Eine der Begegnungen, die mich am meisten beeindruckte, hatte ich mit einem verstorbenen Mädchen, das während einer Gruppensitzung bei mir ihre anwesende Mutter besuchte. Aus irgendeinem Grund wollte sie sich mir nicht zeigen, doch sie nannte mir ihren Namen, Anna, und ich konnte ihre Gegenwart spüren. Sie besaß einen sehr scharfen Verstand und beeindruckte mich mit ihren philosophischen Gedanken und wissenschaftlichen Theorien. Als Anna schließlich eine Pause einlegte, sprang ihre Mutter auf und rief: «Ich wusste, dass sie vollkommen ist!» Annas Mutter erklärte mir und der Gruppe, dass Anna zu Lebzeiten geistig behindert gewesen war. Trotz dieser Einschränkung wollte Annas Mutter, die selbst Philosophin war, nicht darauf verzichten, ihre Tochter an dem Gedankengut teilhaben zu lassen, das ihr selbst so viel bedeutete. Also las sie ihr Abend für Abend nicht etwa Kinderbücher vor, sondern philosophische und andere wissenschaftliche Abhandlungen. Sie war immer überzeugt davon, dass ihre Tochter alles verstand, auch wenn sie es nicht zum Ausdruck bringen konnte. Und die verstorbene Anna zeigte nun, dass ihre Mutter recht gehabt hatte.

Seit ich Kontakt mit einem verstorbenen Jungen aufnehmen konnte, der jetzt frei herumlaufen konnte, während er zu seinen Lebzeiten im Rollstuhl saß, stelle ich mir nun vor, dass vor dem Himmelstor Rollstühle, Krücken, Sauerstoffbehälter und Krankenhausbetten herumstehen. Abstrus, ich weiß, doch illustriert das Bild die Tatsache, dass Kinder, die auf Erden leiden mussten, ihr körperliches Leiden zurücklassen, wenn sie in den Himmel gehen. Ja, wir *alle* lassen unser körperliches Leiden zurück, wenn wir ins Jenseits gehen.

Richards Lichtgeschichte

Ich schreibe dieses Kapitel, während ich mich gerade in Sedona, Arizona, befinde. Aus meinem Fenster kann ich die roten Felsen sehen, die steil in den Himmel ragen. Als die Sonne untergeht, wird das Rot dunkler, und das Beige verwandelt sich in Gold. Hier sind die Farben intensiver, und das Licht strahlt heller als an irgendeinem anderen Ort, den ich kenne ... abgesehen vom Himmel. Ein junger Verstorbener namens Richard stimmte mir zu. Während ich mit seiner Mutter telefonierte, betonte Richard nachdrücklich wieder und wieder, wie viel Licht es im Himmel gibt. Seine Mutter lachte, als Richard ihr eindringlich versicherte, er lebe «im Licht». Nachdem die Sitzung vorüber war, erklärte mir Richards Mutter, dass sie ihrem Sohn den Spitznamen «Pilz» gegeben hatten, weil er es vorzog, sein Schlafzimmer in das dunkle Kellergeschoss zu verlegen, statt sich für den schönen, sonnigen ersten Stock zu entscheiden. Die Familie neckte ihn wegen seiner Vorliebe für die Dunkelheit. Richards Vorliebe für abgedunkelte Räume mag einem ungewöhnlich erscheinen, denn in der Regel ziehen Kinder Helligkeit vor und trösten als Verstorbene ihre Eltern damit, dass sie im Himmel keine Angst mehr vor der Dunkelheit haben. Ihre Angst ist weg, weil es dort, wo sie jetzt sind, eben keine Dunkelheit gibt. Im Himmel braucht niemand eine Nachtbeleuchtung.

Da der Himmel ein Land des Lichts ist, gibt es dort weder Tag noch Nacht. Und da es keinen Wechsel zwischen Tag und Nacht gibt, fehlt den Himmelsbewohnern jegliches Zeitgefühl. Verstorbene leben im ewigen *Jetzt*. Kinder, die ihre Wohnstatt im Himmel gefunden haben, sprechen in der Regel gar nicht über die Zeit, es sei denn, es steht ein Geburtstag an. Weil Geburtstage für alle Kinder wichtig sind, denken auch die verstorbenen gerne an sie zurück. Während einer Sitzung erinnerte ein verstorbener Vierzehnjähriger seine Mutter daran, ihm für seinen Geburtstag seinen Lieblingsschokoladenkuchen zu backen. Dann zeigte er mir etwas, was aussah wie eine selbstgebastelte Valentinskarte. Seine Mutter bemerkte: «O ja, diesen Kuchen hat er geliebt. Ich hab ihn ihm jedes Jahr zu seinem Geburtstag gebacken, der auf den Valentinstag fällt.»

Andere Termine wie Ferien, Jahrestage und der eigene Todestag werden von den Verstorbenen gleichfalls erwähnt. Dabei sprechen die jüngeren bevorzugt von Ferien, während die älteren sich häufiger mit ihrem Hochzeitstag oder Todestag befassen.

Für uns Diesseitsbewohner spielt der Todestag unserer Angehörigen eine besonders wichtige Rolle. Aus diesem Grund sprechen die Verstorbenen oftmals über die große Sorgfalt, mit der sie das Datum ihres Dahinscheidens planen. Viele berichten, dass sie ihr Sterben hinauszögern, bis eine für sie wichtige Person im Krankenhaus eintrifft. Andere geben an, eine wichtige Feier wie eine Hochzeit abzuwarten. Ein Zwölftklässler namens Brian, der unter einem Hirntumor litt, hatte noch einen anderen wichtigen Grund, am Leben festzuhalten. Während einer Gruppensitzung erklärte er mir, dass er sein Bestes gegeben hatte, um erst nach Mitternacht zu sterben, damit sein Todesdatum nicht mit dem Geburtstag seiner Freundin Ashley zusammenfallen würde. Seine Mutter bestätigte, dass er um 0:03 Uhr am Morgen nach Ashleys

Geburtstag gestorben war. Zwar war Brian zum Zeitpunkt seines Todes bewusstlos, doch allen, die im Krankenhaus an seinem Bett wachten, war klar, dass er auf den Datumswechsel wartete.

Obgleich es im Himmel natürlich weder Kalender noch Uhren gibt, nehmen die Verstorbenen dort Rücksicht auf unsere Art, den Alltag zu organisieren. Uhren werden von Verstorbenen häufig erwähnt, insbesondere dann, wenn sie an einen Verwandten vererbt wurden. Während einer unserer Sitzungen in Laguna Hills, Kalifornien, ließ ein verstorbener Ehemann eine goldene Uhr vor meinem inneren Auge aufblitzen, die um 3:12 Uhr stehengeblieben war. Er bat mich, seiner Frau Beverly zu erklären, dass er noch immer an ihrer Seite sei, auch wenn sein Leben wie eine Uhr nun stillstehe. Beverly erzählte der Gruppe, dass sie, bevor sie an diesem Tag das Haus verlassen hatte, tatsächlich noch einmal die Uhr ihres Mannes in den Händen gehalten hatte und dass sie tatsächlich um 3:12 Uhr stehengeblieben war.

Anders als die Erwachsenen im Himmel sprechen verstorbene Kinder nicht über Uhren, sondern über Musik, Handys und Videospiele. Ihnen gelingt es besonders gut, über Musik und elektronische Geräte Kontakt mit ihren zurückgebliebenen Familienangehörigen und Freunden aufzunehmen. Im zehnten Kapitel gehe ich ausführlich auf die Besonderheiten der Kontaktaufnahme und Kommunikation von verstorbenen Kindern und Jugendlichen ein.

Verabredungen mit Verstorbenen

Wenn es also im Himmel keine Kalender und Uhren gibt, wie schafft es ein Verstorbener dann, rechtzeitig zu einem zu erscheinen, den seine Hinterbliebenen mit einem Medium abgesprochen haben? Nun, ganz einfach: Er richtet sich nach der Intention, die *Sie* mit einer entsprechenden Verabredung verbinden. Ihre Gedanken gleichen elektronischen Einladungskarten, die im Himmel in den richtigen Briefkasten gelangen.

Am eindrucksvollsten habe ich dies in meiner Begegnung mit Nancy erlebt, einer jungen Frau, die als eine der Letzten von ihrer Familie übriggeblieben war. Zu Beginn unserer Sitzung sah ich eine große Gruppe von Verstorbenen, junge und alte gleichermaßen, die um sie herumstanden. Eine Vielzahl von Namen zog durch meinen Kopf. «George, Evelyn, Jackie, Betsy, Allen», und die Liste setzte sich immer weiter fort. «Ja, ja, ja!», rief Nancy. «Das ist meine Familie!» Ich musste mehrmals Luft holen, bevor ich all die Namen vollständig aufgezählt hatte. Es war wie beim Appell. Als die Sitzung zu Ende war, erklärte ich Nancy, dass ich so etwas noch nie zuvor erlebt hatte. Sie war überrascht. «Aber ich habe mich genau an Ihre Anweisungen vor der Sitzung gehalten und habe an meine geliebten verstorbenen Menschen gedacht. Doch dann fiel mir ein, dass es vielleicht noch besser wäre, wenn ich ihnen richtige Einladungen mit der Bitte um Zusage schriebe. Vor drei Tagen habe ich sie noch einmal daran erinnert, dass sie doch bitte erscheinen sollten.» Ich war wirklich sprachlos. So hatte sich bisher noch niemand auf die Sitzung mit mir vorbereitet. Ohne Zweifel hatten Nancys verstorbene Angehörige begriffen, dass es ihr ernst war!

Meine Erfahrung mit Nancys *gesamter* Familie zeigt nicht nur, dass Verstorbene nur allzu gerne auf unsere Bitte um ein Gespräch mit ihnen eingehen, sondern auch, dass sie sich untereinander abstimmen können. Als jeder Verstorbene einzeln vortrat, um über mich mit Nancy Kontakt aufzunehmen, taten sie dies zugleich auch untereinander.

Die Verstorbenen im Himmel leben dort genauso in Beziehungen zueinander wie wir Diesseitsbewohner. Bindungen werden durch den Tod nicht einfach null und nichtig; es lösen sich lediglich die Missverständnisse und Konflikte auf. Der Tod sorgt dafür, dass die Illusionen und Beschränkungen des Lebens wie eine Maske abfallen. Er bringt nicht zwangsläufig sofortige und vollständige Erleuchtung, doch sorgt er dafür, dass wir uns so sehen, wie wir wirklich sind. Während unserer Zeit auf Erden sind unsere Wahrnehmungen gefärbt von unseren Werten, von persönlichen und religiösen Überzeugungen sowie von den Vorstellungen, die wir von uns haben und gerne erfüllen *würden*. Im Himmel können wir uns nicht in Illusionen und Selbsttäuschungen retten. Alle Aspekte unseres Selbst, vergangene, gegenwärtige und sogar zukünftige, sind im ewigen Jetzt des Jenseits gegenwärtig. Das weiß ich von einem guten Freund namens Brett, der im Alter von dreiunddreißig Jahren in Frankreich nach einem Sturz von einem Balkon starb. Gemeinsam mit einer Gruppe befreundeter Medien hörte ich Brett sagen: «Ich habe meine vielen verschiedenen Ichs gesehen.»

Das Leben im Jenseits verschafft uns nicht nur die Gelegenheit, alle Aspekte unserer selbst kennenzulernen, sondern wir haben außerdem die Möglichkeit, die Wirkung unserer Gedanken, Worte, Taten und unseres Sterbens auf *alle* Menschen nachzuvollziehen, denen wir im Verlauf unseres Lebens begegnet sind.

Mir ist klar, diese Vorstellung ist zugleich ernüchternd und ein wenig überwältigend. Doch erklärt sie hinreichend das Interesse, das die Verstorbenen an uns haben: Sie wollen vom Himmel herab ein wenig von dem wiedergutmachen, was sie zu ihren Lebzeiten angerichtet haben.

Bezeichnen die Begriffe «andere Seite», «Jenseits» und «Himmel» alle ein und dasselbe?

Für mich sind «andere Seite» und «Jenseits» bedeutungsgleich, und ich bezeichne damit alle Aspekte und Bereiche des Lebens jenseits des physischen Körpers. Man muss sich jedoch darüber im Klaren sein, dass es sich um irdische Begrifflichkeiten handelt. Die Verstorbenen selbst sind nicht zwangsläufig der Auffassung, dass sie im «Jenseits» leben oder auf der «anderen Seite». Sie leben einfach ihr Leben.

Verstorbene haben mir verschiedene Gegenden im Jenseits gezeigt, von denen einige wundervoll und andere so beschaffen sind, dass ich dorthin niemals wieder gelangen will. Aus diesem Grund konzentriere ich mich in meiner Arbeit als Medium insbesondere auf den Schwingungsbereich der Liebe, wo sich jene aufhalten, die geliebt werden und selbst geliebt haben. Mir bereitet das Wort «Himmel» kein Kopfzerbrechen, weil ich im Schoß der Kirche aufgewachsen bin. Viele meiner Klienten verwenden «Himmel», weil sie sich vorstellen, dass die von ihnen geliebten Menschen dorthin gelangt sein müssen, und einige der Verstorbenen haben mir dies bestätigt.

Die Jenseitsbewohner geben sich Mühe, uns ihre Lebenswirklichkeit zu vermitteln. Doch bin ich mir dessen bewusst, dass sie, wenn sie mir Mitteilungen über ihr Leben machen, die Dinge auf eine Weise formulieren, die ich und ihre Hinterbliebenen verstehen können. Gelegentlich zeigen mir Verstorbene Welten, die jenseits all dessen sind, was wir uns hier auf Erden vorstellen können. Mathematische und geometrische Muster überlagern einen weiten, ausufernden Raum, in dem Licht und Klang Breiten- und Längengrade bilden. Ich weiß, solche Beschreibungsversuche hören sich wie sinnloses Geplapper an. Das liegt daran, dass ich vieles von dem, was mir gezeigt wird, nicht einmal im Ansatz enträtseln kann. Mit einem Wort, das Leben jenseits des Lebens ist auf eine Weise erweitert, die unser Auffassungsvermögen überfordert, und kann daher weder einfach noch umfassend beschrieben werden. Jegliches Vokabular, dessen wir uns bedienen, um das Leben jenseits des Todes zu definieren, schmälert nur die Herrlichkeit des Jenseits.

Ist es im Himmel so wie auf der Erde?

Das hieße, New York mit Tokio und London mit Bangkok zu vergleichen. Gebäude sind Gebäude, und Menschen sind Menschen, egal, wo man sich gerade befindet, doch andernorts sehen die Menschen oft anders aus und handeln nicht wie wir. Das Gleiche gilt auch für den Himmel. Dort setzt sich das Leben fort, doch die Verhaltensweisen sind andere.

Aus den flüchtigen Blicken, die ich in verschiedene Bereiche des Jenseits werfen durfte, schließe ich, dass dort vieles vollkommen unbeschreiblich ist. In der Regel jedoch sprechen die Verstorbenen auf eine Weise über den Himmel, die wir nachvollziehen können.

Beispielsweise sagte in einer Sitzung mit einer wunderschönen jungen Witwe namens Galina ihr verstorbener Mann Vince: «Ich errichte jetzt das Traumhaus, das du dir immer gewünscht hast.» Er projizierte drei Bilder von einem Anwesen auf meine innere Leinwand, das mich nicht wenig an Tara aus dem Film «Vom Winde verweht» erinnerte. Galina klatschte vor Freude in die Hände und rief: «Das ist genau das Haus, das zu bauen er mir versprochen hat.» Vince studierte Architektur, als er während eines Semesterferienjobs auf der Baustelle durch einen Unfall ums Leben kam. Wissbegierig, wie ich bin, wollte ich von ihm erfahren, ob es denn im Himmel Maurer gäbe. «Nein», erklärte er mir. «Ich muss mir ein bestimmtes Haus nur vorstellen, und schon ist es da.» Hier auf Erden beginnt alles mit einem Gedanken gefolgt von einem langwierigen Arbeitsprozess, in dem die Umsetzung geschieht. Im Himmel jedoch folgt auf den Gedanken die Realisierung – sofort! Versuchen Sie sich das einmal vorzustellen. Der Himmel wird von den Seelen, die dort leben, unablässig verändert, neu geschaffen und transformiert.

Die Verstorbenen sprechen in nahezu magischen Begriffen von den Städten im Himmel. Dustin, ein hoffnungsvoller junger Schauspieler, träumte davon, aus einer Kleinstadt im Mittleren Westen nach New York zu ziehen. Nach seinem Tod bei einem Autounfall noch vor seinem achtzehnten Geburtstag fand er sich in einer einzigartigen Stadt wieder, die sich jeder Beschreibung entzog. Statt nach Worten zu suchen, zeigte mir Dustin in einigen wenigen eindrucksvollen Bildern seine himmlische Stadt. Selbstverständlich gab es dort eine Vielzahl von Theatern. Am meisten beeindruckten mich jedoch die schlanken, himmelhohen goldglänzenden Wolkenkratzer, die höher waren als alles, was wir auf Erden errichten können. Alles erstrahlte in glanzvollem Licht, und obgleich es kein sichtbares Stromnetz gab, hinterließ das Bild in mir einen Eindruck von einer gewaltigen Energiequelle.

Wie sieht die Landschaft im Himmel aus?

Jenseitsbewohner berichten von farbenprächtigen Gärten, von Bergen, deren Gipfel in den Wolken verschwinden, von sanft fließenden Flüssen voller Fische, friedlichen Seen, in denen sich die Farben des Regenbogens spiegeln, und von unendlichen Ozeanen. Obgleich große Üppigkeit herrscht, ist zugleich alles wohlgeordnet. Eine Tochter, die vor ihrem Tod Landschaftsarchitektur studierte, erklärte ihrer Mutter, dass sie die Gärten im Himmel liebe, weil man dort kein Unkraut jäten müsse.

Außerdem hat der Himmel gewaltige Ausmaße. Als ein verstorbener Vater von seiner Tochter gefragt wurde, was er denn so mit seiner Zeit anfinge, sagte er: «Ich mache Spaziergänge entlang der Grundstücksgrenzen.» Die Antwort kam mir merkwürdig vor, doch dann erklärte mir die Tochter, dass ihr Vater zu Hause auf ihrer Ranch in Texas jeden Abend einen Spaziergang entlang der Grundstücksgrenzen gemacht habe. «Seit ich hier bin», ergänzte der Vater, «mache ich viele Spaziergänge. Bisher habe ich den Rand des Himmels noch nicht erreicht.»

Kann man im Himmel Ski fahren oder surfen?

Wir stellen uns vielleicht gerne vor, dass unsere geliebten Verstorbenen «in Frieden ruhen». Man könnte mit seinen Vorstellungen kaum weiter entfernt von der Wahrheit sein. Verstorbene sind aktiv! Ritchie, ein Zweiundzwanzigjähriger, der bei einem Skiunfall ums Leben gekommen war, berichtete seiner Schwester begeistert, dass ihm jetzt im Himmel der Sprung endlich gelungen sei. Verstorbene Snowboardfahrer, Schlittschuhläufer, Bergsteiger, Skateboardfahrer und Surfer haben mir berichtet, dass sie auf der anderen Seite das tun dürfen, was ihnen am meisten Spaß macht. In gewisser Weise wird durch sie mein Lebenshorizont erweitert; in meiner Skifahrerkarriere habe ich es bisher nicht weiter gebracht als hinter einen Becher heiße Schokolade in einer Almhütte.

Was ist, wenn ich manche Verstorbene da oben nicht mag? Kann ich ihnen aus dem Weg gehen?

Kennen Sie das Sprichwort «Gleich und Gleich gesellt sich gern»? Nun es trifft auf die Welt der Seelen mehr zu als irgendwo sonst! Verstorbene, die ähnlich denken, gemeinsame Familienbande und Liebesbindungen haben, fühlen sich auch als Seelen wieder zueinander hingezogen. Auch umgekehrt bleiben jene, die mit ihren Handlungen zu Lebzeiten anderen Menschen geschadet haben, bis sie sich ändern, auch im Himmel am liebsten unter ihresgleichen. Meiner Meinung ist dies einer der Gründe, warum Verstorbene über Medien mit den Lebenden Kontakt aufnehmen. Sie erhalten die Gelegenheit, gegenüber den auf der Erde zurückgebliebenen Menschen für ihr Handeln einzustehen.

In diesem Zusammenhang fällt mir sofort ein verstorbener Stiefvater namens Frank ein, der während einer Gruppensitzung für seine Stieftochter Sarah erschienen war. Er bat darum, mit Sarah sprechen zu dürfen. Anfangs bezweifelte ich, ob sie zustimmen würde. Sie hatte sich in ihrem Sessel fast in einer Embryohaltung zusammengekauert. Frank war ein hochgewachsener Mann mit strohblonden Haaren und blauen Augen. Er entschuldigte sich bei Sarah dafür, wie er sie behandelt hatte. Er habe nun erkannt, wie falsch sein Verhalten gewesen sei, und spüre den Wunsch, sich mit seinen Untaten zu konfrontieren. Der Frank, den ich sah, hielt ein Baby im Arm, das sein Leben, wie er sagte, durch Abtreibung verloren hatte. Immer wieder sagte er: «Es tut mir so schrecklich leid.» Sarah akzeptierte Franks Reue. Sie begann, sich zu entspannen, und saß nun aufrecht und selbstbewusst in ihrem Sessel.

Später erfuhr ich, dass Sarahs Stiefvater sie im Alter zwischen zwölf und sechzehn Jahre sexuell missbraucht hatte. Dabei war es zu einer Schwangerschaft gekommen und zu dem anschließenden Schwangerschaftsabbruch. Mehrere Monate nach der Begegnung zwischen Sarah und ihrem Stiefvater hinterließ Sarahs Ehemann bei meiner Assistentin eine Nachricht für mich. Sarahs Ehemann ist groß und muskelbepackt. Mit seiner ein wenig furchterregenden Statur gehört er fraglos zu den Menschen, die man nicht gegen sich aufbringen möchte. Er erklärte meiner Mitarbeiterin, dass sich Sarah seit ihrer Begegnung mit ihrem Stiefvater stark verändert habe. Das Gespenst des Missbrauchs, das sie jahrelang gequält habe, sei endlich von ihr gewichen. Nicht nur war es Sarah nun möglich, ihr Leben im Diesseits besser anzunehmen, sie hatte auch keine Angst mehr, ihrem Stiefvater im Jenseits zu begegnen. Und dann teilte dieser bärenstarke und große Mann meiner Assistentin mit Tränen in den Augen mit, dass ich, auch wenn ich hier auf Erden nichts weiter zuwege brächte, mir bereits meine Engelsflügel verdient hätte. Jeden Morgen blicke ich in den Spiegel, um zu überprüfen, ob die Flügel schon wachsen. Bisher finde ich nicht einmal eine einzelne Feder. Ich nehme an, das bedeutet, dass ich hier noch nicht ganz fertig bin.

Gibt es im Himmel Cliquen?

Zum Glück geht es im Himmel nicht wie auf dem Pausenhof zu. Es gibt keine Grüppchen, zu denen man gehören muss, wenn man «in» sein will. Im Himmel ist jeder auf sich selbst zurückgeworfen. Selbst diejenigen Seelen, die auf der höchsten Schwingungsebene angekommen sind, haben kein Interesse daran, mit ihren Meriten und ihrer Position zu protzen. Je höher hinauf man im Jenseits gelangt, desto weniger bedeutet einem die erhöhte Position.

Gibt es im Himmel etwas wie «Status»?

Mit einem prallen Bankkonto hier auf Erden kann man sich im Himmel nicht den besten Tisch reservieren. Reservierungen erlangen wir durch die Gesamtheit unserer Gedanken, Worte und Taten auf der irdischen Ebene. Die Statussymbole, die wir hier auf Erden wertschätzen, wie etwa Häuser und Autos, stehen uns im Jenseits ebenfalls zur Verfügung, doch sind sie die Materialisierung von Gedanken und können ohne Anstrengung erlangt werden. Sie müssen sich das folgendermaßen vorstellen: Die Welt auf der anderen Seite gleicht einem prunkvollen Urlaubsort, der sich in einem klaren Bergsee spiegelt. Was auf festem Boden großartig und teuer aussieht, kehrt sich in sein Gegenteil und schwimmt an der Oberfläche; es sieht echt aus, doch das ist es nicht. Sterben ist, als tauche man durch das Spiegelbild irdischer Güter. Im Jenseits lebt man eingetaucht in das kühle Wasser der Liebe, des Friedens und der Freude, während man sich zugleich an den Spiegelbildern irdischer Dinge erfreuen kann.

Was geschieht, wenn ich auf dem Weg vom Diesseits ins Jenseits steckenbleibe? Oder falsch abbiege und in der Hölle lande? Kann ich am Ende trotzdem in den Himmel kommen?

Für den Weg in den Himmel braucht man kein Navigationsgerät, auch dann nicht, wenn man hier auf Erden ohne Hilfe nicht einmal ins nächste Dorf findet. Sie brauchen sich keine Sorgen zu machen, weil ein himmlisches Komitee aus Familienmitgliedern und Geisthelfern Sie in Empfang nimmt. Niemand stirbt allein oder wird jemals verlassen.

Das bedeutet jedoch nicht, dass es keine Zwischenstation zwischen Diesseits und Jenseits gibt. Manche Seelen bleiben wegen ihrer Vorstellungen vom Tod und ihrer Weigerung, starke Emotionen wie Wut, Schuldgefühle und Vorwürfe loszulassen, in ausgetretenen Wegen stecken. Ich bin sogar Verstorbenen begegnet, die sich weigern, ihren Tod zu akzeptieren! Dies scheint besonders in Situationen verbreitet zu sein, in denen die Seele keine Gelegenheit hat, sich selbst beim Verlassen des Körpers zu sehen. Dies soll Ihnen jedoch keine Schrecken einjagen, denn medial begabte Menschen können gemeinsam mit Geisthelfern im Jenseits den im Zwischenstadium steckengebliebenen Seelen helfen. Man kann sich solche Rettungsaktionen etwa wie eine Flugreise vorstellen. Wenn ein Reisender an einem Großflughafen eintrifft, dann kann es leicht sein, dass er zunächst verwirrt und desorientiert ist. Schließlich suchen Menschen aus aller Herren Länder ihren Weg und eilen unterschiedlichen Zielen entgegen. Wenn der Reisende den Angehörigen oder Freund in der Ankunftshalle übersieht, dann könnte es sehr wohl sein, dass er umherirrt und anhand der Schilder und Piktogramme versucht herauszufinden, wohin er gehen soll. Aber weil der Reisende sich in einem fremden Land befindet, dessen Sprache er nicht kennt, versteht er weder die Schilder noch, was die Menschen zu ihm sagen. Doch da ein Medium anwesend ist, das als Übersetzer dient, beginnt er die Sprache der Seelen zu verstehen. Geisthelfer ähneln VIP-Betreuern, die Reisende zu den richtigen Gates führen, damit sie ihre Anschlussflüge erreichen. Sie nehmen dem Reisenden außerdem sein Gepäck ab, denn das braucht er nicht mehr.

Noch eines muss jedoch im Hinblick auf den Übergang zwischen den Welten bedacht werden. Der Sterbeprozess eines Menschen kann unter dem Einfluss seiner letzten Gedanken stehen. Die Buddhisten vertreten die Auffassung, dass die letzten Gedanken eines Menschen bestimmen, *wie* dieser ins Jenseits gelangt. Die Verstorbenen, mit denen ich Kontakt hatte, haben immer wieder betont, wie wichtig die letzten Gedanken (unsere eigenen und die der anwesenden Personen) sind. Ein junger Mann, der an Leukämie erkrankt war, berichtete mir, dass er, als er starb, Gesang hörte. Seine letzten Gedanken galten Gottes Liebe, und er verschied in Frieden. Seine Mutter bestätigte mir, dass mehrere Mitglieder ihres Kirchenchors zum Zeitpunkt seines Todes vor seiner Zimmertür Kirchenlieder sangen. Da ihr Sohn zu diesem Zeitpunkt jedoch bewusstlos war, hatte sie sich nicht vorstellen können, dass er sie hörte. Doch nur, weil der Körper bewusstlos ist, gilt dies noch nicht für die Seele. Was wir einem Sterbenden an Zuwendung in Form von Worten oder Gedanken gewähren, hilft dieser Person mehr, als wir uns vorstellen können.

Auch den Menschen, die unter extremen Umständen ums Leben kommen, hilft die Liebe, die sie im Laufe ihres Lebens erfahren haben. Ich erinnere mich an mein Gespräch mit einer jungen Verstorbenen, die durch Vergewaltigung und Mord umkam. Trotz dieses unserem Empfinden nach schwierigen Todes erklärte sie mir, dass sie ihr Sterben nur wie einen Traum empfunden habe. Wirklich real sei für sie in diesem Augenblick nur die Liebe gewesen, die ihr ihre Familie immer entgegengebracht habe, und das Gesicht ihrer Großmutter, die sie auf der anderen Seite erwartet habe.

Als ich meine Arbeit als Medium begann, stieß ich auf ein Zitat von Philip Massinger, das seither mein Leben und meine Arbeit geprägt hat. Es lautet: «Der Tod kennt tausend Pforten, durch die das Leben entweichen kann. Eine von ihnen werde ich finden.» Bei der Suche nach dieser einen Pforte für mich wurde mir bewusst, dass der Tod auch tausend Pforten kennt, durch die er das Leben hereinlässt. Die letzten Gedanken im Augenblick des Todes sind wie Schlüssel zu den tausend Pforten. Wenn Sie die Schlüssel von Liebe, Freude und Frieden in Ihren Händen halten, dann wird sich die Tür zur Hölle nicht öffnen, nicht einmal versehentlich, denn Ihre Schlüssel passen nicht ins Schloss.

JENSEITSESSENZ

Es kann vernichtend sein, einen geliebten Menschen zu verlieren, insbesondere dann, wenn der Tod ohne Warnung kommt. Wenn ein Kind stirbt, dann kann der Verlust unerträglich sein und die Zahl der Fragen ins Maßlose anwachsen. Wie soll ich ohne mein Kind weiterleben? Geht es meinem Kind gut? Gibt es wirklich ein Leben nach dem Tod? Oder ist mein Kind für immer fort? Verstorbene Kinder versuchen uns in unserer Trauer zu helfen, indem sie aus dem Himmel Kontakt aufnehmen, um uns mit ihrer Liebe zu trösten. Indem sie uns einen Blick in die Ewigkeit erhaschen lassen, die uns allen einmal gemeinsam sein wird, verschaffen sie uns Zugang zu einer Welt, in der das Leben ohne Beschränkungen durch Zeit, Alter, Unvermögen oder Schmerz erlebt wird.

2

MIT JENSEITSBEWOHNERN SPIELEN

Wenn die Kommunikation mit Verstorbenen funktioniert (oder wenn nicht)

DAS TWITTERN DER VERSTORBENEN

«Es macht mir Spaß, mit euch zu spielen.»
Aussage eines verstorbenen Vierjährigen, der während einer Gruppensitzung Theater machte.

JENSEITSGEDANKEN

Sich an die Regeln halten

Besonders gefällt mir an verstorbenen Kindern, dass sie immer noch gerne spielen. Jedoch musste ich erfahren, dass sie sich dabei meistens nicht an die Regeln halten.

Mit Regeln meine ich die Verfahrensweisen, die meine Geisthelfer und ich gemeinsam entwickelt haben, damit die Kommunikation möglichst reibungslos funktioniert. Mit Verstorbenen zu sprechen verlangt einen geordneten Ablauf. Das klappt so lange gut, bis verstorbene Kinder mit von der Partie sind.

Bei jeder großen Veranstaltung ist es erforderlich, dass jemand am Eingang die eintreffenden Gäste empfängt und überprüft, und genau diese Aufgabe übernehmen auf ihrer Seite die Geisthelfer für mich. Wenn ich eine Gruppensitzung plane, dann bete ich und berate mich mit diesen Geisthelfern. Sie platzieren die Verstorbenen so, dass ich etwas damit anfangen kann. Wenn der richtige Augenblick gekommen ist, lenken sie meine Aufmerksamkeit auf den Verstorbenen, der als Nächster an der Reihe ist. Er befindet sich meist neben oder hinter einem Teilnehmer im Publikum, zu dem er eine Beziehung hat. Dieses System funktioniert ausgezeichnet. Ohne solche Absprachen würden meine Veranstaltungen chaotisch ablaufen. Verstorbene würden um meine Aufmerksamkeit wetteifern und Anweisungen bellen wie Makler auf dem Börsenparkett. Die von allen Seiten auf mich eindringenden Stimmen würden mich so überfordern, dass ich die Mitteilungen der einzelnen Verstorbenen gar nicht mehr voneinander unterscheiden könnte.

Doch manche verstorbene Kinder können nicht abwarten, bis sie an die Reihe kommen. An einer kleineren Gruppenveranstaltung beispielsweise nahm ein verstorbener etwa vierjähriger Junge teil, der kurz vor Schluss wie aufgezogen in der Mitte des Raumes im Kreis umherlief. Er hielt sich an keinerlei Vereinbarungen: Er stand nicht bei der Person, zu der er gehörte, und war auch nicht still, bis der Geisthelfer ihm seinen Einsatz gab. Ich wusste nicht, wie ich mich verhalten sollte, und fragte den Jungen daher, was *er* gerne tat. «Ich gehe gerne in den Zoo.» Nun gut, immerhin ein Anfang. «Ist jemand im Raum, mit dem du in den Zoo gehen möchtest?», wollte ich wissen. (Ich hielt mich für besonders schlau, weil ich meinte, mit dieser Frage herauszufinden, zu welcher der anwesenden Personen er gehörte.) «Mit einem Jungen aus meinem Kindergarten», entgegnete er. Keine große Hilfe.

Schließlich beschrieb ich der Gruppe einfach, wie er aussah, in der Hoffnung, jemand würde ihn für sich beanspruchen. Niemand. Während er im Raum umherlief, nannte er mir zwei Namen: Jared und Sarah. Eine Teilnehmerin hob den Kopf. «Meine beiden Kinder heißen Jared und Sarah», sagte sie. Dann fügten sich die Informationsbruchstücke langsam zu einem Bild. Ihr Sohn Jared hatte vor Kurzem mit seiner Schulklasse den örtlichen Zoo besucht. Vor zwei Jahren war Jareds Kindergartenfreund gestorben. Seither hatte Jared behauptet, dass sein Freund noch immer käme, um mit ihm zu spielen.

Seine Mutter vermutete, dass es sich um einen vorgestellten Spielkameraden handelte. An diesem Tag bekamen wir mehr als deutlich zu spüren, dass Jareds Freund alles andere als vorgestellt war. Unmittelbar vor dem Ende der Veranstaltung erhielt ich das größte Kompliment, das mir jemals gemacht wurde. Der kleine verstorbene Junge, der seit seinem Auftauchen ununterbrochen in Bewegung gewesen war, hielt inne und sagte: «Es macht mir Spaß, mit dir zu spielen.» Im Geiste antwortete ich ihm: «Ich spiele auch gerne mit dir.»

Auch wenn verstorbene Kinder sich nicht immer an die Regeln halten, für ein Medium ist es dennoch wichtig, sie zu kennen. Es gibt drei Bereiche, die in Betracht gezogen werden müssen:

1. Die allgemeinen Regeln des Universums, die auch für die Kommunikation mit Verstorbenen gelten.
2. Die praktischen Regeln für die Herstellung einer guten Verbindung mit den Verstorbenen.
3. Die Richtlinien, die sich jedes Medium erarbeitet, um in der Kommunikation mit Verstorbenen Stimmigkeit zu erreichen.

Dies ist leichter zu verstehen, wenn wir uns dafür das deutsche Rechtssystem vor Augen führen. In der Bundesrepublik Deutschland gibt es Bundesgesetze, die für alle Bürger gleichermaßen gelten, Landesgesetze, die lediglich in den Bundesländern Gültigkeit besitzen, für die sie erlassen wurden, und das Kommunalrecht. Landes- und Kommunalgesetzgebung könnten niemals das Bundesrecht außer Kraft setzen. So ist es beispielsweise nicht möglich, dass Bayern und Hessen im Alleingang den Linksverkehr einführen. Die Folge wäre ein schreckliches Chaos. Dennoch hat jedes Bundesland Bereiche, in denen es souverän entscheiden kann, zum Beispiel in Bildungsfragen.

Wenn man als Medium gegen die allgemeinen Regeln des Universums handelt, dann ist ebenfall Chaos die Folge, weil man sozusagen auf den entgegenkommenden Verkehr lossteuert. In meinen Schulungsworkshops für Medien bin ich einer Reihe von Probanden begegnet, auf die diese Beschreibung zutraf. Zum Glück ist die Ordnung wiederhergestellt, sobald man die Regeln kennt und sich an sie hält.

In unserem Vergleich entspricht das Bundesgesetz den physischen Regeln zur Kontaktaufnahme mit Verstorbenen. Dies schließt auch die praktischen Sinneswahrnehmungen ein, mit denen jedes Medium von anderen Menschen meist nicht wahrgenommene Details sieht, hört, fühlt, riecht und schmeckt.

Die Kommunalgesetzgebung entspricht den Richtlinien, die jedes Medium mit seinen Geisthelfern erarbeitet, um die Kommunikation zu erleichtern und besser zu organisieren.

Am besten erlernt ein Medium die Gesetze, Regeln und Richtlinien für die Kontaktaufnahme mit Verstorbenen, indem es sich mit anderen Medien zu einem Erfahrungsaustausch trifft. Bevor ich mich jemals vor eine Gruppe wagte, um den Teilnehmern die Botschaften ihrer Verstorbenen durchzugeben, nahm ich *jahrelang* Woche für Woche an zahllosen solchen Treffen teil.

Als die Verstorbenen schließlich davon überzeugt waren, dass ich ausreichend für einen öffentlichen Auftritt vorbereitet war, wurde ich aufgefordert, einen Vortrag vor einer metaphysischen Organisation in Anaheim, Kalifornien, zu halten. Der Abend lief sehr gut, und ich fühlte mich äußerst ermutigt dadurch, dass die Organisation mich bat wiederzukommen.

Während des Medientreffens der nachfolgenden Woche

dankte ich den Geisthelfern für alles, was sie für mich im Verlauf meines Auftritts getan hatten. Ich sagte ihnen, dass ich mich darauf freute, wieder mit ihnen zusammenzuarbeiten. Mehrere anwesende Medien empfingen daraufhin die Mitteilung, dass mir beim nächsten Mal ein ebenfalls in Ausbildung befindlicher Geisthelfer zur Seite stehen würde. «Ein Lehrling?», rief ich entgeistert. «Ich brauche einen Profi!» Die Vorstellung, dass ich mit einem Geisthelfer, der ebenso unerfahren wie ich war, vor das Publikum treten würde, war nun wirklich gar nicht erfreulich.

Nachdem ich mich ein wenig beruhigt hatte, übermittelte mir ein Medium im Raum eine weitere Botschaft der Verstorbenen. «Hab Vertrauen», verlangten sie. Ein Mitglied der Gruppe gab mir ein Armband, in das das Wort «Vertrauen» eingraviert war. Im Verlauf der nächsten zwei Jahre trug ich das Armband jeden Tag. Mit der Zeit vertiefte sich mein Vertrauen zu meinen Geistführern.

Lassen Sie mich eins klarstellen: Es handelt sich dabei nicht um *blindes* Vertrauen. Es ist ein Vertrauen, das sich im Verlauf meiner langjährigen Beziehung zu den Verstorbenen im Jenseits entwickelt hat. Ich habe mich zusammen mit den Verstorbenen, die im Kontakt mit mir stehen, immer aktiv an der Erarbeitung von Richtlinien beteiligt. Das so entstandene Zutrauen zu den empfangenen Informationen gestattet es mir, eine klare Haltung einzunehmen, unabhängig davon, ob die Empfänger die an sie gerichteten Botschaften verstehen oder nicht.

Zweifler

Tim hatte die Ausstrahlung eines Mannes, der weiß, was er will. Als er zu Beginn der Sitzung den Raum betrat, signalisierte bereits sein Gang: «Ich kriege, was ich will!» Seine Frau Barbara folgte ihm still, und beide setzten sich. Während ich ihnen rasch erklärte, auf welche Weise die Jenseitsbewohner mit mir zusammenarbeiten, spürte ich bereits die Gegenwart eines verstorbenen jungen Mannes im Raum. Er offenbarte sich mir als ihr Sohn. Jedes bisschen Information, das ich weitergab, löste bei Barbara ein Nicken oder «Ja» aus, mit dem sie mir zeigte, dass sie die Mitteilungen ihres Sohnes verstanden hatte. Tim jedoch saß mit verschränkten Armen da.

Bisher hatte ihr Sohn mir seinen Namen nicht mitgeteilt. Er hatte mir Einzelheiten seines Lebens beschrieben, unter anderem das Aussehen seiner Uniform, die er nach dem Unterricht bei seinem Job in der Pizzeria trug. Mittendrin unterbrach mich Tim und fragte mich barsch: «Nennt er seinen Namen nicht?» Sogleich hörte ich in meinem Kopf den Namen Michael. Als ich den Namen aussprach, sagte Tim: «Das ist Unsinn. Ein anderes Medium, bei dem wir waren, hat uns ebenfalls den Namen Michael genannt.» Dann teilte mir Tim den Namen des Mediums mit, eine Person, die ich gut kannte und die sehr angesehen war. «Warum können Sie uns nicht den Namen unseres Sohnes oder wenigstens seines besten Freundes nennen?», wollte Tim wissen. «Warte», hörte ich den Sohn entgegnen. «In ein paar Tagen wirst du verstehen, was das alles zu bedeuten hat.» Dann lachte er mir ins Ohr, doch ich begriff nicht, was an dieser Durchsage so witzig war. Warum sollte ein liebevoller Sohn zwei verschiedenen Medien einen Namen als seinen eigenen nennen, aus dem der Vater nicht schlau wurde?

Am darauffolgenden Wochenende blickte ich bei einer öffentlichen Veranstaltung ins Publikum und sah Tim in der dritten Reihe sitzen. Seine Frau Barbara war nicht bei ihm. *Auweia*, dachte ich. Im Verlauf dieses Abends empfing ich keine Botschaft für Tim, und er stellte mir auch keine Fragen. Als die

Veranstaltung zu Ende war, meinte ich, es geschafft zu haben. Doch als ich aus der Tür trat, kam Tim auf mich zu. Er wirkte wie ein Mann, der von seiner Mission überzeugt ist. Ich sammelte meine Kräfte für ein unangenehmes Zusammentreffen.

«Frau Hollister», begann er, «Sie werden es nicht glauben, aber ich habe gestern Abend ein paar Freunde meines Sohnes zum Pizzaessen bei mir zu Hause eingeladen.» Er machte eine Pause, um die Spannung zu erhöhen. «Die Jungen schwatzten über die Pizzeria, und der beste Freund meines Sohnes wollte wissen: ‹Was ist eigentlich aus Michael geworden, der in meiner Schicht arbeitete? Er war schon länger nicht mehr da.›»

Gemeinsam standen wir beide eine Weile schweigend herum, dann sagte Tim: «Das sieht meinem Sohn ähnlich. Immer hat er versucht, mich reinzulegen.» Tims Sohn hatte sich einen ziemlich schlauen Streich ausgedacht und sich dazu zweier Medien bedient. Er hatte seinen skeptischen Vater wissen lassen, dass er noch immer da war, und mit ihm Schabernack getrieben wie schon viele Male zu seinen Lebzeiten. Als ich vor dem Einschlafen an jenem Abend noch einmal über die Sache nachdachte, bekam ich einen Lachanfall. Wie gesagt, verstorbene Kinder halten sich eben nicht immer an unsere Regeln!

Für mich als Medium gehört es zu den größten Herausforderungen, mit den Erwartungen meiner Klienten fertigzuwerden. Schon früh musste ich feststellen, dass jeder, der ein Medium aufsucht, damit eine feste Absicht verfolgt. Der eine möchte nur seine Neugier befriedigen, ein anderer die Kommunikation mit Verstorbenen als Humbug entlarven, ein Dritter den Kontakt mit einem verstorbenen Kind Kontakt aufnehmen. Ich musste mich also entscheiden. Sollte ich mich mit den Absichten und festen Vorstellungen meiner Klienten befassen, von denen keine wie die anderen sein würde? Oder sollte ich mich an die Gesetze des Jenseits halten, die immerhin von höherer Ordnung sind? Ich kam zu dem Schluss, die Spielregeln des Jenseits zu meiner Grundlage zu machen.

Diese Entscheidung befreit mich aber natürlich nicht von der Verpflichtung, mich mit den Menschen auseinanderzusetzen, die daran zweifeln, dass man mit Verstorbenen kommunizieren kann.

Als ich noch ein kleines Mädchen war, da wollten mich wohlmeinende Menschen, die, wie ich heute weiß, zugleich kleingläubig *und* ängstlich waren, mit der Erklärung beruhigen, dass ich mir die Geister, die ich nachts in meinem Zimmer sah, nur einbilde. Den Verstorbenen war es jedoch egal, ob sie für Einbildung gehalten wurden. Sie kamen einfach weiterhin Nacht für Nacht. Schließlich, nach Begegnungen mit zahllosen Jenseitsbewohnern, entwickelte ich das Selbstvertrauen, auch den Skeptikern gegenüber, die nie zuvor Kontakt mit Verstorbenen hatten, auf der Existenz der Geisterwelt zu beharren.

Nachdem ich öffentlich als Medium auftrat und mich in meiner Arbeit sehr häufig mit Skepsis konfrontiert sah, kam es manchmal zu dramatischen Begegnungen mit Zweiflern. Deutlich erinnere ich mich an eine Veranstaltung in Santa Monica, Kalifornien, die in einem frühen Stadium meiner beruflichen Laufbahn stattfand. An diesem Abend waren viele Verstorbene anwesend, die Kontakt zu Personen im Auditorium aufnehmen wollten. *Alles läuft gut*, dachte ich, als eine ungefähr fünfunddreißigjährige Frau mit langen schwarzen Haaren im hinteren Teil des Raumes aufstand. Sie schrie: «Nichts von allem, was ich heute Abend hier miterlebt habe, beweist mir, dass es ein Leben nach dem Tod gibt oder dass Sie mit den Toten sprechen können!» Vor Wut war ihr Gesicht rot angelaufen, und ihre Augen schossen Blitze auf mich ab. Noch bevor ich etwas entgegnen konnte, erhob sich eine andere junge Frau, wandte sich der Zweiflerin zu und rief: «Sie (dabei wies sie auf mich) hat mir bei einer früheren Veranstaltung gesagt, dass meine Mutter es bedauere, dass sie sich, als ich zwei Jahre alt war, das Leben genommen hatte. Sie hat mir außerdem gesagt, dass meine Mutter mich ermutige, etwas gegen meine Depressionen zu tun, damit sich mir neue Wahlmöglichkeiten auftun. Ich erklärte ihr (wieder wies sie auf mich), dass sie sich irrte und dass meine Mutter an Eierstockkrebs gestorben sei. Doch als ich mit meiner Großmutter darüber sprach, gab sie zu, dass meine Mutter sich das Leben genommen hatte. Seither kommt meine Mutter im Traum zu mir, und ich weiß, dass sie mir helfen will. Also machen Sie uns nicht weis, dass es kein Leben nach dem Tod gibt oder dass sie (erneut richtete sich ihr Finger auf mich) nicht die Wahrheit sagt.» Als ich später über die Situation nachdachte, wurde mir klar, dass zwei Menschen, die als Ausgangsbasis die gleichen Informationen haben, nicht zwangsläufig die gleichen Schlüsse ziehen müssen. Die Folge eines direkten und persönlichen Kontakts mit einem geliebten Verstorbenen ist häufig eine grundlegende Veränderung der eigenen Einstellung. Ein solcher Sinneswandel kommt nicht unbedingt bereits durch entsprechende Lektüre oder Wahrnehmungen zustande.

Die geschilderte Erfahrung machte es mir leichter, im weiteren Verlauf meiner Berufsausübung Zweiflern mit größerer Sicherheit entgegenzutreten, doch sie bereitete mich nicht auf die Begegnung mit einem zweifelnden Verstorbenen vor. Ja, stellen Sie sich das vor, wie ich feststellen musste, können auch Seelen im Jenseits manchmal große Skeptiker sein! Ich war immer davon ausgegangen, dass ein Verstorbener, der mit mir Kontakt aufnahm, auch an die Möglichkeit einer Kommunikation zwischen Diesseits und Jenseits glaubt. Doch das ist eben nicht immer so. Bei einer kleineren Veranstaltung vor einigen Jahren sagte ein verstorbener Vater zu seiner Tochter: «Mit denen (gemeint waren Medien) würde ich mich nur über meine eigene Leiche abgeben.» Die Tochter lachte und erklärte, dass ihr Vater schon immer ein Zweifler durch und durch und der Meinung war, dass ihr Interesse an Hellsehern und Medien Quatsch sei. «Mein Herr», entgegnete ich dem verstorbenen Vater, «machen Sie sich bewusst, dass Sie bereits tot sind und sich außerdem gerade mit einem Medium abgeben.» Er fing an, mit mir zu diskutieren. «Ich bin keineswegs tot», empörte er sich. Dem konnte ich nichts entgegensetzen.

Interessanterweise ist mir bisher kein verstorbenes Kind begegnet, das derart skeptisch war. Verstorbene Kinder geben einem das Gefühl, dass der Aufenthalt im Himmel für sie das Natürlichste der Welt ist. Je länger wir auf Erden leben, desto leichter vergessen wir, wie unnatürlich es sich anfangs anfühlte, *im Diesseits* zu sein. Wir mussten erst lernen, zu essen, zu gehen, zu lesen und zu schreiben, mit anderen Worten, wir mussten lernen, wie man in einem physischen Körper lebt. Als ich eines Nachmittags beobachtete, wie ein Kleinkind mit seinem Großvater spazieren ging, da fiel mir auf, wie wackelig beide auf ihren Beinen unterwegs waren. Mir kam es so vor, als müsse sich der eine erst an seinen Körper gewöhnen, während der andere sich bereits anschickte, sich von den Begrenzungen durch seinen Körper zu verabschieden.

Wissenschaftliche Jenseitsforschung

Das Interesse an der Kommunikation mit Verstorbenen hat immer auch die Neugier der Wissenschaft geweckt. An amerikanischen Universitäten findet an manchen Lehrstühlen eine wissenschaftliche Auseinandersetzung mit dem Leben nach dem Tod statt. Ich bin mit den Methoden des wissenschaftlichen Arbeitens vertraut, weil mein Vater Naturwissenschaften unterrichtete. Er machte es zu seiner Lebensaufgabe, jungen Menschen die Naturwissenschaften nahezubringen. Ich habe mich an zahllosen seiner Expeditionen in den heimischen Wald beteiligt. Mit seiner Unterstützung habe ich mir die Kreisläufe des Lebens bewusst gemacht und gelernt, Lebewesen in ihrer natürlichen Umgebung wahrzunehmen. Mein Vater hat mir beigebracht, wie man beobachtet, geduldig ist und in einer unverständlichen Situation zunächst auf Tatsachen und kritisches Denken vertraut. Ich suche also nicht nur den Kontakt zu Verstorbenen, sondern der Einfluss meines Vaters veranlasst mich auch zu erklären, wie diese Kommunikation möglich ist, damit meine Vorgehensweise für andere nachvollziehbar wird.

Mein Interesse für wissenschaftliches Arbeiten veranlasste mich, meine Erfahrungen und Beobachtungen auf entsprechenden Workshops, Symposien und Konferenzen zum Thema «Leben nach dem Tod» in New York, Kalifornien und Nevada zu präsentieren und dort den Austausch mit anderen Forschern zu suchen. In einem solchen Rahmen habe ich die frühere Hospizseelsorgerin und Direktorin des Elisabeth Kübler-Ross Zentrums in Houston Dianne Arcangel kennen und schätzen gelernt. Sie ist die Autorin des Buches *Afterlife Encounters* und hat eine Datenbank mit 16 500 Einträgen angelegt, in denen Augenzeugen von ganz normalen Menschen berichten, die Begegnungen mit Verstorbenen hatten.

Im Verlauf einer Konferenz, bei der Dianne und ich beide als Referenten anwesend waren, war sie als Erste dran. Sie präsentierte ihre Forschungsergebnisse und beschrieb in diesem Zusammenhang ein Projekt, in dessen Rahmen sie die

Persönlichkeitstypen der Verstorbenen untersuchte, die am wahrscheinlichsten offen sind für den Kontakt zum Diesseits. Ich war begeistert von diesen großartigen Neuigkeiten! Endlich würden einmal die Verstorbenen auf dem Prüfstand sein und nicht die Medien! Nun wurde also das kommunikative Verhalten der Verstorbenen erforscht. Dianne hatte herausgefunden, dass Personen mit ausgeprägter Kreativität und starker Präsenz im Diesseits sich im Jenseits mit der Kommunikation am leichtesten taten. Für die meisten Medien war dies eine Bestätigung dessen, was sie auf der praktischen Ebene bereits erfahren hatten oder instinktiv spürten. Auch ich hatte die Erfahrung gemacht, dass meine Gruppentreffen von denjenigen Verstorbenen dominiert wurden, die eine besonders ausgeprägte persönliche Präsenz besaßen und ein bestimmtes Ziel erreichen wollten.

Nachdem Dianne ihren Vortrag beendet hatte, war ich an der Reihe damit, meinen Erfahrungsbericht über meine Arbeit als Medium vorzustellen. Bevor ich ans Pult ging, bat ich die anwesenden Verstorbenen, diese Zusammenkunft als Gelegenheit zur Schulung zu nutzen, da die Veranstaltung ja unter diesem Motto stand. Nachdem ich dem Publikum eine Reihe von praktikablen Methoden dargelegt hatte, wie es seine eigene Verbindung zum Jenseits verbessern könnte, fiel mir eine kleine asiatische Verstorbene auf, die sich direkt vor der Bühne aufhielt. Nachdem ich sie zur Kenntnis genommen hatte, lief sie die Stuhlreihen entlang bis zum Gang und dann ganz nach hinten bis zur letzten Reihe. Ich dachte schon, sie wolle den Saal verlassen, doch dann verharrte sie neben einem Mann, der dort in der letzten Reihe saß. Als sie dort stand, signalisierte sie mir «Mutterschaft» und eine gewisse Erregung darüber, dass sie laufen konnte. Als ich diese Informationen an den Mann neben ihr weitergab, bestätigte er mir, dass seine Mutter außerordentlich klein war und während der letzten sechs Jahre vor ihrem Tod nicht mehr gehen konnte. In dieser Zeit hatte er sie nach ihren Wünschen auf seinen Armen von Raum zu Raum getragen. Auf ihrem Totenbett hatte seine Mutter ihm gesagt, dass sie es kaum erwarten könne, im Himmel wieder auf ihren eigenen Beinen herumzulaufen. Während ich mich mit dieser wunderbaren Dame im Gespräch befand, ließ sie in meinem Geist immer wieder das Wort «Jasmin» aufblitzen. Als ich dem Mann davon berichtete, wusste er nichts mit dem Begriff anzufangen. Da die Verstorbene keine weiteren Informationen lieferte, wies ich ihren Sohn darauf hin, dass vielleicht ein anderes Familienmitglied etwas mit dem Wort anfangen konnte. Dann war erst einmal Zeit für die Pause.

Anschließend wollte ich meine Sitzung fortsetzen, doch da erhob sich der Mann aus der letzten Reihe und erzählte: «Ich habe in der Pause meine Schwester angerufen, um herauszufinden, was es mit dem Wort Jasmin auf sich haben könnte. Sie sagte, dass Jasmin die Übersetzung des chinesischen Namens unserer Mutter ist.» Bei diesen Worten war es im Saal still geworden. «Als die Wissenschaftlerin erklärte, dass extrovertierte Menschen leichter Kontakt aus dem Jenseits heraus aufnehmen können, dachte ich schon, dass ich niemals etwas von meiner Mutter hören würde, denn sie war eine sehr stille und schüchterne Frau.» Dann kamen ihm die Tränen, und er konnte nicht weitersprechen. Doch daran nahm niemand Anstoß. Um die Wahrheit zu sagen, alle im Publikum hatten einen Kloß im Hals. Diese mütterliche Frau hatte uns demonstriert, dass es keine unumstößlichen Regeln in der Kommunikation mit Verstorbenen gibt. Die Liebe, die eine Mutter für ihren Sohn empfindet, kann die berühmte Ausnahme von der Regel verursachen. Im Verlauf des Tages hatte ich noch genug Gelegenheit zu erfahren, dass auch die Liebe eines Sohnes zu seiner Mutter und die Liebe eines Bruders zu seiner Schwester die Grenzen zum Tod überschreiten und jegliche Skepsis überwinden können.

Anonyme Geschichte

Heute Morgen musste ich das Schreiben dieses Kapitels unterbrechen, weil ich einen Termin mit einem Klienten hatte. Als ich in meinen Kalender blickte, sah ich, dass ich um 11:00 Uhr eine Telefonberatung mit einer anonymen Person eingetragen hatte. *Großartig*, dachte ich, *wieder mal jemand, der mich testen will.*

Als Medium kann einem das viele anonyme Testen leicht zu viel werden. Vor allem, weil es ja kein Testen im wissenschaftlichen Sinne in einem vorbereiteten Labor und unter kontrollierten Voraussetzungen ist. «Du musst jeden Tag von Neuem beweisen, was du kannst», sagte einmal eine Freundin zu mir. Zwar hat diese Feststellung einen wahren Kern, doch enthält diese Art des Denkens einen Trugschluss, denn die Qualität der Kommunikation mit Verstorbenen hängt nicht allein von der Begabung des Mediums ab. Wie Dianne Arcangel bemerkte, spielt die Fähigkeit des Verstorbenen, mit den Lebenden Kontakt aufzunehmen, eine ebenso große Rolle. Und auch die Einstellung, das Glaubenssystem und der emotionale Zustand des Menschen, für den die Botschaft gedacht ist, dürfen nicht außer Acht gelassen werden. Die Kommunikation mit dem Jenseits bedarf einer gemeinsamen Anstrengung aller Beteiligten.

Mein Telefon klingelte eine Minute vor der vereinbarten Uhrzeit. Der anonyme Teilnehmer war diesmal eine Dame. Ich begann die Sitzung wie immer mit einem Gebet. Dann entstand in mir das Gefühl, dass ich von Jenseitsbewohnern umgeben war. Zwei männliche Verstorbene, ein jüngerer und ein älterer, stachen besonders hervor. Der jüngere nannte mir die Namen Jason und Brian. Die Dame erklärte, Jason sei der beste Freund des jüngeren der beiden Verstorbenen gewesen, doch von einem Brian wisse sie nichts. Daraufhin nannte mir der jüngere Verstorbene den abgekürzten Namen Ly. Lyle Brian sei der Name seines Bruders gewesen, korrigierte sich die Dame und sagte: «Sehr interessant, dass mir schon in einem so frühen Stadium unseres Gesprächs solche Beweise geliefert werden.» Der jüngere Verstorbene war ihr Sohn. Ich war mir ziemlich sicher, dass der ältere ihr Bruder sein musste, und diese Vermutung wurde mir bestätigt, als er mir erklärte, sein Humor gleiche jenem von Gary-Larson-Cartoons und seine Schwester wisse genau, was er damit meine. «Ist *Die andere Seite* von Gary Larson?», wollte die Dame wissen. «Wenn ja, dann ist das interessant, denn ich habe unmittelbar vor meiner Verabredung mit Ihnen diesen Cartoon-Band bestellt.» Und so ging die Sitzung weiter. Die Verstorbenen machten eine Mitteilung, und die Dame fand sie «interessant». Der Bruder sprach von Adoption, und, ja, sie waren beide adoptiert worden. Der Bruder sprach von der Suche seiner Schwester nach ihrer leiblichen Mutter. Und er ließ mich wissen, dass er sich im Jenseits in der Gesellschaft eines Menschen befand, der sich das Leben genommen hatte. Ja, ihr Sohn habe sich das Leben genommen. Ihr Sohn sprach von seinem Interesse an der Kommunikation mit Verstorbenen und ließ mich wissen, dass er zu Lebzeiten mit seiner Mutter Bücher zu diesem Thema gelesen hatte. Zum Glück erwiesen sich alle mitgeteilten Informationen als zutreffend, und, ja, sie *waren* interessant.

Am Ende unserer Sitzung, inzwischen hatte mir die anonyme Dame ihren Namen genannt, erwähnte ich ihr gegenüber, dass ich vor unserem Gespräch an diesem Buch geschrieben und mich mit den Themen Skepsis und Wissenschaft befasst hatte. «Das ist ja interessant», sagte sie. *Ja, wirklich interessant*, dachte ich. Ich war mir sicher, dass ihr Sohn und ihr Bruder die Ironie sehr wohl bemerken. Wie diese Erfahrung zeigt, ist mir manchmal die andere Seite näher.

Die Schleusen öffnen

Eine Organisation, die sich um Eltern kümmerte, die ein Kind verloren haben, bat mich vor einigen Jahren, bei einer ihrer Veranstaltungen einen Vortrag zu halten. Nachdem man mich vorgestellt hatte, trat ich vor das Publikum. Sowohl das Publikum als auch ich waren zunächst still. Zwei Dinge fielen mir sofort auf: die geradezu mit den Händen greifbare dichte Energie der Trauer, die auf mich zurollte und fast von den Füßen holte, und die Tatsache, dass ich keine Verstorbenen zwischen all den Gesichtern sah.

Ich holte tief Luft. «Nun kommt schon», sagte ich in Gedanken zu den Verstorbenen, die vielleicht zuhörten. «Wir dürfen diese Menschen nicht enttäuschen.» Im gleichen Augenblick fiel mir eine Gruppe von Verstorbenen auf, die im Kreis um das Publikum standen. Kinder aller Altersgruppen hatten sich entlang den Wänden aufgestellt. Es waren so viele, dass sie sich kaum noch gegeneinander abgrenzen ließen. Ich blickte sie an. Sie blickten mich an. Schweigen.

Man hat mich immer wieder gefragt, ob mir meine Arbeit manchmal auch Angst macht. Ja, das tut sie, aber nur, wenn die Verstorbenen nicht mit mir sprechen. Dies war eine solche beängstigende Situation.

Ich wusste nicht, was ich tun sollte. Diese verstorbenen Kinder hielten sich nicht an die Regeln.

Ich sah mir die Verstorbenen noch einmal genau an und entdeckte schließlich einen älteren Herrn, der hinter einem Mann im Publikum stand. *Gott sein Dank*, dachte ich, *das ist wenigstens ein Anfang*. Der Verstorbene identifizierte sich als der Vater des Mannes, der vor mir saß. Er versorgte mich mit Informationen über sich und seine Familie. Er zeigte mir vor meinem inneren Auge ein Foto, auf dem er ein Baby in den Armen hielt, und nannte den Namen des Kindes: Jenny. Der Mann im Publikum bestätigte, dass er wirklich ein Foto besaß, auf dem sein Vater seine Tochter Jenny im Arm hielt, kurz nachdem sie geboren war. Der Verstorbene bat mich zu sagen: «Du sollst wissen, dass ich Jenny noch immer in den Armen halte. Du glaubtest, sie sei gestorben, weil du sie nicht beschützt hast.» Der Mann im Publikum rang um seine Fassung. Schließlich sagte er: «Als Jenny starb, bat ich meinen Vater, sich im Himmel um sie zu kümmern», und fügte mühevoll hinzu, «weil ich darin versagt hatte, sie zu beschützen.»

Die Botschaften, die ich an diesem Abend an die Menschen im Publikum weitergab, waren alle ähnlicher Art. Am Boden zerstörte Eltern wurden von ihren verstorbenen Eltern und Verwandten getröstet, obgleich der Raum noch immer voll von schweigenden verstorbenen Kindern war. Die Trauer der Eltern vor mir verringerte sich etwas, war aber noch immer massiv spürbar. Im Geiste sah ich das Bild von einem Deich, der Wasser zurückhielt, das uns alle überfluten wollte. Der Deich hatte Löcher, aber noch hielt er. In diesem Augenblick begriff ich noch nicht, was ich da sah.

Am Ende des Abends zog ich mich erschöpft zurück. Wie der Vater, der sich für einen Versager hielt, weil er seine Tochter nicht hatte beschützen können, fühlte ich mich schlecht, weil es mir nicht geglückt war, den Kontakt zwischen den trauernden Eltern und ihren geliebten Kindern im Jenseits herzustellen.

Während meiner Gebets- und Meditationszeit am nächsten Morgen musste ich weinen. «Was war denn los?», fragte ich meine Geisthelfer. «Wie kann ich den Jenseitsbewohnern besser dienen?»

Als Antwort erhielt ich eine Vision. Ich erblickte den gleichen Damm wie am vorangegangenen Abend. Anfangs war er unversehrt, doch dann sickerte Wasser durch Löcher, die sich durch den übergroßen Druck gebildet hatten. Nach einer Weile gab der Damm vollständig nach, und das Wasser schoss mit vernichtender Geschwindigkeit und gewaltiger Kraft auf mich zu. Es war eine beängstigende Vision, der ich mich nicht entziehen konnte. Doch, so muss ich zugeben, nach wie vor begriff ich sie nicht vollständig. Also blieb ich sitzen und wartete. Die Erhellung traf mich wie ein Blitz.

Wenn ein geliebter Mensch stirbt, dann fühlt sich der Schmerz an wie eine vom Tod geschaffene undurchdringliche Mauer, die uns von allem und jedem und sogar vom Leben selbst trennt. Doch ist es nicht der Tod, der diese Mauer errichtet, und diese Mauer oder der Damm ist auch nicht so dicht, dass Verstorbenen der Zugang verwehrt ist. Es sind unsere Verlust-, Schuld-, Wut- und Versagensgefühle im Zusammenhang mit dem Tod eines geliebten Menschen, die diesen Wall errichten und ihn sogar noch undurchdringlicher erscheinen lassen, als er eigentlich ist. Ja, einen geliebten Menschen zu verlieren erzeugt Leid. Unsere Vorstellungen und Phantasien im Zusammenhang mit diesem Sterben vergrößern das Leid, bis es für die Verstorbenen schwierig und fast unmöglich wird, die Mauer zu durchdringen. Doch das muss nicht so sein.

Manchmal kann schon ein einziger Kontakt zu einem Verstorbenen Löcher in unseren Damm der Trauer bohren; oder die Gesamtwirkung mehrerer kleiner Löcher ist erforderlich, um den Damm brechen zu lassen, damit unsere geliebten Verstorbenen uns mit ihrer Liebe überfluten können. Aber natürlich kommt es auch vor, dass der Damm für eine lange, lange Zeit unverrückbar erhalten bleibt.

Als Nächstes zeigten mir meine Geisthelfer ein Bild von den Kindern, wie sie am Abend zuvor entlang der Wände des Saals aufgereiht waren. «Sie hatten sich bewusst entschieden, als Gruppe in Erscheinung zu treten», erklärten mir meine Geisthelfer, «denn sie wussten, dass die Eltern, mit denen ihre verstorbenen Kinder nichts sprechen würden, meinen könnten, ihre Kinder liebten sie nicht genug, um in Erscheinung zu treten.» Stattdessen ließen sie es zu, dass die Mitteilungen der verstorbenen Großeltern erste Löcher in den Damm bohrten, damit mit der Zeit die Liebe der verstorbenen Kinder zu ihren Eltern gelangen würde.

Das Einfühlungsvermögen dieser verstorbenen Kinder berührte mich tief. Sie alle sind bereit, sich auf unerwartete Weise am Spiel der Liebe zu beteiligen, weil sie wissen, dass am Ende alles gut wird.

ANTWORTEN AUS DEM JENSEITS

Können Sie bei Ihrer Arbeit als Medium die Verstorbenen tatsächlich sehen? Können Sie hören, wie sie zu Ihnen sprechen?

Als ich noch sehr jung war und am Anfang meiner Arbeit als Medium stand, sah ich die Verstorbenen sehr deutlich, und sie wirkten sehr real. Ich hätte sie vom Kopf bis zu den Füßen vollständig und genau beschreiben können. Mit der Zeit haben meine Geistführer und die übrigen Verstorbenen eine Art abgekürzte Verfahrensweise entwickelt, mit der ich insbesondere zu den Verstorbenen meiner Klienten Verbindung aufnehmen kann. Ich vermute, sie tun dies, weil sie gelernt haben, sparsam mit ihrer Energie umzugehen. Trotzdem teilen sie mir typische Charakteristiken effektiv mit und gestatten es mir, auch meine Energie kräfteschonend zum Einsatz zu bringen.

Nachfolgend ein Beispiel dafür, wie die Jenseitsbewohner nun mit mir zusammenarbeiten. Bei einer Versammlung in Maryland projizierte eine junge Verstorbene ein Bild vor mein inneres Auge, auf dem sie mir nur ihre schönen blauen Augen und ein strahlendes Lächeln zeigte ... und eine Trophäe. Vollständig bekam ich ihr Gesicht nicht zu sehen. Als ich der anwesenden Mutter diese Merkmale beschrieb, erklärte sie mir, dass ihre Tochter in der Schule einen Pokal für die schönsten Augen und das strahlendste Lächeln gewonnen hatte. Mir wurde nur das gezeigt, was in diesem Augenblick für die Identifizierung dieser jungen Verstorbenen erforderlich war.

Während einer Veranstaltung fällt mir vielleicht eine Bewegung oder ein Bild von einem Verstorbenen, der neben einer Person oder einer Gruppe steht, ins Auge. Statt sich vollständig neben ihren Angehörigen zu manifestieren, nutzen die Verstorbenen die, wie ich das nenne, Leinwand meines Geistes und projizieren Bilder und Symbole darauf, die als Identifikationsmerkmale dienen können. In manchen Fällen habe ich eine Vision vergleichbar einem kurzen Film. Visionen schenke ich besondere Aufmerksamkeit, denn oft zeigen sie mir das Gesamtbild des Lebens bestehend aus Diesseits *und* Jenseits.

Die Verstorbenen bedienen sich bei mir gerne einer Art

symbolischer Kurzschrift, um mir Informationen über sich und die von ihnen geliebten Menschen zu vermitteln. Beispielsweise verwenden sie das Stoppschild und das internationale Verbotszeichen oder das Piktogramm eines Glases (das für Alkoholkonsum steht). Während einer Sitzung mit einer Frau und ihrer verstorbenen Mutter tauchte plötzlich über dem Kopf der Tochter ein kleines Monopoly-Häuschen auf. Dahinter verbirgt sich die Mitteilung: Du kaufst ein Haus oder hast gerade ein Haus gekauft. Zeigt mir ein Verstorbener mehrere dieser Plastikhäuschen über dem Kopf eines Klienten, dann kann dies ein Hinweis darauf sein, dass der Klient in der Immobilienbrache tätig ist.

Es ist unmöglich, im Rahmen dieses Buches all die Symbole aufzuführen, deren sich die Jenseitsbewohner bedienen. Doch anhand meiner Fallbeispiele werden Sie sehen, wie sie Symbole nutzen, um mir Mitteilungen zu machen.

Ich bin mir sicher, dass sich die Verstorbenen auch der Interessen und des persönlichen Hintergrunds eines Mediums bedienen, um sich verständlich zu machen. Zum Beispiel lieben meine Großmutter, meine Mutter und ich Bücher, Sprache, Kreuzworträtsel und Ähnliches. Wenn mir Verstorbene Mitteilungen machen, dann geschieht dies manchmal, indem sie Worte auf die Leinwand meines Geistes «schreiben». Außerdem mag ich Musik, und die Verstorbenen bedienen sich gelegentlich irgendwelcher Songs, deren Titel oder Texte sie vor mein inneres Auge projizieren oder deren Melodien sie in meinem inneren Ohr abspielen.

Es gehört zu meinen Aufgaben als Medium, all die Informationsbruchstücke, die mir die Jenseitsbewohner liefern, zu einem vollständigen Bild zusammenzusetzen, das meine Klienten, die so verzweifelt den Kontakt zu den Menschen suchen, die sie meinen verloren zu haben, verstehen können.

Die Frage, ob die Verstorbenen zu mir sprechen, kann ich bejahen, wenngleich es nur äußerst selten vorkommt, dass ich Stimmen so höre, als hingen sie in der Luft. Ich meine, mich an jedes einzelne Mal genau zu erinnern. Von einem dieser Vorkommnisse berichte ich in diesem Buch. In der Regel sprechen die Verstorbenen im Inneren meines Kopfes zu mir, und ich höre sie sozusagen mit meinem «inneren Ohr».

Man kann es sich folgendermaßen vorstellen: Die meisten Menschen hören im Inneren ihres Kopfes einen Dialog ablaufen, der ihren Bewusstseinsstrom zum Ausdruck bringt. Noch während wir uns im Gespräch mit Freunden und Familie befinden, kommentiert eine innere Stimme die Geschehnisse. Ich bin dazu in der Lage, meinem eigenen inneren Dialog Einhalt zu gebieten und es den Verstorbenen zu gestatten, sich dieser Plattform zu bedienen, um sich zu Gehör zu bringen. Wenn ich die Verstorbenen «höre», dann kann ihre Mittelung alles sein, angefangen bei Namen, die sie nennen, oder ein paar einzelnen Worten bis hin zu ganzen, vollständigen Sätzen. So höre ich etwa einen Namen oder einen Teil eines Namens in meinem inneren Ohr. Wenn der Verstorbene nicht mit einem vollständigen Namen bis zu mir durchdringt, dann höre ich vielleicht nur ein «Tsch-tsch-tsch», wenn es sich beispielsweise um den Namen «Charlie» handelt.

Manchmal jedoch, wenn ein Verstorbener sich meines Geistes sehr versiert zu bedienen weiß, werden ganze Sätze in meinen Kopf projiziert. Gelegentlich treffen diese Gedanken so plötzlich und mit solcher Kraft ein, dass es sich so anhört, als würden sie in meinem Kopf gebrüllt. In diesen seltenen Fällen, von denen ich in diesem Buch berichte, überrascht es mich jedes Mal, wie wenig diese Sätze mit mir zu tun haben und wie bedeutsam sie manchmal für meine Klienten sind.

Ich weiß diese Augenblicke atemberaubender Klarheit sehr zu schätzen und arbeite daran, mich ihnen mehr und mehr zu öffnen.

Kann ein Medium die Kommunikation mit dem Jenseits an- und ausstellen wie ein Radio?

Zum Glück ja. Wäre dies anders, dann könnten Medien nicht einkaufen gehen, sich um ihre Familien kümmern oder einen Film sehen, ohne sich dabei ständig im Trommelfeuer von Mitteilungen aus dem Jenseits zu befinden. Schließlich sind wir unablässig von Verstorbenen umgeben.

Der Vergleich mit dem Radio ist gut geeignet. Wir sind von Radiowellen umgeben, doch wir hören die Musik nur dann, wenn wir zuvor den Empfänger – das Radio – anschalten und eine bestimmte Frequenz einstellen. Genauso verhält es sich mit Medien. Wenn ich meinen Alltag organisiere, dann bin ich auf die irdische Frequenz eingestellt. Suche ich Kontakt mit dem Jenseits, dann verändern sich meine Hirnwellen, und ich werde zum Empfänger für die Verstorbenen. Diese verschiedenen Bewusstseinszustände sind nur dann nützlich, wenn sie zum richtigen Zeitpunkt in Gebrauch sind. Wenn ich mich auf die Verstorbenen eingestimmt habe, dann funktioniere ich in der Alltagswelt extrem schlecht. In diesem, man könnte sagen «benommenen», Geisteszustand fällt es mir schwer, Auto zu fahren oder irgendetwas zu tun, was ein klares Bewusstsein voraussetzt. Auf andere wirke ich dann mitunter sehr verwirrt. Wenn ich also gerade beim Gemüsehändler bin und einen Kohlkopf für meinen Krautsalat auswähle, dann stimme ich mich lieber auf die irdische Radiostation ein, damit mich all die Verstorbenen zwischen den Ständen nicht ablenken und ich womöglich mit Grünkohl statt mit Weißkohl nach Hause gehe. (Lachen Sie nicht, das ist wirklich schon vorgekommen!) Sobald jedoch die Kommunikation mit dem Jenseits ansteht, stelle ich mein Alltagsbewusstsein ab und begebe mich auf die Jenseitsfrequenz.

Hören Medien die Toten auch, während sie schlafen, oder nur, wenn sie wach sind?

Um die Wahrheit zu sagen, es ist leichter, während des Schlafens einen Kontakt zum Jenseits herzustellen – und das gilt für alle Menschen, nicht nur für Medien! Wenn wir schlafen und nicht vom Tagesgeschehen beansprucht werden, dann sind wir offener für Erfahrungen, die über das uns Vertraute und unsere physische Welt hinausgehen. Wie ich bereits beschrieben habe, war in meiner Kindheit gerade die Nacht der Zeitraum, in dem sich die Verstorbenen am aktivsten verhielten. In der Einschafphase, in meinen Träumen und beim Aufwachen war ich umgeben von Wesen aus dem Jenseits – manche von ihnen wollten direkt mit mir in Verbindung treten, andere schwirrten nur umher. Inzwischen plane ich bis auf wenige Ausnahmen genau, zu welchem Zeitpunkt ich mit Verstorbenen Kontakt aufnehmen will, und gehe entsprechend auf Empfang. Wenn ich Ruhe brauche, wechsle ich zurück zur Alltagsfrequenz. Ich werde mich in dem Kapitel «Den Himmel auf die Erde holen» noch näher dazu äußern, wie man in seinen Träumen mit verstorbenen Angehörigen Verbindung aufnimmt.

Führen Medien richtige Gespräche mit Verstorbenen oder wird von ihnen nur verlangt, dass sie zuhören?

Am besten an der Kommunikation mit Verstorbenen gefällt mir, dass sie *beidseitig* ist. Zwar läuft sie nicht genauso ab wie ein Gespräch in unserem Sinne, doch es gibt durchaus ein Hin und Her zwischen dem Medium und den Jenseitsbewohnern. Wenn ich mich in einer Sitzung mit einem Klienten befinde, dann bitte ich die Verstorbenen, mir Informationen zu liefern, die ihre Identifizierung ermöglichen. Erst dann bin ich bereit, ihre Mitteilungen für meinen Klienten zu empfangen. Schließlich wird der Wert einer Mitteilung erheblich erhöht, wenn man weiß, von wem sie ist. Nachfolgend ein Beispiel für einen typischen Kommunikationsablauf. Während einer Telefonsitzung erschien Boomer, ein junger Verstorbener. Er versorgte mich mit Einzelheiten über sich (Namen, liebste Hobbys, seine Liebe zum Strand), sein Leben (wo er zur Schule gegangen ist, die Autoersatzteile, die noch immer in der Garage lagern), seine Familie (über die kleine Schwester, die er noch immer beschützte, und über den Vater, der furchtbar unter seinem Tod litt) und den Therapiehund, den seine Mutter ausbildete. Dann berichtete er mir, dass er sich in Gesellschaft einer Dame befinde, die sich das Leben genommen hatte. Seine Mutter am anderen Ende der Telefonleitung reagierte heftig: «Niemand in unserer Familie hat sich das Leben genommen. Ich habe nicht die geringste Ahnung, was das bedeuten soll.» Im Geiste sagte ich zu Boomer: «Sie weiß nicht, was du meinst. Kannst du mir Informationen geben, die ihr weiterhelfen?» In diesem Augenblick tauchte der Name Ritchie in meinem Kopf auf, und ich sagte: «Ihr Sohn hat mir den Namen Ritchie genannt.» – «Ritchie ist der beste Freund meines Sohnes», erklärte sie sichtlich bewegt. «Seine Mutter hat sich vor zwei Wochen das Leben genommen.» Dann berichtete sie mir, dass sie sich nach dem Tod von Ritchies Mutter gefragt habe, ob Boomer wohl vom Verlust seines Freundes wisse. Hätte ich mich während dieser Sitzung allein aufs Zuhören beschränkt und keine Fragen gestellt, dann wäre uns die Antwort auf die Frage entgangen, die Boomers Mutter sich schon Tage vor der Sitzung gestellt hatte. Boomer hatte die Frage seiner Mutter gehört: «Weißt du, was mit Ritchies Mama passiert ist?», und hielt die Antwort bereit. Durch die fortgesetzte Kommunikation mit den Hinterbliebenen durch ein Medium kann ein Verstorbener sie wissen lassen, dass er an ihrem Leben weiterhin Anteil nimmt. Hinweise darauf, wie man selbst mit Verstorbenen kommuniziert, sind im Anhang «Ist da jemand?» enthalten.

Gibt es einen Grund dafür, dass ich die Einzige in unserer Familie bin, die verstorbene Verwandte sehen kann?

Wenn man der Einzige ist, der in einer Familie Kontakt zu Verstorbenen hat, dann bedeutet das nicht, dass diese einen besonders geliebt haben (obwohl diese Vorstellung recht attraktiv ist). Vielmehr gibt es hierfür eine Reihe von Gründen, mit denen wir uns nun befassen wollen.

Zunächst einmal könnte es sein, dass Sie mediale Fähigkeiten besitzen und offen sind für den Kontakt mit dem Jenseits, auch wenn Ihnen dies nicht bewusst ist. Manchmal wirkt eine Tragödie als Starthilfe und macht uns unsere Begabung erstmals bewusst. Dies kann unmittelbar geschehen, und dann haben Sie von gestern auf heute plötzlich Erscheinungen im Traum oder in irgendeiner anderen der zahllosen möglichen Formen. Oder aber die Aktivierung Ihrer medialen Fähigkeiten geschieht nach und nach und muss von Ihnen gefördert werden. Vivian, eine Dame, die ich während eines meiner

Workshops kennenlernte, ist ein gutes Beispiel. Vivians Tochter Paige starb mit siebzehn Jahren nach schwerer Krankheit. Vivian, die unbedingt wissen wollte, ob es Paige gut ging, las nun alles über die Kommunikation mit dem Jenseits und kam schließlich zu der Überzeugung, dass sie möglich sein müsse. Angeregt durch ihre Lektüre nahm sie teil an Veranstaltungen, in denen Medien ihre Arbeitsweise demonstrieren, und fühlte sich bestätigt. Im nächsten Schritt buchte sie für sich Retreats und Workshops, um ihr Bewusstsein für den Kontakt zum Jenseits zu schulen. Schließlich erhielt sie auf diesem Wege die Mittel in die Hand, um sich selbst für die Kommunikation mit den Verstorbenen zu öffnen. Nach jahrelanger Übung hält Vivian inzwischen nicht nur Kontakt zu ihrer Tochter Paige, sie ist auch dazu in der Lage, anderen, die ebenfalls ein Kind verloren haben, Botschaften aus dem Jenseits zu übermitteln.

Außerdem kann es sein, dass bei manchen Familienmitgliedern der Schmerz über den Verlust so tief geht, dass sie sich für geliebte Verstorbene nicht öffnen können, sosehr sie es sich auch wünschen. Solche Menschen können sich in einem solchen Maß von ihren Gefühlen vereinnahmt fühlen, dass sie die subtile Energie der Jenseitswesen nicht wahrnehmen. Unter solchen Umständen wenden sich Verstorbene vielleicht an entferntere Verwandte wie etwa Tanten, Cousins oder sogar Cousins zweiten Grades, die durch ihre Gefühle nicht so sehr vom Leben abgeschnitten werden. Es könnte sein, dass *Sie* in diesem Sinne in Frage kommen. Ein Beispiel für diese Konstellation zeigte sich bei einer Zusammenkunft in Maryland. Als ich ins Publikum blickte, sah ich einen jungen, vielleicht fünfzehnjährigen Jungen, der hinter einer Dame stand, jedoch seine Hand auf die Schulter ihrer Nachbarin gelegt hatte. Anfangs meinte ich, doppelt zu sehen, denn die beiden Frauen sahen fast gleich aus. Zum Glück waren sie unterschiedlich gekleidet und hatten unterschiedliche Frisuren. Der junge Mann vermittelte mir die Information, dass die Dame, hinter der er stand, seine Mutter sei. Er nannte mir den Namen «Jeffrey» und hielt einen Baseball in die Höhe. Im gleichen Moment «spürte» ich, wie mich etwas an der rechten Schläfe traf. Als ich seiner Mutter meine Wahrnehmungen schilderte, fing sie an zu weinen und konnte nicht mehr weitersprechen. Die Dame neben ihr bestätigte mir, dass Jeffrey gestorben war, nachdem ihn ein Baseball am Kopf getroffen hatte. Jeffrey teilte mir mit, dass er die Dame, die mir die Zusammenhänge erklärt hatte, mehrfach besucht hatte, dass sie sich jedoch fürchtete, darüber zu sprechen. Sie bestätigte, was Jeffrey mir eingegeben hatte. «Ja», sagte sie, «Jeffrey ist mein Neffe. Nach seinem Tod hat er mich mehrmals in meinen Träumen besucht, und einmal sah ich ihn in unserem Wohnzimmer stehen, als mein Mann ein Baseballspiel im Fernsehen ansah. Ich habe es nicht gewagt, irgendjemandem davon zu erzählen, weil meine Schwester sich so verzweifelt danach sehnt, ihn zu sehen, und nun kommt er stattdessen zu mir! Ich dachte, dass er, weil meine Schwester und ich Zwillinge sind, vielleicht verwirrt war und sich im falschen Haus gezeigt hatte!» Als ich Jeffrey fragte, warum er zu seiner Tante kam, nicht aber zu seiner Mutter, übermittelte er mir den Gedanken: «Das ist leichter.» Jeffrey hat recht. Manchmal ist es für einen Jenseitsbewohner einfach leichter, einem zwar nahestehenden, aber nicht zu nahestehenden Menschen eine Botschaft zu übermitteln.

Vielleicht sind Sie auch deshalb die einzige Person in Ihrer Familie, die einen Verstorbenen sehen kann, weil dieser seine Beziehung zu Ihnen heilen möchte, die durch Entfernung, Missverständnisse, Vorurteile und/oder Tod zerbrochen wurde. Dabei fällt mir eine Sitzung ein, die ich vor Jahren mit drei Schwestern hatte. Als sie sich hinsetzten, sah ich hinter einer von ihnen eine Verstorbene stehen, deren Haare perfekt zurechtgemacht waren und die sehr viel Schmuck trug. Die verstorbene Dame signalisierte mir eine Mutterverbindung. Dann fühlte ich mich mit einem Mal so erschöpft, als entweiche alles Leben aus mir. Ein solches Gefühl erfasst mich häufig, wenn ich mich in der Gegenwart von Verstorbenen befinde, die an Krebs gestorben sind. Darauf übermittelte mir die Verstorbene die Erkenntnis, dass die Tochter, hinter der sie stand, sie sehen konnte. Als ich diese Informationen weitergab, antworteten die drei Frauen fast gleichzeitig: «Genau deshalb sind wir hier.» Die verstorbene Mutter ließ mich wissen, dass sie all die Fürsorge und Liebe, die zwei der drei Töchter ihr entgegengebracht hatten, als sie an Krebs starb, sehr zu schätzen gewusst habe. Sie dankte ihnen dafür, dass sie zu Hause und in Würde hatte sterben dürfen. «Wir haben so wunderbare gemeinsame Erinnerungen», erklärte sie mir. Zur dritten Tochter sagte sie mit Nachdruck: «Ich komme zu dir, weil du nicht bei mir und deinen Schwestern warst, als ich krank war. Du sollst wissen, dass ich dich lieb habe und dass ich glücklich darüber bin, dass du und deine beiden Schwestern wieder zusammen seid.» Da brachen die drei Schwestern in Tränen aus, und ich verteilte Taschentücher. Die «verlorene Schwester» bestätigte, dass sie es nicht bei der Familie ausgehalten hatte, als ihre Mutter im Sterben lag; sie hatte sich in ihrer Familie immer unverstanden und ausgeschlossen gefühlt. Die beiden anderen Schwestern freuten sich zwar, dass sie nun wieder vereint waren, doch sie waren ein wenig verstimmt darüber, dass nur die dritte Schwester die verstorbene Mutter gesehen hatte. Doch weil ihre verstorbene Mutter sich auf diese Weise unerwartet verhalten hatte, waren sie wieder zusammengekommen, um gemeinsam eine Erklärung zu suchen.

Und schließlich könnten Sie die einzige Person in der Familie sein, die einen Verstorbenen sieht, weil genau das Ihre Aufgabe ist. So wie es in einer Familie einen herausragenden Koch gibt, einen wunderbaren Geschichtenerzähler oder Sänger, so sind Sie vielleicht dazu geboren, eine Verbindung zum Jenseits herzustellen und Heiler zu sein. Menschen mit einer solchen Begabung sind häufig sensibel und spüren einen inneren Drang, Frieden zu stiften und zu heilen, nicht nur im Rahmen der eigenen Familie, sondern auch in einer größeren Umgebung. Möglicherweise müssen Mitglieder der eigenen Familie mit großen Herausforderungen wie Sucht oder Missbrauch fertigwerden. Der geborene Heiler ist meist voller Mitgefühl für seine Mitmenschen. Wenn er versucht, alles zu richten, jedem zu helfen und für die Menschen seines Umfelds alles in Ordnung zu bringen, dann bezahlt er dafür oft einen hohen emotionalen, physischen oder finanziellen Preis. Doch wenn es dem geborenen Heiler gelingt, sich bei der Arbeit mit den Bewohnern des Jenseits auf vernünftige Weise abzugrenzen, dann tritt echtes Heilen an den Platz des Reparierens.

Werden die Verstorbenen mir mitteilen, wenn ich sterben muss?

Darüber muss man sich keine Sorgen manchen. Eine der Kommunikationsregeln zwischen Diesseits und Jenseits ist es, dass Verstorbene keinen Einfluss auf unser Schicksal nehmen und unseren freien Willen nicht einschränken dürfen, es sei denn, wir gestatten es oder geben unsere persönliche Verantwortung ab. Die Bewohner des Jenseits sind dazu in der Lage, zu leiten, zu unterstützen, zu inspirieren und zu warnen, doch

…chen sie den Tod eines Menschen noch sagen sie

3

OJE!

Was Kinder über das Sterben durch einen Unfall sagen

DAS TWITTERN DER VERSTORBENEN

«Das Letzte, was ich sah, war das Licht; das Erste, was ich sah, war das Licht.»

Aussage eines jungen Verstorbenen, der beim Skateboardfahren an einen Laternenmast krachte und sofort tot war.

JENSEITSGEDANKEN

Per Anhalter durchs Leben

Es war ein erster Frühlingstag, der die Erinnerung an einen frostigen Winter noch nicht ganz abstreifen konnte. Die Gipfel des nahen Gebirgsmassivs ließen mein Auto winzig erscheinen. Ich befand mich auf dem Weg in ein berühmtes Skiparadies, um dort die Vorträge und Sitzungen abzuhalten, die in meinem Terminkalender standen. Je höher ich kam, desto tiefer fielen die Temperaturen. Statt auf den Tacho blickte ich nervös auf die Uhr, denn ich war verspätet von Los Angeles aufgebrochen. Und da sah ich ihn aus dem Augenwinkel.

Gerade außerhalb des Gebirgsdorfs marschierte ein junger Mann am Straßenrand entlang. Über seiner rechten Schulter hing lässig ein Gegenstand, der wie ein Snowboard aussah. Ich richtete meinen Blick wieder auf die Straße. Doch dann spürte ich seine Anwesenheit. Er saß mit seinem Snowboard auf dem Beifahrersitz. Ich seufzte. Es kam nicht zum ersten Mal vor, dass ich auf dieser Straße unfreiwillig einen Jenseitsbewohner mitnahm.

Bei meiner ersten Reise in diese Gegend erschien eine Pionierfrau namens Elisabeth in meinem Auto. Als ich bei meiner Veranstaltung eintraf, erzählte ich den Teilnehmern, dass Elisabeth meinen Planwagen (so bezeichnete sie mein Cabriolet) zum Ziel geführt hatte. Der Ehemann der Dame, die die Veranstaltung organisiert hatte, wurde blass und erklärte uns, dass seine Urgroßmutter Elisabeth geheißen hatte und in einem Planwagen in diese Gegend gekommen war. Dieser Mann, der sich bis zu diesem Punkt immer über den «Geisterkram» seiner Frau lustig gemacht hatte, ist seither ein guter Freund geworden.

Als ich mich bei einer anderen Gelegenheit ebenfalls in dieser Gegend aufhielt, stieg ein junger Verstorbener zu mir ins Auto, der vor seinem Tod dort gelebt hatte. Er sagte mir, dass er durch einen Gewehrschuss ums Leben gekommen war. Allerdings konnte ich an ihm keine Verletzung sehen. Als ich während der Veranstaltung von dem Vorfall berichtete, wussten mehrere Teilnehmer von der Schießerei, und es stellte sich heraus, dass die Tochter einer der anwesenden Damen die beste Freundin dieses Abiturienten gewesen war. Der junge Mann war umgekommen, weil ein Betrunkener ihn mit einem anderen verwechselte und erschoss. Er erlag seinen Verletzungen zwei Wochen vor dem Schulabschluss.

Ein andermal befahl mir ein berittener Polizist, der in der Ausübung seiner Pflicht gestorben war, langsamer zu fahren. Natürlich fuhr ich wieder einmal zu schnell. (Wenn ein Verstorbener einen auffordert, den Fuß vom Gaspedal zu nehmen, dann gehorcht man sofort.)

Normalerweise nehme ich keine Anhalter mit. Aber aus mir unerfindlichen Gründen stehen sie entlang dieser Strecke immer besonders oft.

Also dachte ich nicht weiter darüber nach, als der junge Verstorbene mit seinem Snowboard plötzlich auf dem Beifahrersitz neben mir auftauchte. Doch nachdem ich mein Hotel erreicht und eingecheckt hatte, konnte ich ihn noch immer an meiner Seite spüren. Er kam mir vor wie mein eigenes kleines Empfangskomitee.

Bereits eine Stunde nach meinem Eintreffen war die kleine Veranstaltung in vollem Gange. Als ich das Publikum absuchte, sah ich den jungen Mann, der ruhelos umherging und darauf wartete, dass die Begrüßung und das Eingangsgebet zu Ende waren. Dann blieb er hinter einer wunderschönen jungen Frau namens Bailey stehen, die die Veranstaltung gemeinsam mit ihrer Mutter besuchte.

Für Bailey beschrieb ich den jungen Verstorbenen, seine langen, ungepflegten Haare, sein Verführerlächeln, seine eisblauen Augen. Außerdem erzählte ich ihr, dass er auf der Landstraße kurz vor der Stadt zu mir ins Auto gestiegen war und dass er etwas bei sich hatte, was ich für ein Snowboard hielt. Er übermittelte mir zwei Namen, Jerry, seinen eigenen, und Paul, den eines Freundes. Baileys Augen weiteten sich. Paul war auch einer *ihrer* Freunde. Dann projizierte er das Wort «Lehrer» auf meine innere Leinwand und blickte zu Baileys Mutter, die sofort rief: «Ich kenne diesen Jungen, er war einer meiner Schüler!» Dann beschrieb Jerry seinen Gedenkgottesdienst, bei dem Baileys Mutter anwesend gewesen war. Mir kam es merkwürdig vor, dass Jerry nicht gekommen war, um Kontakt zu einem Elternteil oder Verwandten aufzunehmen, sondern mit einer jungen Frau, mit der er einen gemeinsamen Freund hatte. Doch mir war aufgrund meiner langjährigen Arbeit mit den Jenseitsbewohnern klar, dass es dafür einen guten Grund geben würde, und so war es.

«Ich bin gestorben, als ich das getan habe, was ich am liebsten tue», teilte Jerry mir mit und hielt dabei sein Snowboard in die Höhe. Bailey wusste genau, wie sie diese Auskunft verstehen sollte. Jerry war bei einer Skateboardvorführung in

Japan ums Leben gekommen. (Da ich keine Räder gesehen hatte, hatte ich sein Board für ein Snowboard gehalten.) Der junge Verstorbene hatte eine starke sensible Ausstrahlung. Er war sanft, freundlich und äußerst amüsant. Er erklärte mir, dass Bailey die Schule abgebrochen hatte und sich nun nicht entscheiden konnte, wie es in ihrem Leben weitergehen sollte. Sie wollte gerne Grafikerin werden, hielt sich jedoch für nicht gut genug. Bailey verstand Jerry ganz genau. Er erklärte mir, dass sie am Vorabend um Hilfe bei ihrer Entscheidung gebeten hatte und dass er geschickt worden war, um mit ihr zu sprechen. Sein abschließender Rat lautete: «Hab keine Angst, das zu tun, was du gerne tust. Fang einfach an.» Und dann verschwand er wie ein Blitz.

Einen Moment lang war alles still, dann sagte Bailey: «Ich habe wirklich um Führung gebeten – und ich hatte mir gewünscht, mein Ratgeber solle nett aussehen.» Da mussten natürlich alle lachen.

Jerry war wirklich nett, doch außerdem war er schlau, witzig und klug.

An jenem Abend dachte ich beim Zubettgehen noch einmal an Jerry. Mitunter finde ich das, was die Verstorbenen nicht sagen, genauso interessant wie das, was sie mitteilen. Nicht einmal hatte er mir das Gefühl vermittelt, dass er über seinen frühen Tod enttäuscht war. Nicht einmal hatte er bei sich selbst oder einem anderen die Schuld für seinen frühen Tod gesucht. Nicht einmal kam es ihm merkwürdig vor, dass er Kontakt mit Lebenden jenseits seines Freundeskreises suchte. In seinen Schilderungen gab es kein einziges «Hätte» wie in «Hätte ich doch nur nicht an diesem Wettbewerb teilgenommen» oder «Hätte ich doch nur einen Helm getragen» oder «Hätte ich doch nur auf diesen Sprung verzichtet». Er riet Bailey nicht zu einem sicheren oder eingeschränkten Leben. Er legte ihr nahe, ihr Leben auf der Basis ihres Selbstausdrucks zu führen. Fang einfach an!

Wie ich bereits erwähnte, reden junge Verstorbene nicht gerne über ihren Tod und über ihr Sterben. Doch die Hinterbliebenen stellen sich häufig vor, dass der Tod ihres Angehörigen voller Angst und Schmerzen war und hätte vermieden werden können. In einem solchen Fall scheuen junge Verstorbene keine Mühe, um die Dinge geradezurücken. Als einmal eine Mutter vor mir saß, wiederholte ihr verstorbener Sohn wieder und wieder, dass er keine Angst gehabt hatte. Sie sollte wissen, dass sein Übergang sekundenschnell erfolgt war. Doch seine trauernde Mutter war nicht von der Vorstellung abzubringen, dass er hätte gerettet werden können, wenn gleich nach dem Unfall jemand bei ihm gewesen wäre. Sie glaubte, dass er voller Angst gewartet und gewartet hatte und dann allein gestorben war. Bis zu diesem Augenblick hatte ihr Sohn mir nicht gesagt, wie er gestorben war. Ich konnte lediglich die Geräusche hören, die ein Skateboard auf dem Pflaster macht. Auf meiner inneren Leinwand zeigte er mir einen Schnappschuss von einem Skateboard und einer Straßenlaterne. Er vermittelte mir keinerlei Angstgefühle. Und keine Schmerzen. Dann sagte er: «Das Letzte, was ich sah, war das Licht; das Erste, was ich sah, war das Licht.» Erst da erklärte mir seine Mutter, dass er beim Skateboardfahren an einen Straßenlaternenpfosten geknallt und am Fuß der Laterne zusammengekrümmt und tot aufgefunden worden war. Mit seinen wenigen poetischen Worten fasste er seinen unmittelbaren Tod und den Übergang ins Jenseits zusammen und entzog den schrecklichen Spekulationen seiner Mutter die Basis.

Keine Schuldzuweisung

Als ich mit meiner Arbeit als Medium anfing, da wollte ich verstorbenen Kindern nicht begegnen. In meinen Gebeten sagte ich: «Bedient euch meiner Begabung, wie ihr wollt, nur nicht, indem ihr mich bei Kindern einsetzt.» Vor allem war mir die Vorstellung unerträglich, es mit trauernden Eltern zu tun zu bekommen. Ja, um die Wahrheit zu sagen, sie versetzte mich in Angst und Schrecken. Und wie reagierte das Jenseits auf meine Bitte? Es schickte mir gleich in der ersten Woche drei Gruppen trauernder Eltern und Großeltern. Die Jenseitsbewohner waren nicht bereit, es meinen persönlichen Ängsten zu gestatten, ihren Plänen in die Quere zu kommen.

Sioban betrat mein Arbeitszimmer, setzte sich schweigend, faltete die Hände und weigerte sich, mich anzusehen. Ihre geliebte verstorbene Großmutter Nana kam sie besuchen. Nana vermittelte mir, dass sie an einem Schlaganfall gestorben war, und ich durfte das Fischgericht riechen, für dessen Zubereitung sie berühmt war. Nana gab mir das Gefühl, dass sie nicht allein gekommen war. Ich hörte den Namen Jackie. Als ich Sioban den Namen nannte, erstarrte sie und bedeckte ihre Augen mit den Händen. Und dann wurde mir ein braun-, blau- und weißgestreifter Kindersitz gezeigt und ein schwarzer Geländewagen. Ich hörte: «Mami, mir geht es gut. Ich bin bei Nana.» Als ich die Botschaft weitergab, begann Sioban zu weinen. «Bitte helft mir», flehte ich meine Geisthelfer an. Als ich zu Sioban blickte, sah ich einen kleinen verstorbenen etwa dreijährigen Jungen, der versuchte, auf ihren Schoß zu klettern. «Mami, ich weiß, du hast es nicht mit Absicht getan», sagte der kleine Jackie. Ich erklärte Sioban, Jackie wisse, dass sie es nicht mit Absicht getan habe. (Noch immer wusste ich nicht, was «es» eigentlich war.) In diesem Augenblick überfiel und durchlief mich ein gewaltiger Tsunami der Liebe, die Jackie durch mich zu seiner Mutter schickte. Ich konnte kaum atmen, so überwältigend war es. Ich brachte nur «Jackie liebt Sie» heraus.

Darauf blickte Sioban mir zum ersten Mal ins Gesicht. «Vielen Dank», mehr sagte sie nicht. Als ich sie zur Tür brachte, gestand sie mir, dass sie, als sie eines Tages den Geländewagen aus der Garage lenkte, Jackie nicht gesehen hatte, der hinter dem Wagen spielte. Aus Unachtsamkeit hatte sie ihren eigenen Sohn überfahren. (Dies trug sich zu, bevor Heckkameras die Sicherheit beim Rückwärtsfahren gewährleisteten.) Seither hatte sie den Geländewagen nicht mehr fahren können. Er stand noch immer mit Jackies Kindersitz darin in der Auffahrt. Bevor sie davonging, sagte Sioban: «Ich glaubte, mein Sohn hasse mich für das, was ich ihm angetan habe. Da er mich noch liebhat, kann ich vielleicht eines Tages meine Schuldgefühle überwinden.»

Die anderen Sitzungen, die ich in dieser Woche mit Eltern hatte, liefen ähnlich ab. All die Kinder waren in einem Unfall gestorben, an dem entweder ein Elternteil oder ein anderer Verwandter beteiligt war. Alle verstorbenen Kinder brachten trotz der Art, wie sie gestorben waren, ihre tiefe Liebe zu ihren Eltern zum Ausdruck. Alle Eltern litten unter immensen Schuldgefühlen. Keines der verstorbenen Kinder machte seine Eltern für seinen Tod verantwortlich.

In Esoterikkreisen habe ich Leute sagen hören: «So etwas wie Unfälle gibt es nicht.» Ich habe Leute auch sagen hören: «Man stirbt, wenn die Zeit gekommen ist, da man gehen muss.» Und ich habe Leute sogar sagen hören, dass Gott ein Kind zurückhaben will. *Könnte Gott so grausam sein und Eltern ihr Kind wegnehmen? Könnte denn irgendeine dieser Aussagen auch in dem Fall zutreffen, wenn ein Kind in einem von seinen Eltern verschuldeten Unfall stirbt?* Auf diese Fragen musste ich Antworten finden. Ich *musste* das verstehen.

Wenn ich Fragen stelle, dann reagiert das Jenseits, indem es mir entsprechende Erfahrungen verschafft. Rasche und leichtverständliche Antworten erhalte ich nicht. Einige Antworten wurden mir durch Unfälle zuteil, die ich selbst erlebte, wie etwa einen Autounfall, einen Sturz am Arbeitsplatz und einen anderen Unfall, in dessen Verlauf ich an der Küste von San Diego von einer Brandungsrückströmung fortgerissen wurde. Andere Antworten erhielt ich durch den Austausch mit zahllosen jungen Verstorbenen, die alle bei einem Unfall ums Leben gekommen waren. All diese Erfahrungen haben es mir schließlich ermöglicht, «Unfälle» aus der Perspektive verstorbener Kinder zu sehen.

Aus unserer Perspektive kann ein Unfall im besten Fall als tragisches Zusammentreffen von unglücklichen Umständen betrachtet werden und im schlimmsten Fall als etwas, wofür die Hinterbliebenen bezahlen und weswegen sie sich als Versager fühlen. Verstorbene Kinder jedoch sehen Unfälle als Chancen. Sie betrachten Unfälle als gute Gelegenheit, um physische Grenzen zu erfahren und zu verstehen, um Vergebung zu erwecken und um Veränderung herbeizuführen.

Zunächst einmal sei gesagt, dass Kinder grundsätzlich mehr über die Grenzen der physischen Welt erfahren, wenn sie selbst handeln, als wenn sie sich anhören, welche Erfahrungen andere gemacht haben. Wenn sie gehen lernen, dann lernen sie, indem sie fallen, etwas über die Erdanziehungskraft. Wenn sie anfangen, Auto zu fahren, dann erfahren sie etwas über die Macht der Geschwindigkeit. Sie probieren außerdem aus, wie es ist, wenn sie während des Fahrens SMS schreiben, ihre Haare stylen, Chips essen und bei ihren Lieblingssongs mitsingen. Das Ausprobieren physischer Grenzen ist das vorrangige Interesse der Kinder im Diesseits – und im Jenseits.

Ein junger aufstrebender Musiker kam aus dem Jenseits,

um mit seiner Mutter und seiner Schwester während einer Sitzung an seinem Geburtstag zu sprechen. Er ließ mich wissen, dass sie nicht bei ihm waren, als er starb. Er wirkte sensibel und war sehr ernst in seinem Auftreten. Er beschrieb seine maßgefertigte Gitarre, seine Bude am Strand, seinen Plan, seine Musik aufzunehmen, und seine Liebesgeschichte mit dem Heroin. Dieser Junge betrachtete das Heroin als seine Muse, seine Inspiration. Er zeigte mir auf meiner inneren Leinwand ein Bild von seinem Zimmer. Auf dem Nachttisch lag ein Buch. Er erklärte mir, dass er darüber nachgelesen hatte, wie er Heroin einsetzen konnte, um seine Kreativität zu steigern, ohne davon abhängig zu werden. Seine Mutter und seine Schwester bestätigten und verstanden alles, was ich an sie weitergab. Seine Schwester hatte das Buch über den Gebrauch von Heroin auf seinem Nachttisch neben seiner Leiche gefunden. Der junge Mann war an einer versehentlichen Überdosis gestorben. Seine Mutter erinnerte ihn in meiner Gegenwart daran: «Wir alle haben versucht, dich zu warnen, aber du wolltest nicht hören.» Seine Schwester wollte von ihm wissen: «Was hast du gedacht, als du feststellen musstest, dass wir im Recht waren?» Seine Antwort lautete: «Oje!» Das war vermutlich nicht die Antwort, mit der sie gerechnet hatte, und sie erwiderte, wie Schwestern es nun einmal tun: «Ja, toll, diese Oje!»

Kein einziges Mal habe ich einen jungen Verstorbenen über seinen Tod sagen hören, dass es für ihn eben an der Zeit war, zu gehen. Wenn Kinder geboren werden, dann liegt es ihnen fern, ihr Leben nach der Uhr zu führen. Babys weinen, wenn sie hungrig sind, doch später lernen sie, dass das Abendbrot um sechs auf dem Tisch steht. Kinder projizieren nicht in die Zukunft, sie leben im Augenblick. Und genauso halten sie es auch im Himmel.

Auf der Straße nach Hause

Während einer Gruppensitzung erzählte Jesse, ein verstorbener Teenager, stolz davon, wie er fahren gelernt hatte. Er bestand darauf, mir zu sagen, dass er ein guter Fahrer war. «Ja, das war er wirklich», bestätigte seine Mutter. «Deshalb waren alle so überrascht von der Art und Weise, wie ich gestorben bin», ergänzte Jesse. Er zeigte mir ein Bild von sich als Verstorbenem, der zusah, wie seine Mutter auf einer verlassenen Landstraße hin und her fuhr. Er versuchte ihre Aufmerksamkeit zu erringen, um ihr zu erklären, dass es ihm gut ging. Doch weder sah sie ihren verstorbenen Sohn noch seinen Wagen, der tief unten in der Schlucht lag. Auf dem Nachhauseweg war er zu schnell in die Kurve gefahren und von der Straße abgekommen. «Wie soll ich ohne ihn weiterleben?», wollte Jesses Mutter von mir wissen. Vor meinen Augen wurde der verstorbene Jesse jünger und begann, auf und ab zu springen. Er setzte Mickymausohren auf – für mich ein Symbol für einen Aufenthalt in Disneyland. Seine Mutter musste durch ihre Tränen lachen und daran denken, wie ihre Familie zum Mitfahren in einem der Paradefahrzeuge eingeladen wurde. Der Einzige, der nicht still sitzen konnte und stattdessen auf und ab sprang, war Jesse gewesen. Er führte nicht etwa einen Tanz auf, zu dem er aufgefordert worden war. Er hüpfte aus reiner Freude. In diesem glücklichen Augenblick inspirierte er die gesamte Familie, sogar seinen Vater, es mit dem Hula-Hoop-Reifen zu probieren. Dieser Junge, der als Teenager hatte sterben müssen, war noch immer das hopsende Kind von Disneyland. Dieses Erlebnis war ihm im Himmel noch ebenso zugänglich, wie es im früheren Leben gewesen war. Und er meinte, dass die Freude, die er mit seiner Familie in Disneyland empfunden hatte, ihr noch ebenso zugänglich sein müsse wie ihm. Für ihn lag die Freude an diesem Ausflug nicht in der Vergangenheit, sondern in der Gegenwart.

Wenn ein geliebter Mensch in einem Unfall stirbt, dann spüren wir immer den Impuls, einen anderen Menschen oder uns selbst dafür verantwortlich zu machen. Schließlich muss es etwas gegeben haben, das wir hätten tun können, um diese Katastrophe zu verhindern. Wenn wir niemanden finden, den wir verantwortlich machen können, dann können wir immer noch Gott die Schuld in die Schule schieben. Verstorbene Kinder legen niemandem etwas zur Last, und sie sind nicht nachtragend. Sie betrachten Unfälle als gute Gelegenheit zur Vergebung.

Lisas Blick vom Berg

In einer Stadt, die von Bergen umgeben ist, lernte ich ein verstorbenes Mädchen kennen, das mir bewies, welche Macht Vergebung hat. Zu Beginn einer Veranstaltung, an der ich teilnahm, spürte ich, dass neben mir eine Verstorbene stand. Sie hatte lange blonde Haare, war hochgewachsen und gertenschlank wie eine Tänzerin. Ich hörte die Worte «Lisa» und «Tochter» als Gedanken in meinem Kopf. Als ich dem Publikum das verstorbene Mädchen neben mir beschrieb, erklärte mir eine Frau namens Roberta, dass Lisa ihre Tochter sei. Lisa zeigte mir ein Bild von ihrer Puppensammlung, die sich aufgereiht in einem Regal in ihrem Zimmer befand. Sie erzählte vom Tanzen, von ihrem Freund Bart und ihrem ersten Semester im College.

Dann tat Lisa etwas Unerwartetes: Sie berichtete mir von ihrem Tod. Sie projizierte einen Film auf die Leinwand vor meinem inneren Auge. Auf einer dunklen Bergstraße suchte ein Auto seinen kurvigen Weg. Plötzlich tauchte aus dem Nichts ein Lastwagen auf. Ich fühlte den Zusammenprall, doch weder Angst noch Schmerz. Roberta bestätigte mir, dass ihre Tochter bei einem Zusammenstoß mit einem Lkw starb, als sie von der Schule nach Hause fuhr.

Es wunderte mich, dass Lisa ihren Tod so plastisch darstellen wollte. Dann erklärte sie mir, warum. Sie gab mir den Gedanken ein, dass der Lkw-Fahrer an ihrem Tod schrecklich litt und deshalb erfahren musste, dass sie ihm nicht die Schuld gab. Er sollte hören, dass ihm vergeben war.

Roberta kannte den Lastwagenfahrer. Sie hatte sogar seine Kontaktdaten.

Ein paar Wochen später erfuhr ich, dass Roberta den Fahrer angerufen hatte. Seine Frau teilte ihr mit, dass er seit dem Unfall nicht mehr hatte fahren können. Seit Lisas Tod war sein Leben die reinste Hölle. Er hatte nicht eine einzige Nacht richtig schlafen können und immer nur unablässig den Unfall nacherlebt. Roberta erzählte von dem Gespräch, das sie mit ihrer verstorbenen Tochter geführt hatte, und bat die Frau des Fahrers, ihm zu sagen, dass Lisa ihm keine Schuld gab. Lisas Vergebung sorgte dafür, dass bei drei Menschen der Heilungsprozess einsetzen konnte: bei ihrer Mutter, dem Lkw-Fahrer und bei seiner Frau.

Verstorbene Kinder schlüpfen, wenn sie zu mir kommen, nicht in die Opferrolle. Stattdessen scheinen sie ein Interesse daran zu haben, etwas in der Welt zu verändern, auch wenn sie im physischen Sinne nicht mehr Teil von ihr sind. Die himmlischen Kinder tun sich mit ihren Familien in Angelegenheiten zusammen, die möglicherweise durch sie selbst ins Leben gerufen wurden, und schaffen so ein positives Vermächtnis, das ihren Tod überdauert.

Michaels Sicherheitsfahrrad

Bei einer kleinen Gruppenveranstaltung stand ein kleiner verstorbener neunjähriger Junge mit einem Luftballon und einem roten Fahrrad bei einer Frau, die begeistert nickte, als andere Mitteilungen von verstorbenen Angehörigen erhielten. Dieser verstorbene Junge wartete geduldig, bis er an der Reihe war – ungewöhnlich für ein Kind in diesem Alter. Als ich der Dame mitteilte, dass neben ihr ein sehr höflicher Junge stand, bestätigte sie mir, dass ihr Sohn äußerst geduldig und höflich war. Sowohl das rote Fahrrad als auch der Luftballon spielten eine wichtige Rolle, so sagte sie mir. Sie wollte wissen, ob ihr Sohn am Vortag sie und seinen Vater begleitet habe. Als ich die Frage still an den Jungen weitergab, zeigte er mir Fahrräder, Fahrradhelme, zahllose Luftballons und seine Eltern mitten in einer Menschenmenge. Als ich ihr die Szene schilderte, erklärte sie mir, dass sie Helme an Fahrrad fahrende bedürftige Kinder verteilt hatten. Als kleines Extra dazu hatten sie noch Luftballons verschenkt. Das Geld für die Helme hatten sie im Gedenken an ihren Sohn gesammelt. Er war bei einem Sturz mit dem Fahrrad gestorben, weil er keinen Helm getragen hatte. Der Ballon, den sie von dem kleinen Event mit nach Hause gebracht hatten, schien ein Eigenleben zu haben. Er hatte im Wohnzimmer umhergetanzt und war ihnen dann von einem Raum in den nächsten gefolgt. Da sie nirgends eine Quelle von Zugluft gefunden hatte, war sie überzeugt, dass es ihr Sohn war, der ihnen so habe mitteilen wollen, dass er bei ihnen sei.

Im Verlauf meiner Sitzungen und Veranstaltungen haben mir verstorbene Kinder immer wieder berichtet, dass ihre Familien in ihrem Namen Bäume gepflanzt, Stipendien eingerichtet und Stiftungen begründet haben. Jedes Mal, wenn sich eine Gelegenheit zur positiven Veränderung ergibt: Die verstorbenen Kinder sind immer mit von der Partie.

Das bedeutet natürlich nicht, dass jede Familie, in der ein Kind stirbt, eine Stiftung, einen Stipendienfonds oder einen gemeinnützigen Verein ins Leben ruft, und es soll auch nicht heißen, dass jede Familie einen solchen Schritt tun muss. Kinder werden immer Anteil nehmen an Wachstum und Veränderung jeder Art, auch wenn es nur ein im stillen Gebet erlangter Sinneswandel eines Einzelnen ist. Verstorbene Kinder sind immer und überall zur Stelle, wenn sich die Gelegenheit für eine positive Einflussnahme bietet. Kinder wachsen und verändern sich. Dazu sind sie hier auf Erden. Und dazu wollen sie auch aus dem Jenseits heraus beitragen.

Kinder machen sich zunutze, was wir als Unfälle begreifen, um noch mehr Liebe in die Welt zu tragen. Und das ist kein Zufall.

ANTWORTEN AUS DEM JENSEITS

Gibt es einen Unterschied zwischen einem Hellseher und einem Medium?

Obwohl die beiden Begriffe häufig synonym verwendet werden, bestehen doch entscheidende Unterschiede zwischen dem, was beide tun. An erster Stelle steht, dass beide unterschiedliche Quellen haben, aus denen sie ihren Input beziehen. Hellseher interpretieren Informationen, die sie aus dem Energiefeld von Personen, Orten und Dingen ablesen. Medien hingegen übermitteln Informationen, die sie von einem individuellen Jenseitsbewohner erhalten haben. Die Art und Weise jedoch, wie Hellseher und Medien ihre Informationen empfangen und verarbeiten, kann, was die Verwirrung noch größer macht, sehr ähnlich sein. Beispielsweise können beide hellsichtig oder hellhörig sein. Man könnte sagen, dass Hellseher und Medien Computern vergleichbar sind, weil beide Informationen verarbeiten. Ihr Betriebssystem ist gleich, doch ihre Server sind unterschiedlich. Hellseher sind mit dem irdischen Server verbunden, Medien sind nicht nur an den irdischen, sondern auch an den jenseitigen Server angeschlossen.

Um den Unterschied zwischen beiden Begriffen noch weiter zu verdeutlichen, nachfolgend ein Beispiel:

Angenommen, Sie sind im Begriff, ein Bewerbungsgespräch für einen äußerst begehrenswerten Arbeitsplatz zu führen, und suchen Rat. Auf dem Weg zu einem übersinnlichen Ratgeber denken Sie: «Ich möchte diesen Job *wirklich* unbedingt, unbedingt, *unbedingt* kriegen!» Dann stehen Sie dem Hellseher gegenüber, und der sagt: «Sie wollen diesen Job wirklich unbedingt haben.» Und Sie denken: «Wahnsinn, der hat echt Ahnung!» Weil Ihre Gedanken und Intentionen in Ihrem Energiefeld (in Ihrer Aura) für den Hellseher sichtbar sind, kann der sie dort ablesen. Darüber hinaus kann der Hellseher in Ihrer Aura vielleicht auch den Personalchef der Firma, der das Bewerbungsgespräch führt, und die Firma vor seinem inneren Auge sehen. In der Regel sind Hellseher dazu in der Lage, die von ihren Interaktionen mit einer Person freigesetzten Energien wahrzunehmen, und können daraus schließen, in welche Richtung die Reise geht und ob Sie Ihren Job bekommen.

Suchen Sie als Berater jedoch ein Medium auf, dann würde das Medium etwas sagen wie: «Ich habe hier einen Verstorbenen, der als Vater oder Vaterfigur in Erscheinung tritt. Er ist hochgewachsen. Er übermittelt mir Schmerzen in der Brust wie bei einem Herzinfarkt und einen Namen, der mit ‹L› anfängt und sich wie Lou anhört. Dieser Lou war ein fleißiger

Arbeiter und lässt mich wissen, dass Sie diesen Job unbedingt haben wollen.» Dann könnte Lou vielleicht allgemeine Einblicke in Ihr Arbeitsleben oder zu diesem bestimmten Job liefern, doch immer nur aus seiner persönlichen Jenseitsperspektive. Die Verstorbenen leisten lieber Orientierungshilfe, als die Zukunft vorherzusagen. Der Grund hierfür liegt in dem Respekt, den Verstorbene vor unserem freien Willen haben.

Wenn man stirbt, ist dann einfach der Zeitpunkt gekommen, an dem man gehen muss?

Wir werden nicht mit einer eingebauten Eieruhr geboren, die klingelt, wenn unsere Zeit abgelaufen ist. Vielmehr betreten wir diese Welt mit einer *Bestimmung*, einer *Checkliste* und *Verträgen*, die wir auf der Basis unseres freien Willens zu erfüllen haben. All dies ist eingespeist in unseren Körper, der ein lebendiger, zerbrechlicher Geistbehälter ist.

Vielleicht fällt es Ihnen leichter, es sich folgendermaßen vorzustellen. Zu unserer *Bestimmung* gehören auch die Gaben und Talente, die wir erhalten haben, um in dieser Welt etwas zu verändern. Manche Menschen sind dazu geboren, inspirierende spirituelle Lehrer zu sein, anderen ist der begabte Unterhalter in die Wiege gelegt, wieder anderen der exzellente Wissenschaftler. Die *Checkliste unserer Seele* ist der Wunschzettel für unser Leben hier auf Erden. Sie könnte etwas enthalten wie «Diesmal hätte ich gerne eine ordentliche Dosis Mitgefühl» oder «Diesmal muss ich lernen, verantwortungsbewusst mit Geld umzugehen». Unsere *Verträge* beinhalten häufig nicht zum Abschluss gebrachte Angelegenheiten mit jenen, die gleichzeitig mit uns inkarnieren (Freunde, Familienmitglieder und sogar Fremde, mit denen man eine Verbindung spürt). Verträge können Versprechen sein, die wir uns selbst vor unserer Rückkehr auf die Erde gegeben haben, oder Vereinbarungen, die wir erst nach unserem Eintreffen hier eingegangen sind. Etwa wie bei Menschen, die einem religiösen Orden beitreten und dann ein Armuts- oder Keuschheitsgelübde ablegen. Ähnliches tun wir jeden Tag, indem wir Aussagen treffen wie «*Das* werde ich nie wieder tun». Es ist wichtig, sich vor Augen zu führen, dass solche Verträge oder Gelübde bestehen bleiben, bis wir sie widerrufen oder verändern.

Zum Glück verfügen wir über einen freien Willen, um mit diesem komplizierten Mix in unserem Leben fertigzuwerden. Aufgrund unseres freien Willens können wir uns entscheiden, uns unsere Checklisten, Absichten und Verträge bewusst zu machen und nach Bedarf zu verändern. Manche Menschen betreten diese Welt mit einem umfangreichen Programm beziehungsweise einer sehr spezifischen Bestimmung, doch enthält ihre Checkliste nur eine geringe Zahl von Punkten. In diese Kategorie fallen beispielsweise unsere spirituellen Führer. Andere Menschen treffen mit ellenlangen Checklisten und zahllosen Verträgen ein. Sie scheinen in ihrem Leben immer viel abarbeiten und überwinden zu müssen. Wieder andere erledigen ihre Checklisten und ihre Bestimmung in Lichtgeschwindigkeit und bleiben nur kurz auf der Erde. Wann und wie wir sterben, ist weniger eine Frage der Zeiteinteilung, sondern die des Zusammenspiels unserer Bestimmung, Verträge, Checklisten und unseres freien Willens.

Ist der Himmel wirklich wie ein gigantisches Nimmerland?

Nun, wenn Sie sich bei diesem Begriff vorstellen, im Himmel niemals erwachsen werden zu müssen, dann liegen Sie falsch. Das Leben im Jenseits verschafft uns die Gelegenheit, einen

klaren Blick darauf zu werfen, was wir aus unserem bisherigen Leben auf der Erde gemacht haben. Abhängig von unseren getroffenen Entscheidungen, kann dieser Rückblick angenehm oder unangenehm sein. Ein Mann, der sich zu Tode getrunken hatte, erklärte mir: «Für mich war das Sterben eine ernüchternde Erfahrung.» Das kann man sich leicht vorstellen.

Alle Jenseitsbewohner, die ich kennenlerne, berichten mir, wie ihr Himmel für sie ist. Obwohl sich bei diesen Mitteilungen Themen wiederholen, so gibt es doch auch gegensätzliche und manchmal sogar widersprüchliche Einzelheiten. Mir ist klar, dass mir als Medium nur kleine Einblicke in das gestattet werden, was sich jenseits unseres irdischen Lebens befindet. Trotz der Vielzahl von Perspektiven, an denen mich die Verstorbenen haben Anteil nehmen lassen, könnte ich kein vollständiges Bild des Lebens im Jenseits zustande bringen.

Wenn ich mich mit befreundeten Medien verabrede, dann kommt es oft zu lebhaften Diskussionen über das Leben, den Tod und das Jenseits. Doch Medien sind wie Blinde, die einen Elefanten beschreiben wollen. Wenn einer den Rüssel berührt, dann behauptet er, der Elefant sei wie eine Schlange. Bei dem Versuch, den Himmel zu beschreiben, verhält es sich ähnlich. Das Jenseits ist so unermesslich und so sehr *jenseits* unserer Vorstellung, dass die unterschiedlichsten Beschreibungen zutreffend sein können, selbst wenn sie einander widersprechen.

Wenn wir jemandem vergeben, der etwas Schlimmes getan hat, machen wir es ihm dann nicht zu leicht?

Wenn jemand Sie verletzt oder einen Menschen, den Sie lieben, dann ist es normal, nach der ausgleichenden Gerechtigkeit zu streben und diesem Jemand eine Lektion erteilen zu wollen. Man stellt sich gerne vor, dass man das Leben dieser Person nachteilig beeinflusst, wenn man ihr *nicht* verzeiht. Es trifft jedoch genau das Gegenteil zu. Ich stelle es mir gerne folgendermaßen vor: Zwar ist es natürlich, dass der Fisch nach dem Köder am Ende der Angelschnur schnappt, doch findet er rasch heraus, dass er dann nicht mehr dorthin schwimmen kann, wohin er will; sein Leben und seine Freiheit werden nun vom Angler kontrolliert. Wenn wir nach den Ködern Wut, Hass, Rache, Verurteilung und Groll schnappen, dann hängen *wir* am Haken und nicht der Jemand, der uns verletzt hat. Indem wir jedoch diesem Jemand – oder auch uns selbst! – vergeben, löst sich der Haken auf, und wir können wieder frei umherschwimmen. Wenn Sie jemandem vergeben, dann befreien Sie sich selbst.

Haben Jenseitsbewohner im Himmel bestimmte Rollen oder Verantwortungen?

Zahllose Geistwesen, darunter Geistführer und Engel, bewohnen die unsichtbare Welt. Die meisten von ihnen haben Rollen oder Verantwortungen übernommen. Geistführer beispielsweise helfen uns, während unseres irdischen Lebens den richtigen Kurs zu halten. Die Geisthelfer, mit denen ich zusammenarbeite, helfen mir bei der Organisation der Kommunikationsprozesse mit dem Jenseits. Die primäre Aufgabe meiner Arbeit ist es, eine Verbindung zwischen den Menschen hier auf Erden und ihren Verwandten und Freunden im Himmel herzustellen, und auch die Jenseitsbewohner berichten davon, Aufgaben zu haben. Doch ihr Hauptinteresse besteht in der Regel darin, den Hinterbliebenen zu helfen, die sie auf Erden zurückgelassen haben. Einige der Verstorbenen haben mir erklärt, dass sie erst nach ihrem Tod die vollständige Verantwortung für ihr Handeln zu Lebzeiten übernommen haben. Es scheint wichtiger zu sein, für das bereits Getane die Verantwortung zu übernehmen als für neue Aufgaben im Himmel.

Womit verbringen Verstorbene im Jenseits ihre Zeit?
Zum Glück gibt es im Himmel keine Uhren, und die Zeit, wie wir sie verstehen, berührt die Jenseitsbewohner wenig. Als eine Mutter von ihrem verstorbenen Sohn wissen wollte: «Wie verbringst du deine Zeit, Alex?», da antwortete er flapsig: «Einen Tag nach dem anderen.» Mich überraschte diese Antwort, und sie kam mir ein wenig banal vor. Doch Alex' Mutter Diana klärte mich auf, dass er sein irdisches Leben genauso, einen Tag nach dem anderen, gelebt habe. Ihm war es gelungen, jeden Tag glücklich zu sein. Gemeinsam mit ihrem Mann hatte sie überlegt, ob Alex ihnen genau das zu seinen Lebzeiten hatte vermitteln wollen.

JENSEITSESSENZ

Es ist verständlich, dass wir wütend werden, wenn ein Mensch, der uns nahesteht, in einem Unfall stirbt. Auf den ersten Blick sieht es so aus, als sei aufgrund einer falschen Einschätzung oder einer Reihe von Zufällen ein kostbares Leben ausgelöscht worden. Doch verstorbene Kinder ermutigen uns, tiefer zu blicken und Unfälle als Chance zu nehmen, das Leben, Liebe und Vergebung besser zu begreifen. Kinder, die in einem Unfall gestorben sind, inspirieren andere, Veränderungen in ihrem irdischen Dasein zu bewirken, die zum einen ihrem Leben mehr Sinn verleihen und zum anderen möglicherweise andere Kinder davor bewahren, auf gleiche Weise umzukommen.

4

WER IST DEIN PAPA?

Wann Blutsverwandtschaft von Bedeutung ist und wann nicht

DAS TWITTERN DER VERSTORBENEN

«Der Anfang und das Ende der Brücke befinden sich im Himmel. Ihr auf Erden seid der Bereich dazwischen.»
Sagte am Vatertag ein verstorbener Sohn zu seinem Vater.

JENSEITSGEDANKEN

Ein Strauß bunter Fragen

«Tach, ich bin Abigail, und ich bin adoptiert», sagte das flachsblonde Mädchen mit dem koboldhaften Kurzhaarschschnitt jedes Mal, wenn sie jemanden neu kennenlernte. Abigail war in der Jugend die beste Freundin meiner Schwester, und ihre Eltern waren mit unseren Eltern befreundet. Während des Adoptionsprozesses schrieben unsere Eltern Empfehlungsschreiben für Abigails zukünftige Eltern. Das Gleiche taten sie auch für alte Freunde aus ihrer Gemeinde, die ebenfalls ein kleines Mädchen adoptierten, die meine angeheiratete Cousine war. Als kleines Kind interessierte ich mich wenig dafür, wo die Babys herkamen, ob sie nun adoptiert waren oder nicht. Um die Wahrheit zu sagen, ich stellte mir vor, dass Abigail ungefähr so eingetroffen war wie mein erstes Kätzchen an einem Ostermorgen – in einem Korb. Wie und warum Adoption funktioniert, diese Frage berührte uns in jungen Jahren wenig. Doch als eines der adoptierten Mädchen, die ich kannte, ins Teenageralter kam, da wollte es wissen, wer seine biologischen Eltern waren. Fragen wie «Warum wollte mich meine Mutter nicht?» oder «Habe ich noch andere Geschwister?» oder «Ich wüsste gerne, ob ich meinem Vater oder meiner Mutter ähnlich sehe» tauchten nun in unseren Gesprächen auf. Die Tatsache «Ich bin adoptiert» verwandelte sich in die Forderung «Ich will wissen, *warum* ich adoptiert wurde».

Das Bedürfnis, über die Herkunft Bescheid zu wissen, kann sich zu einer großen Sehnsucht auswachsen, auch wenn die Adoptionsfamilie ein liebevolles Zuhause bietet. Solche fundamentalen Fragen bleiben vielleicht jahrelang unbeantwortet und in manchen Fällen sogar das ganze Leben. «Kommt das alles im Jenseits in Ordnung?» Mal sehen, was verstorbene Kinder dazu zu sagen haben.

Meine zwei Papas

Er trug ein Rocker-T-Shirt und hatte einen Bürstenhaarschnitt. Einer seiner Arme lag beschützend auf der Schulter der Frau neben ihm. Sie hatte lange schwarze Haare, in denen ein paar weiße Strähnen zu sehen waren. Es war offensichtlich, dass sie ein Paar waren, und sie saßen bei einer meiner Veranstaltungen in der ersten Reihe.

Ich war einigermaßen überrascht, als ein junger Verstorbener auf einem Motorrad hereinfuhr. Er fuhr den Mittelgang entlang bis zur ersten Reihe und stand dann wartend und den Motor im Leerlauf haltend neben dem Paar. Mehr Informationen hatte ich nicht, und so fragte ich in den Raum, ob irgendwer einen jungen Mann kenne, der gerne Motorrad fuhr. Der Mann mit dem Rocker-T-Shirt antwortete: «Ja, das ist Ryan», und die Frau fing an zu weinen. Die erste Bemerkung, die Ryan machte, war: «Dann wollen wir mal zu Potte kommen.» Der Mann bemerkte, dass Ryan sich gerne dieses flapsigen Stils bediente, wenn eine Situation zu ernst zu werden drohte. Außerdem bestätigte er, dass Ryan unmittelbar vor seinem Tod auf dem Motorrad unterwegs gewesen war. Ryan verschwendete keine Zeit, sondern kam gleich zur Sache. «Ich hab dich lieb, Mama», sagte er zu der Frau. «Bitte sag Papa, dass es mir gut geht.» Als mir klar wurde, was ich da weitergegeben hatte, hielt ich einen Augenblick inne. Wenn der Typ neben Ryans Mutter *nicht* sein Vater war, wer war er dann? Ryan ging auf meine Frage ein, indem er meine Aufmerksamkeit auf den Mann in der ersten Reihe richtete und sagte: «Ich danke dir, dass du mein Vater warst.» Dann streckte er zwei Finger in die Luft. Als ich die Information, so, wie ich sie erhalten hatte, weiterreichte, musste ich wohl ein sehr verwirrtes Gesicht gemacht haben. Der Mann in der ersten Reihe, der sein Lachen nur schwer unter Kontrolle halten konnte, erklärte mir: «Ryan ist der Sohn meiner Frau. Wir hatten eine schwierige Zeit miteinander, weil er seinen Vater wirklich liebte. Eine Woche vor seinem Tod sagte Ryan mir, er sei froh, dass ich sein zweiter Vater sei. Eine ganze Woche lang redete er mich nur mit ‹Vater Nummer zwei› an.» Aus dem Himmel heraus nannte er ihn immer noch «Vater Nummer zwei».

Mein Kontakt zu Ryan erinnerte mich daran, dass unsere alte Definition, was eine Familie ist, kaum noch Gültigkeit besitzt. Heutzutage kommt es nur noch selten vor, dass Eltern, Kinder und Großeltern unter einem Dach beisammenwohnen. Inzwischen ist eine Großfamilie ein Patchwork aus Ex-Eheleuten, Stiefeltern, Halbgeschwistern, adoptierten Kindern aus anderen Kulturkreisen und Kindern, die dank moderner wissenschaftlicher Methoden empfangen wurden. Zum Glück gehen die Verstorbenen im Himmel mit der Zeit. Komplizierte familiäre Bindungen verursachen hier auf Erden vielleicht manchmal logistische oder emotionale Schwierigkeiten. Im Himmel jedoch nehmen verstorbene Kinder alle familiären Bindungen mit offenen Armen an.

Geschwisterliebe

Für ein Medium können diese verschachtelten Familienstammbäume mehr Probleme mit sich bringen als nur ein paar verwirrte Augenblicke. Während einer Telefonsitzung mit einer jungen Frau namens Alexia dauerte es fast eine Dreiviertelstunde, bis sie einwilligte, mit der ersten Person, die aus dem Jenseits zu ihr gekommen war, zu sprechen. «Ich habe hier ein junges Mädchen für Sie», sagte ich, nachdem sie es sich bequem gemacht hatte. «Sie vermittelt mir das Gefühl, dass zwischen Ihnen eine geschwisterliche Verbindung besteht.»

«Ich habe keine Schwester», entgegnete Alexia.

«Nun», fing ich von vorn an, «hier ist ein Mädchen, das vielleicht sieben oder acht Jahre alt ist und mir einen Namen nennt, der wie ‹Dan› oder ‹Don› klingt.»

«Mein Vater heißt Dan», bestätigte sie. Doch das verstorbene Mädchen, das behauptete, ihre Schwester zu sein, wollte sie nicht anerkennen. Während unserer Sitzung wurde Alexia von einer Reihe von Freunden und Verwandten aufgesucht. Gegen Ende der Sitzung stand Alexias Großmutter mütterlicherseits neben dem Mädchen, zeigte mir ein Bild vom Grand Canyon vor meinem inneren Auge und sagte mir «Familie» ins Ohr. «Ihre Großmutter Ida vermittelt mir den Eindruck, dass es einen Riss in Ihrer Familie geben muss, und sie zeigt mir den Grand Canyon», erklärte ich. «Das Familienfoto, das sie mir gleichfalls zeigte, wurde vor meinen Augen zerrissen.»

«All das kann ich nachvollziehen», sagte Alexia jetzt. «Zuletzt sah ich meinen Vater bei einem Familienausflug in den Grand Canyon. Unmittelbar nach unserer Heimkehr verließ er meine Mutter und mich, um mit einer anderen Frau zusammenzuleben. Meine Mutter hat alle Erinnerungsfotos von diesem Ausflug zerrissen.»

Die Großmutter Ida versuchte auf ihre eigene Weise, Alexia trotz ihres Widerstands mit ihrer Halbschwester bekannt zu machen. Schließlich gab Alexia zu, sie wisse, dass ihr Vater weitere Kinder hatte.

In dem Moment sagte das verstorbene Mädchen: «Du hast dir doch immer eine Schwester gewünscht.» Alexia gestand ein, dass sie sich als Kind Geschwister gewünscht hatte, weil sie sich immer so allein gefühlt hatte. «Ich bin heute gekommen, um dich kennenzulernen, weil wir dazu zu meinen Lebzeiten keine Gelegenheit hatten. Du sollst wissen, dass ich bei dir bin», sagte das Mädchen aus dem Jenseits. Es herrschte eine lange Pause. Ich dachte schon, die Verbindung sei abgerissen.

Dann brach es aus Alexia heraus, und ihre Stimme klang immer schriller. «Ich habe davon gehört, dass mein Vater eine Tochter mit dieser anderen Frau hatte und dass das Kind gestorben ist. Meine Mutter meint, mein Vater hätte bekommen, was er verdient hat. Und nun erzählen Sie mir, ich soll plötzlich die Schwester einer *Halb*schwester sein, die ich nie kennengelernt habe?»

Es hörte sich so an, als würde Alexia mich am liebsten durch den Telefonhörer bei der Gurgel packen. Einen Moment lang herrschte Schweigen. Ich bat die Verstorbenen, mir bei der Wahl der richtigen Worte zu helfen. «Ich will Ihnen gar nichts erzählen, Alexia», sagte ich. «Ich finde es jedoch interessant, dass es die Mutter Ihrer Mutter ist, die das Mädchen mitgebracht hat. Ihre Schwester sucht den Kontakt zu Ihnen und hat dazu den Segen Ihrer Großmutter. Selbstverständlich entscheiden Sie ganz allein, ob Sie das Mädchen an Ihrem Leben teilhaben lassen wollen oder nicht.»

Im Telefon knackte es. Die Verbindung war unterbrochen. Ich weiß nicht, was weiter aus Alexia wurde. Doch es gibt keinen Zweifel: Beide Teile ihrer Familie kamen gemeinsam, um

sie aufzusuchen. Ihre Schwester kam aus dem Jenseits und verstand sich als Schwester, nicht als Halbschwester. Sie schien die Einheit der Familie hervorzuheben und nicht den Riss, der durch sie hindurchging.

Alexias Schwester war eine der Ersten, die Teilungen, wie *wir* sie in Familien schaffen, einfach ignorieren. Und sie war gewiss nicht die Letzte.

Wie gesagt halte ich mich bei größeren Veranstaltungen an ein mit den Jenseitsbewohnern abgesprochenes Protokoll. Gemeinsam mit den Verstorbenen habe ich ein organisatorisches Verfahren entwickelt, das mir auch in Einzelsitzungen bei der Identifizierung der Teilnehmer hilft. Wenn die Verstorbenen eintreffen, bitte ich die Verwandten des Vaters, sich links von mir aufzubauen, und die Verwandten der Mutter, rechts. Geschwister und Gleichaltrige stehen vor mir oder bei der Person, für die die Mitteilungen gedacht sind. Der Standort der Verstorbenen hilft mir, ihre Beziehung zu meinem Klienten zu erkennen. Bei einer Veranstaltung sah ich einen Verstorbenen am anderen Ende des Raumes stehen, an einem in der Diagonale von uns am weitesten entfernten Punkt. Er ließ mich wissen, dass er «Bruder John» war. Ich gab die Information an die Dame weiter und berichtete ihr, wo ihr Bruder stand. Sie lachte und erklärte: «Als mein Bruder noch lebte, da waren unsere Ansichten über Leben, Tod und Familie diametral entgegengesetzt.» Während Bruder John erzählte, wie unterschiedlich ihre jeweilige Lebensführung gewesen war, kam er langsam näher, bis er schließlich neben seiner Schwester stand. Als er schließlich bei ihr angekommen war, sagte er: «Ich habe dich trotzdem lieb.» Ich hatte den Eindruck, als wolle John zeigen, dass es zur Verringerung der Entfernung zwischen ihnen führte, wenn er sie seiner Liebe auch noch als Verstorbener versicherte.

Abgesehen davon, dass die Verstorbenen ihre Position im Raum auf der Basis unserer gemeinsamen Absprache wählen, zeigen sie außerdem den Verwandtschaftsgrad an, indem sie Begriffe wie «Mutter», «Vater», «Ehemann», «Sohn», «Tochter» etc. auf meiner inneren Leinwand aufblitzen lassen oder mein Herz mit einem entsprechenden Gefühl erfüllen. Ich habe es gelernt zu unterscheiden, wie sich die verschiedenen Beziehungen anfühlen. Es hat zahllose Gelegenheiten gegeben, in denen ich Sätze sage wie: «Eine Dame steht neben mir, dort, wo meine Mutter stehen würde. Sie übermittelt mir das Gefühl für Großmutter.» In einem solchen Fall kann es sich herausstellen, dass die verstorbene Dame sich als Großmutter erweist, die der Person, für die ihre Mitteilungen gedacht sind, wie eine Mutter war. Doch wenn ich einen Verstorbenen in allen Einzelheiten beschreibe und ihn dann als «Ehemann» identifiziere, sind die Klienten oft rasch mit Korrekturen bei der Hand. «Oh, nein», sagen sie. «Er ist mein Ex-Mann.»

Die Verstorbenen selbst klassifizieren sich nicht als Ex-, Halb- oder Stief-Irgendwas. Sie offenbaren sich dem Klienten durch ihre ursprüngliche Beziehung zu ihm. Alle rechtlichen Präfixe und Suffixe werden fallengelassen, es sei denn, die Jenseitsbewohner legen aus einem bestimmten Grund Wert darauf. Während einer Gruppenveranstaltung tauchte ein junger Verstorbener hinter einem Mann im Publikum auf und sagte ein einziges Wort: «Junior.» Das war alles, und so musste ich die Information weitergeben. Der Mann lehnte sich in seinem Stuhl zurück und sagte lange Zeit nichts. Er und der Verstorbene machten offenbar nicht gerne viele Worte. «Mein Sohn und ich haben den gleichen sehr langen Namen, mit einem einzigen Unterschied», erklärte der Mann schließlich. «Hinter seinem steht ein ‹Jr.›. Deshalb riefen wir ihn Junior.»

Ehemalige, o weh

Ich erinnere mich gerne an eine Situation, als bei einer Veranstaltung die drei Ehemänner einer Dame gleichzeitig erschienen. Obwohl zwei von ihnen Ehemalige waren und alle drei bereits verstorben, kommentierten sie alles, was sich in ihrem und der Kinder Leben ereignete. Das Publikum amüsierte sich, als einer der Ehemaligen sagte: «Du hast mir viele Male gesagt, ich soll zur Hölle gehen. Stattdessen bin ich im Himmel gelandet.» – «Ich bin heute Abend hierhergekommen», sagte die Dame, «weil ich hoffte, Kontakt zu meinem ersten Ex, dem Vater meiner Kinder, zu bekommen. Mich belastete die Frage, ob wir im Himmel so wie im Leben voneinander getrennt sein würden. Es ist tröstlich für mich zu wissen, dass *alle* meine Ehemänner noch nach mir und meinen Töchtern sehen.»

Personen, die in ihrer Partnerschaft nicht verheiratet waren, vermitteln mir dennoch das Gefühl von Ehemann oder Ehefrau. Eine Frau im Publikum, der ich Botschaften von ihrem «Ehemann» Dennis übermittelte, zeigte sich überrascht. Auf meiner inneren Leinwand zeigte er mir ein Bild von einem Hochzeitskleid in einem Verbotszeichen. (Verstorbene bedienen sich bei der Kommunikation gerne allgemein bekannter Symbole und solcher, die allein für mich eine bestimmte Bedeutung haben, als einer Art Kurzschrift.) «Nun», erklärte ich. «Dennis signalisiert mir Ehemann, wenn es auch kein Hochzeitskleid gab.» Sie musste lachen und erzählte, dass Dennis und sie zwar nicht amtlich geheiratet hätten, sich aber dennoch mehr als Ehepaar fühlten als manch ein Paar mit Trauschein und Hochzeitsfotos.

Da die Ehemaligen nicht in ein eigenes Territorium im Himmel verbannt sind und sich die Verstorbenen untereinander kennen, könnte man annehmen, dass Familiengeheimnisse aus dem Himmel fallen wie die Regentropfen aus den Wolken.

Nun, machen Sie sich keine Sorgen. Wenn sich Verstorbenen an mich wenden, dann versorgen sie mich nur mit den Informationen, die für ihre Zwecke von Bedeutung sind. Sie haben kein Interesse daran, zusätzliche Klatschgeschichten abzuliefern (auch wenn das manchmal bestimmt ein Spaß wäre).

Unvollständige Stammbäume

Seit einigen Jahren fällt mir auf, dass sich die Menschen zunehmend für ihre Familiengeschichte interessieren. Dieses neue Interesse veranlasst offenbar Verstorbene, die irgendwo in der Reihe der Vorfahren versteckt sind, vorzutreten und sich vorzustellen. Vor allem verstorbene Kinder sind neugierig auf selbst die am weitesten entfernten Verwandten, denn in der Begegnung mit ihnen kommen sie der Antwort auf die uralte Frage «Woher komme ich?» näher. In der Praxis jedoch kann eine Sitzung mit zahlreichen unbekannten Verstorbenen für ein Medium sehr verwirrend sein. Dies ging mir besonders in einem Fall so, als ein verstorbener Sohn seine neugefundenen Verwandten mitbrachte, um sie seiner Mutter vorzustellen.

«Keiner der Namen, die Sie mir nennen, sagt mir irgendetwas, außer der Name meines Sohnes», erklärte Carol ein wenig frustriert während unserer Telefonsitzung. «Ich kann Ihnen nur sagen», antwortete ich, «dass Ihr Sohn einen Familienstammbaum hochhält und dass sich die Namen darauf befinden.» Dann fiel mir ein, sie zu fragen: «Beschäftigt sich irgendwer in Ihrer Verwandtschaft mit der Familiengeschichte? Ihr Sohn vermittelt mir den Eindruck, dass diese Personen sich auf der Vaterseite Ihres Stammbaums befinden. Er hat sie im Jenseits kennengelernt.»

«Das kann doch gar nicht sein», entgegnete sie, «mein Vater war adoptiert, und wir kennen seine Familie gar nicht.»

«Nun, dann bleibt uns nichts übrig, als zu warten, ob sich noch eine Aufklärung ergibt», riet ich. Ungefähr zwei Jahre nach der ersten Begegnung trat Carol neuerlich mit mir in Verbindung. Ohne ihr Wissen hatte sich eine jüngere Schwester auf die Suche nach der Herkunft ihres Vaters gemacht. Einige der von Carols Sohn genannten Namen tauchten nun tatsächlich im Stammbaum der Familie auf.

Die Abstammung einer Familie bleibt auch im Jenseits intakt, auch wenn wir hier auf Erden den einen oder anderen Zweig vielleicht abhacken. Verstorbene Kinder interessieren sich ganz besonders für solche abgehackten Zweige. Im Falle einer Adoption kann es sein, dass zahlreiche abgeschnittene Äste der Familie darauf warten, in den Stammbaum eingearbeitet zu werden.

Als Kind verbrachte ich so viel Zeit wie möglich in den Bergen rund um Woodstock, New York. Ich lag gerne auf dem Rücken und blickte hinauf in das grüne Blätterdach über mir. Es machte mir Freude, die Eichen und Birken im Wind schwanken zu sehen; es sah so aus, als würden sie tanzen. Mit meinen Augen fixierte ich den Stamm und folgte dann einem Ast und den immer kleiner werdenden Zweigen. Je dünner die Zweige waren, desto schwerer fiel es mir, sie von den Zweigen des Nachbarbaums zu unterscheiden. Wenn ich an Familien im Himmel denke, dann erinnert mich das an diesen Wald. Die Familien Verstorbener erschaffen eine Zuflucht rund um die Welt. Jede Person kann individuell als einzelner Zweig erkannt werden und dennoch mit dem gesamten Wald verbunden und verflochten sein.

Als ich eines Tages die Tür öffnete, stand eine Frau davor, die einen Teddybär dabeihatte, der so groß war wie ein Kind. Der Teddybär war mit T-Shirt, Jeans und Turnschuhen bekleidet. Sie kam meiner Bitte nach, hereinzukommen und sich zu setzen, ließ dabei jedoch den Bären nicht los. Ihr Name lautete Susan, und sie stellte mich dem Bären vor, der Buddy hieß. Ich wusste wirklich nicht, was ich davon halten sollte, doch ich habe gelernt, ohne mit der Wimper zu zucken, jedes Erinnerungsstück hinzunehmen, das jemand zu einer Einzelstunde mitbringt. Nach einer Sitzung in New York wollte einmal eine Klientin von mir wissen, ob ich erraten könne, was sich in ihrer Handtasche befand. Bevor ich antworten konnte, öffnete sie den Reißverschluss der Tasche, und ein kleiner pelziger Kopf kam hervor. Nach dem Tod ihres Sohnes hatte sich die Dame einen winzigen Hund gekauft, um sich von ihm trösten zu lassen und Gesellschaft zu haben. Dieser Hund war ständig bei ihr, auch dann, wenn sie zu einem Medium ging.

Als Susan nun vor mir saß, füllte sich der Raum mit Verstorbenen. Es waren so viele, dass ich in der festgesetzten Zeit unmöglich mit allen Kontakt aufnehmen konnte. Im Geiste bat ich darum, dass der Sprecher der Gruppe vortreten möge. In Erwiderung auf meine Bitte sah ich einen kleinen Jungen, der nur wenig größer war als der Bär und der sich neben Susan gestellt hatte. Obwohl ich ihn nicht sehr deutlich sah, erkannte ich doch, dass seine Hautfarbe sich von Susans unterschied. Dennoch übermittelte er mir das Gefühl «Sohn».

Als ich Susan mitteilte, dass ein Knabe als Sohn, aber mit einer anderen Hautfarbe vor mir stehe, nickte sie. Ihr kleiner Junge stand wie ein Mann an ihrer Seite. Als ich dies erwähnte, stimmte sie zu und erklärte, dass sie ihn immer als «mein kleiner Mann» bezeichnet hatte und dass er immer sehr ernst und äußerst brav gewesen war. Dieser kleine Junge legte eine so reife Haltung an den Tag, dass ich es als ein wenig beunruhigend empfand. Ich bin es gewohnt, dass auch verstorbene Kinder sich wie Kinder benehmen und herumrennen. In seiner Ernsthaftigkeit ließ er mich wissen, dass er im Himmel zahlreiche Familienmitglieder kennengelernt hatte, die ihm zuvor unbekannt gewesen waren. Ich sollte Susan sagen, dass seine ganze Familie ihr dafür danke, dass sie sich um ihn gekümmert habe. So konnte ich mir die große Gruppe von Verstorbenen, mit der er angekommen war, erklären.

Nachdem ich für diesen kleinen Mann ungefähr vierzig Minuten lang Details übermittelt hatte, die Susan alle verstand, zeigte er mir auf meiner inneren Leinwand einen Film. Ich sah zwei Beete, eines neben dem anderen. In dem einen befand sich ein verkümmerter Sämling, das andere war öde und ohne eine einzige Pflanze. Der verkümmerte Sämling sprang aus dem einen Beet hinüber in das andere und transformierte es. In einem einzigen Augenblick streckte er sich in die Höhe und wurde grün. Und in dem Beet fand üppiges Wachstum statt. In meinem Kopf hörte ich die Worte zu den Bildern: «Danke, dass du mir einen Platz zum Wachsen gegeben hast.» Als ich Susan von diesen Einzelheiten berichtete, erklärte sie, dass sein liebstes englisches Kinderlied von Gärten handle. Obwohl ich mir sicher war, dass er sich auf das Lied bezog, zeigte er uns doch noch so viel mehr.

Bevor Susan ging, erklärte sie mir, dass sie ein behindertes Kind adoptiert habe, das mit zahlreichen angeborenen Leiden zu kämpfen hatte, die sein Wachstum hemmten und unter anderem verantwortlich für seinen frühen Tod waren. Ihr kleiner Junge hieß Kevin und gehörte außerdem einer anderen Rasse an. Susan verwendete den Teddybär Buddy, um Kevin auf geniale Weise die Adoption zu erklären. Sie fragte

gen vorbeikamen, um hallo zu sagen, zu sprechen. Wenn ein Klient mich mehrfach aufsucht, dann macht mir das Freude, weil ich miterleben kann, wie sich meine Besucher in diesem Leben und im Jenseits verändern und wie sie wachsen. Beziehungen von verstorbenen Menschen sind ebenso dynamisch und veränderlich wie jene von lebenden Personen.

Sobald sich Verstorbene und Klienten miteinander wohler fühlen und echte Kommunikation hergestellt werden kann, ist es möglich, gemeinsam ein umfassendes Bild vom Leben, vom Tod und dem Jenseits näher zu untersuchen. Diese Interaktionen sind es, die mein Interesse am Prozess der Kontaktaufnahme mit dem Jenseits wachhalten, denn sie sind der Schlüssel zu einem umfassenden Gesamtverständnis dieser Kommunikation und des Lebens an sich.

Während einer kürzlichen Telefonsitzung mit Rick am Vatertag erschienen sowohl sein verstorbener Vater als auch sein verstorbener Sohn. Ricks Vater ist ein gefühlloser, militärisch gesinnter, knallharter Bursche, der ein ausgeprägtes Interesse am Zweiten Weltkrieg hat. Zu Lebzeiten hatten Rick und sein Vater kein liebevolles Verhältnis zueinander. Ricks Vater wertete jedes Gefühl außer Wut als Hinweis auf Schwäche ab. In früheren Sitzungen hatte sich Ricks Vater dafür entschuldigt, dass er nicht der liebevolle und unterstützende Vater war, den Rick gebraucht hätte. Ricks Beziehung zu seinem eigenen Sohn Jeff unterschied sich grundlegend von der zu seinem Vater. Rick und Jeff waren die besten Freunde. Sie lachten miteinander und hatten gemeinsam ihren Spaß. Jeff wusste um die Ironie des Lebens (und des Todes). Als Jeff so jung starb, verlor Rick nicht nur seinen einzigen Sohn, sondern auch seinen besten Freund und seinen Erben. Jeff war ein Einzelkind, und mit seinem Tod ist nun der Familienzweig erloschen.

Zu Beginn der Vatertagssitzung erklärte Ricks bärbeißiger Vater, dass für ihn die Vergangenheit Schnee von gestern sei. Das hörte sich nach einer abgedroschenen Phrase an. Also unterhielten sich er und Jeff wieder über Brücken, zumal da in Ricks Leben ein Ingenieur getreten war, der für das Militär Brücken baute. Rick bestätigte, dass er diesen Armeeangehörigen aus dem Ingenieurkorps, der ihn sehr an seinen Vater erinnerte, durch seine ehrenamtliche Arbeit im Hospiz kennengelernt hatte. Ricks Vater erklärte, dass auch er dem Ingenieur helfen würde, indem er Rick mit Gedanken inspirierte, wie er die verhärtete Schale dieses Mannes aufbrechen könne. Rick seinerseits berichtete, dass er und der Sohn dieses Mannes sich darüber wunderten, wie dieser knallharte Kerl sich endlich öffnete und zum ersten Mal in seinem Leben die Menschen, die ihm nahestanden, an seinen Gefühlen teilhaben ließ. Ricks Vater dankte ihm dafür, dass er diesem Armeeangehörigen half. Er machte Rick klar, dass die Heilung, die durch Ricks Beziehung zu jenem Armeeangehörigen im Hospiz entstand, die Begrenztheit ihrer eigenen Beziehung aufhob.

An dieser Stelle mischte sich Ricks Sohn Jeff in das Gespräch ein und ließ vollständige Sätze in meinen Kopf fallen. «Der Anfang und das Ende der Brücke befinden sich im Himmel», sagte er. «Ihr auf Erden seid der Bereich dazwischen. Was ihr dort tut, hat seinen Anfang und sein Ende hier bei uns. Was ihr auf Erden tut, gelangt zu uns in den Himmel und verändert uns.»

Diese Aussage ließ uns alle einen Augenblick innehalten. Ich hatte mich und andere Medien immer als Brücke zwischen Verstorbenen und Lebenden empfunden. Ich hatte geglaubt, dass sich das eine Ende der Brücke auf der Erde und das andere im Himmel befinden. Aber jetzt bediente sich Jeff des Bildes auf eine neue, viel tiefsinnigere Weise.

Nach meinen Gesprächen mit Jeff und Ricks Vater sehe ich

mich veranlasst, neu über mein Verständnis von Stammbaum und Vermächtnis nachzudenken. Das Vermächtnis des Vaters ist zugleich jenes des Sohnes und umgekehrt. Unser Leben hier erstreckt sich von der Vergangenheit in die Zukunft, von der Erde in den Himmel, durch die Zeit in die Ewigkeit. Was wir hier auf Erden tun, hat seinen Anfang und sein Ende im Himmel. Ein weiteres Aha-Erlebnis.

Vier Väter?

Nicht alle jungen Menschen, denen ich begegne, befinden sich im Jenseits. Immer häufiger suchen mich jetzt junge Menschen auf, weil sie etwas über das Leben im Jenseits erfahren wollen. Anfangs verwirrte mich ihr Interesse, weil sich Kinder und Jugendliche in der Regel nicht viel mit dem Tod beschäftigen. Doch inzwischen habe ich begriffen, dass die diesseitigen Kinder die jenseitigen als Bestandteil des Lebens begreifen und für sie die Kontaktaufnahme etwas vollkommen Natürliches ist. Kein Wunder also, dass sie mich bitten, eine Verbindung zum Jenseits aufzubauen oder einen bereits vorhandenen Kontakt zu vertiefen. Inzwischen schreiben mir Eltern eine Vielzahl von E-Mails und bitten um Rat, wie sie damit umgehen sollen, dass ihr Kind ganz selbstverständlich mit Verstorbenen kommuniziert und sie auch sieht. Ich bin bereits gebeten worden, Jugendlichen beim Ausbau ihrer medialen Fähigkeiten zu helfen.

Nachdem ich seit Jahren zu den gesprächigen Kindern im Jenseits Kontakt habe, wundert es mich nicht, dass unsere diesseitigen Kinder mit den Verstorbenen ins Gespräch kommen wollen. Kinder sind nun einmal kontaktfreudig. Wenn diesseitige Kinder miteinander texten und twittern, dann erinnert mich das sehr an den permanenten Gedankenaustausch von jungen Verstorbenen, die sich gleichfalls zu Gehör bringen wollen und müssen. Kinder hier und dort gehen selbstverständlich davon aus, dass wir alle miteinander auf irgendeine Weise in Verbindung stehen. Die vielen neuen Kommunikationsformen, die Kindern heute zur Verfügung stehen, spiegeln lediglich die Art und Weise, wie die Verstorbenen schon immer miteinander kommunizieren: schnell, leicht und über große Entfernungen. Es ist nur eine Frage der Zeit, und wir werden alle in der Kommunikation die Grenzen unserer Welten überschreiten.

Da das Interesse am Gedankenaustausch mit Verstorbenen so rasch wächst, war ich wenig überrascht, als ein sehr junger Mann einen Termin mit mir machte. Ich verbot mir alle Spekulationen über seine Gründe, war jedoch über den ersten Satz, den ich sagte, selbst äußerst verblüfft: «Sie haben vier Väter.» Ich war mir sicher, einen schrecklich dummen Fehler gemacht zu haben.

«Stimmt genau», bestätigte der dreiundzwanzigjährige Walter. Dem einsetzenden Gefühl von Erleichterung konnte ich mich nur kurz hingeben, denn sofort war ich umzingelt von vier männlichen Verstorbenen, die alle gleichzeitig redeten. Es war ein verwirrendes Durcheinander, bis ich sie halbwegs durch ihre spezifischen Eigenschaften auseinanderhalten konnte. Einer war ausgesprochen groß, der zweite rauchte einen Joint, der dritte war kahlköpfig, und der vierte sprach Deutsch.

Der Deutsche namens Gunther trat als Erster mit mir in Kontakt. Er war Walters leiblicher Vater und bei einem Skiunfall gestorben, noch bevor Walter auf die Welt kam. Er und Walters Mutter hatten eine Affäre miteinander, als sie beide den Sommer im Rahmen eines Austauschprogramms in der Schweiz verbrachten. Sie hatten nicht geheiratet.

Der sehr hochgewachsene Mann war Walters Großvater. Als Walters Mutter unverheiratet und schwanger nach Hause zurückkehrte, wurde ihr Vater Walters Ersatzvater. Walter nannte ihn «Big Daddy».

Der Kerl mit dem Joint war der erste Ehemann von Walters Mutter und somit sein Stiefvater. Er war verhaftet worden, weil er mit Marihuana gehandelt hatte, und im Gefängnis gestorben.

Der glatzköpfige Mann war ein alter Freund der Familie und Walters Patenonkel. Er hatte sich um Walters Ausbildung und um deren Finanzierung gekümmert. Er war vollkommen unerwartet, zwei Wochen bevor Walter mich aufsuchte, an einem Herzinfarkt gestorben.

Jeder dieser Männer betrachtete sich als Walters Vater. Jeder brachte sein fortdauernes Interesse an Walters Leben zum Ausdruck. Und jeder von ihnen wusste von den anderen und welche Rolle sie in Walters Leben gespielt hatten. Zwei von ihnen sind mit Walter verwandt, einer ist mit Walter durch die Ehe mit seiner Mutter verbunden, und der vierte fühlt sich ihm durch sein persönliches Engagement zugehörig. Als Walter sich verabschiedete, bedankte er sich. «Heute hat der Himmel mir meine Väter zurückgegeben», sagte er lächelnd. «Alle vier gleichzeitig.»

Der Himmel gibt uns unsere Väter, Mütter, Kinder, Schwestern, Brüder, Menschen, die wir kennen, und solche, die wir nicht kennen, zurück. Im Himmel umfasst eine Familie mehr als nur den Stammbaum. Die Liebe spielt eine ebenso große Rolle wie der Verwandtschaftsgrad.

Gibt es im Jenseits Waisenkinder?

Auf keinen Fall. *Jeder* im Himmel hat Verwandte, auch wenn die familiären Bindungen auf Erden vollkommen abgerissen sind. Auch im Diesseits sind Waisenkinder nicht wirklich allein. Der Tod hält Eltern nicht davon ab, für das Wohlergehen ihrer Kinder zu sorgen. Jedes Jahr verlieren Tausende Kinder ihre Eltern durch Kriege oder Naturkatastrophen. Doch in der Folge solch schrecklicher Katastrophen hört man immer wieder von Menschen, die sich dazu veranlasst fühlen, verwaiste Kinder bei sich aufzunehmen und zu adoptieren. Ich kann nicht anders, als mir vorzustellen, dass deren Eltern im Himmel liebevolle Familien hier bei uns dazu inspirieren, sich auf eine Weise um ihre Kinder zu kümmern, wie sie es selbst nicht mehr tun können.

Was auch immer dafür sorgt, dass Familien hier auf Erden auseinandergerissen werden, im Himmel gibt es Wiedervereinigungstreffen, die alle Familienmitglieder wieder zusammenführen. Zahllose Verstorbene haben mir davon berichtet, wie glücklich sie darüber waren, im Jenseits von Familienmitgliedern in Empfang genommen worden zu sein, die sie zu Lebzeiten nie hatten kennenlernen können. Im Himmel gibt es keine Waisenkinder. Und auch auf Erden wird kein Mensch zum Waisen gemacht, wie anders es auch manchmal aussehen mag. Weder im Diesseits noch im Jenseits ist ein Mensch jemals wirklich allein.

Wenn ich nicht weiß, wer mein Vater ist, wie kann er mich dann im Himmel überhaupt finden?

Ihr Vater kann Sie sehr wohl kennen, auch wenn Sie nicht wissen, wer er ist. Außerdem gibt es im Himmel energetische Ähnlichkeiten zwischen Familienmitgliedern, so wie es bei uns ähnliche äußere Merkmale wie etwa einen ganz bestimmten Gang gibt. Auch wenn im Jenseits physische Körper natürlich keine Rolle mehr spielen, gestatten die energetischen Ähnlichkeiten ein sofortiges Wiedererkennen.

Wenn Sie sterben, müssen Sie sich keine Sorgen machen, wie Sie Ihre Familie und die anderen geliebten Menschen wiederfinden sollen, denn es ist *deren* Aufgabe, Sie zu finden.

JENSEITSESSENZ

Heutzutage sind Familien oft ein Gemisch aus früheren Ehegatten, Stiefeltern, Halbgeschwistern und angeheirateten Verwandten. Die wachsende Zahl von Adoptionen trägt das Ihrige dazu bei, die moderne Familie zu einer Institution zu machen, die weit über das hinausgeht, was Kultur, Religion und genetische Stammbäume ursprünglich im Sinn hatten. In der Kommunikation mit verstorbenen Kindern wird das wieder geradegerückt, was ansonsten wie ein verwirrendes Durcheinander von zerbrochenen Beziehungen aussieht. Für sie setzt sich eine Familie aus Seelen zusammen, die eine eigenständige Wahl getroffen und nicht nur gemeinsames Erbgut haben. Zwar können auf Erden rechtlich verankerte Verbindungen wieder gelöst werden, im Himmel aber geschieht dies nicht, dort bleibt die Liebe erhalten und wächst.

5

VON EIGENER HAND

Was Kinder im Jenseits über Selbstmord sagen

DAS TWITTERN DER VERSTORBENEN

«Gibt es denn irgendeine Begründung, die du akzeptieren könntest?»

Aussage eines Neunzehnjährigen, von dem seine Mutter wissen wollte, warum er sich das Leben genommen hat.

JENSEITSGEDANKEN

Selbstmordpläne

Vor einigen Jahren hatte ich in einer Novembernacht einen ungewöhnlichen Traum, in dem ich einen Knall hörte wie von einem Böller. Ich erwachte mit einem metallischen Geschmack im Mund, wie man ihn manchmal hat, wenn man auf einen Blechlöffel beißt. Obwohl ich versuchte, den Geschmack mit anderen starken Aromen zu überdecken, blieb er den ganzen Tag erhalten.

Ich war an merkwürdige Träume gewöhnt und ging davon aus, dass dieser wie alle anderen ein nächtlicher Ausdruck meiner Beschäftigung mit Verstorbenen während des Tages war. Unzusammenhängende Bilder und verwickelte Geschichten sind für gewöhnlich verschwunden, wenn ich mir morgens die Zähne putze. Bisher war es selten vorgekommen, dass ein Geschmack wie dieser mich einen *ganzen* Tag lang begleitete. Dieser Traum unterschied sich auf eine Weise von den anderen, die ich noch nicht verstand. Doch das änderte sich ein paar Tage später an Thanksgiving.

Am Abend vor Thanksgiving stellte sich mein gutaussehender, blonder, blauäugiger Cousin Tommy, der etwas jünger war als ich, vor das Haus seiner Ex-Freundin, verkündete ihr seine ewige Liebe und erschoss sich. Er war erst neunzehn Jahre alt.

Meine Tante bat mich, bei der Beerdigung zu singen. Doch Singen schien mir unmöglich in dieser Situation zu sein. Die Musik in meiner Seele war plötzlich verstummt. Meine Ohren, die für gewöhnlich auf harmonische Klänge eingestimmt waren, hatte der einzelne Schuss taub gemacht.

Selbstmord. Dieses Wort trifft mit frustrierender Endgültigkeit mitten ins Herz. Jemand hat in einer kosmischen Auseinandersetzung das letzte Wort gehabt. Mit dem Selbstmord ist jede Gelegenheit zum Gespräch oder zum Verhandeln zunichte gemacht, so jedenfalls interpretierte ich damals die Situation.

Vielleicht war ja mein Boykott der Beerdigung Ausdruck meiner Weigerung, die Entscheidung meines Cousins für das Sterben zu akzeptieren. Doch auch dieser Akt der Distanzierung (oder des Trotzes) brachte meinen Kopf nicht zur Ruhe, in dem die Fragen wie Pferde auf einem verrückten Karussell im Kreis rannten.

Ich konnte nicht aufhören, mich zu fragen: «Warum hat er das getan?», «Warum hat er mich nicht angerufen?», «Warum habe ich den Traum nicht richtig interpretiert und die Vorzeichen nicht erkannt?», «Was hätte ich tun können oder sollen?»

In dieser Lebensphase erholte ich mich gerade von einem schlimmen Autounfall, der sich zugetragen hatte, als ich in einem zermürbenden Abschnitt meines Studiums eine Pause einlegte. Der Unfall hatte mir nicht nur Schmerzen und bis heute anhaltende körperliche Beschwerden eingetragen, er hatte mich offener für den Zustrom von intensiven und unkontrollierbaren Empfindungen gemacht. Es gab Zeiten, da war mir mein Leben zu viel. Es gab Augenblicke, in denen auch ich die Möglichkeit in Betracht gezogen hatte zu sterben. Ich hatte mich zwar schließlich entschieden hierzubleiben, doch mein Cousin war bei seinem Nachdenken offenbar zu einem anderen Ergebnis gekommen. Und ich wollte wissen, warum. Warum, warum, warum?

Meine Suche nach Antworten führte mich zu religiösen Texten, wissenschaftlichen Studien und populärpsychologischen Magazinen. Heutzutage ist es viel einfacher, Informationen über Selbstmord im Internet zu finden. Der Website der US-amerikanischen Zentren für die Bekämpfung und Prävention von Krankheiten ist zu entnehmen, dass Selbstmord die drittgrößte Todesursache in der Altersgruppe zwischen fünfzehn und vierundzwanzig Jahren ist. Solche statistischen Angaben lassen jedem den Atem stocken, vor allem dann, wenn ein geliebter Mensch aus dem persönlichen Umfeld Teil dieser Statistik ist. Dabei lässt sich kaum ermessen, welchen Einfluss ein Selbstmord auf die Hinterbliebenen hat.

Selbstmord ist wie die ultimative Zurückweisung – von allem und jedem. Man fühlt sich persönlich betroffen, weil ein Mensch, den man liebt, sich entschieden hat, sich lieber davonzumachen, als mit uns zusammen zu sein. Jedenfalls empfand ich so, als Tommy sich das Leben nahm.

Ich ... war ... wütend.

Als Tommy starb, war ich noch sehr unerfahren im Umgang mit Verstorbenen und wusste wenig darüber, wie das Jenseits funktioniert. Weil ich so wenig wusste, machte ich mir schreckliche Sorgen um sein Wohlergehen und war mir keineswegs sicher, ob wir uns jemals wiedersehen würden. Ich wusste nicht, dass Tommy, statt sich aus dem Jenseits direkt an mich zu wenden, um unsere Beziehung zu heilen, mir andere verstorbene Jugendliche schickte, die sich wie er für den Tod entschieden hatten.

Gestern unterhielt ich mich mit einer Freundin, die wissen wollte, wie ich mit dem Buch vorankäme. Ich antwortete ihr, indem ich von meinem Cousin Tommy erzählte: «Überraschenderweise», gab ich zu, «musste ich beim Schreiben über seinen Tod weinen, und die Tränen tropften auf die Tastatur.» Auch nach all diesen Jahren holte die Beschäftigung mit meinem Cousin die starken Emotionen dieser schrecklichen Zeit in mir hoch. Offenbar haben Emotionen kein Verfallsdatum.

Meine eigene Reaktion auf die Beschäftigung mit Tommy hilft mir zu verstehen, warum verstorbene Jugendliche den Begriff «Selbstmord» besonders ungern verwenden ... und insbesondere dann darauf verzichten, wenn ihre Eltern vor mir sitzen. Dieses Wort holt nur die schmerzlichen Erinnerungen zurück, nicht aber die guten. Selbstverständlich machen mir jugendliche Jenseitsbewohner immer dann, wenn ich meine, nun alles zu durchschauen, nur allzu deutlich, dass mein Lernprozess niemals zu Ende ist und dass es zu jeder Regel auch Ausnahmen gibt. Daher hätte es mich nicht überraschen dürfen, als ein junger Verstorbener mir, als ich eben damit beginnen wollte, bei einer kleineren Nachmittagsveranstaltung Botschaften zu übermitteln, das Wort «Selbstmord» ins Ohr flüsterte. Dabei wies er auf eine Dame, die in meiner unmittelbaren Nähe saß.

Diese Dame zu meiner Rechten war perfekt gestylt. Jede Locke ihrer Haare saß an genau der richtigen Stelle, ihre Kleidung war farblich aufeinander abgestimmt, Handtasche und Schuhe gehörten zusammen, und ihr Schmuck vervollständigte das Gesamtbild optimal. Sie war der letzte Mensch im Saal, zu dem ich das Wort «Selbstmord» sagen wollte, doch der junge Verstorbene forderte mich hartnäckig dazu auf. «Ich habe hier einen jungen Mann, der hinter Ihnen steht. Sein Name beginnt mit einem J, und er sagt: ‹Selbstmord.›» Als sie diese Worte hörte, brach all ihre kontrollierte Perfektion in sich zusammen, und ihre kristallblauen Augen füllten sich mit Tränen. «Das ist mein Sohn Jeremy», brachte sie schluchzend hervor.

«Es hat geheißen», gab ich seine Mitteilung weiter, «sein Tod sei ein Unfall gewesen. Doch Sie hatten recht. Es war Selbstmord.»

Die Gruppe schwieg; keiner wagte auch nur zu atmen. Und niemand bewegte sich, bis ein Mitleidiger die Schachtel mit Taschentüchern an die weinende Dame weiterreichte.

«Ich wusste, er hat sich umgebracht», flüsterte die Dame. «Obwohl die Leute mir immer wieder versicherten, sein Tod sei ein Unfall gewesen.»

Indem Jeremy mich antrieb, dieses schreckliche Wort «Selbstmord» zu gebrauchen, hatte er seine Mutter in ihrer Überzeugung bestätigt. Wohlmeinende Menschen hatten versucht, sie vor diesem Wissen zu bewahren. Doch statt ihr damit zu helfen, hatte diese Täuschung nur dafür gesorgt, dass sie sich mit ihrer Gewissheit allein fühlte. Jeremy andererseits wandte sich von einem Ort an sie, an dem die Wahrheit immer ein größerer Ausdruck von Liebe ist, als eine Lüge es je sein könnte.

«Jeremy feierte gern», gab ich an seine Mutter weiter. «Er kämpfte gegen die Drogen an, konnte seinen Kampf jedoch nicht gewinnen.»

«Ja», bestätigte sie.

Dann sprach Jeremy davon, dass er sah, wie seine Mutter seine Gedichte las. Er erklärte ihr, dass die Ursache seines Sterbens in diesen Gedichten zu finden sei. Er habe sich hier, in dieser Welt, nie zu Hause gefühlt, erklärte er mir. Er habe sich immer für die zu kurz Gekommenen eingesetzt und es nicht ausstehen können, wie Menschen einander behandelten.

Schließlich habe ihm das Leben in der Welt einfach zu viele Schmerzen verursacht. Nachdem ich all dies an seine Mutter weitergegeben hatte, antwortete sie: «Ich verstehe. Er hat diese Gefühle in seinen Gedichten beschrieben.»

Dann wechselte Jeremy abrupt das Thema. So ist das nun einmal, wenn man es mit verstorbenen Jugendlichen zu tun hat; man muss lernen dranzubleiben. «Jeremy liebt es, Menschen mit kleinen Geschenken zu überraschen», gab ich wieder.

«O ja, das hat er immer getan.»

«Nun, er hat auch heute eine Überraschung dabei: einen Mann, dessen Namen mit Al anfängt und sich wie Allen anhört.»

«Allen?», rief seine Mutter überrascht. «Das ist mein Ehemann, Jeremys Vater!»

«Jeremy erklärt, dass er und sein Vater zu Lebzeiten eine schwierige Beziehung hatten. Doch jetzt sind sie zusammen im Himmel.»

Sie sah mich mit weit aufgerissenen Augen an. «Deshalb bin ich heute hierhergekommen», erklärte sie und wischte sich rasch die Tränen aus dem Gesicht. «Ich muss wissen, ob unsere Familie eines Tages irgendwann wieder zusammen sein könnte. Als Jeremy sich das Leben nahm, da hatte ich Angst, dass er verloren war … für immer.»

Aber keineswegs. Auf gar keinen Fall. Zwar ist Selbstmord ein Ausdruck von Entfremdung, dennoch bewirkt er keine ewige Trennung. Stattdessen nutzen verstorbene Jugendliche, die sich das Leben genommen haben, die Erfahrung, um mit uns über das Leben, über Verantwortung, Liebe und Beziehungen ins Gespräch zu kommen – genau die Dinge, von denen wir meinen, dass ein Selbstmord sie zerstört. Verstorbene Kinder sind jedenfalls nicht der Auffassung, dass ein Selbstmord jeglicher Kommunikation ein Ende setzt. Viel öfter kommt es vor, dass das Gespräch an diesem Punkt überhaupt erst einsetzt und mit ihm die Heilung.

Wieder sprechen lernen

In der frühen Phase meiner Arbeit als Medium wurde ich in einen malerischen kleinen Touristenort nach Kalifornien eingeladen, um dort Gruppen- und Einzelsitzungen zu leiten. Ich war sehr aufgeregt, denn zum ersten Mal musste ich mich im Rahmen meiner Arbeit auf Reisen begeben. Als ich meinen Wagen in den Ort lenkte, dachte ich, dass dieses Städtchen das perfekte Umfeld für einen Western abgeben würde, und fragte mich unwillkürlich, wozu man mich hier wohl brauchte. *Dieser Ort sieht doch wie die ideale Kleinstadt aus.* Die rote Scheune am Ortseingang und die pittoresken Ladenfronten entlang der Hauptstraße untermauerten meinen Eindruck. Doch bereits in meiner allerersten Gruppensitzung musste ich feststellen, dass auch in «vollkommenen» Kleinstädten Selbstmorde geschehen.

«Sag meiner Mama, dass ich lebe und dass es mir leidtut, sie verletzt zu haben, und dass ich sie liebhabe», rief mir Nick zu, ein Verstorbener, der sich mit zweiundzwanzig Jahren das Leben genommen hatte. Zu den Einzelheiten, die er mir von seinem Leben berichtete, gehörte der Wunsch, wie sein Vater Polizist zu werden. Diesen Wunsch hatte er seit frühester Kindheit. Nick erzählte von seinem roten Fahrrad, seinem Lieblingscowboyhut und einer Spielzeugpistole, den Familienausflügen auf den Jahrmarkt und dem Mädchen, das mit ihm zum Abschlussball gegangen war. Und dann entschuldigte er sich bei seiner Mutter Doris für seinen plötzlichen, scheinbar impulsiven Tod von eigener Hand. Doch statt irgendwelche Erklärungen für seine Entscheidung zu liefern, erinnerte er sie bewusst an die guten Zeiten, die sie miteinander gehabt hatten. Er dankte ihr dafür, dass sie ihm Jahr für Jahr zum Geburtstag seinen Lieblingserdbeerkuchen gebacken hatte, und erwähnte, dass sein Geburtstag in nur wenigen Tagen bevorstand. Dann beschloss er seinen Besuch mit den Worten: «Papa und ich sind uns sehr ähnlich. Wir tun die Dinge auf die gleiche Weise.»

«Das kann man wohl sagen», presste Doris zwischen den Zähnen hervor. Bald würde ich erfahren, wie ähnlich sie einander wirklich waren.

Doris' Ehemann Gus war der nächste Verstorbene, der mich als sein Sprachrohr benutzte. Er war der pensionierte Polizist, wie er im Buche stand. Gus war ein Mann der Entschlusskraft, sehr genau in seinem Denken und in seinen Mitteilungen. Die breiten Schultern und die aufrechte Haltung machten seine Präsenz im Raum nur noch spürbarer. Als Erstes führte er mir vor Augen, dass er ein Mann der Tat war. «Wenn ich einmal eine Entscheidung getroffen habe», erklärte er mir, «dann habe ich sie auch umgesetzt.»

«Genau so ist er», stimmte Doris zu, die Zähne etwas weniger fest zusammengebissen.

Dann schilderte mir Gus seine letzten Lebensstunden. Ich sah die Ereignisse aus seiner Perspektive. Darauf warten, dass Doris den Ort verlässt. Zu einem Nebengebäude auf dem Grundstück gehen. Alles so aufräumen und zurechtlegen, dass keine Unordnung entsteht und Doris hinterher nicht würde aufräumen müssen. Die Tür verrammeln. Doris würde ihn nicht finden. Das Gewehr. Der letzte Gedanke an Doris. Wie sein Sohn hatte sich auch dieser von sich selbst eingenommene Polizist das Leben genommen.

«Ich liebe dich, Doris. Ich gehe immer noch jeden Abend

mit dir am Bach spazieren», sagte ihr Ehemann dann. Ich fand keine Worte, um die Liebe zu beschreiben, die Gus durch mich zu Doris fließen ließ.

Doris, die Ehefrau und Mutter, die auf so dramatische Weise sowohl von ihrem Mann als auch von ihrem Sohn zurückgelassen worden war, saß stoisch und emotionslos auf dem Sofa, nahm all die Einzelheiten der Botschaft in sich auf und bestätigte ihren Wahrheitsgehalt. Bis auf eine. Sie glaubte nicht daran, dass ihr Mann und ihr Sohn sie liebten, denn sonst, davon war sie überzeugt, wären sie bei ihr geblieben.

Am nächsten Morgen fühlte ich mich von der kleinen Kirche an der Hauptstraße angezogen und beschloss, dort dem Gottesdienst beizuwohnen. Ich freute mich auf den Trost, den Frieden und die Ruhe, die Kirchen in Kleinstädten so häufig ausstrahlen.

Gleich nach dem Gottesdienst, als ich mich so richtig schön warm und benommen fühlte, wurde ich unsanft am Oberarm gepackt und herumgerissen. Ich blickte in Doris' Gesicht. «Ich habe ein Hühnchen mit Ihnen zu rupfen», sagte sie in drohendem Tonfall. «Ich bin so was von wütend! Wie können mein Mann und mein Sohn behaupten, mich zu lieben? Sie haben mich hier zurückgelassen! Wie konnten sie das nur tun! Wie kommen *Sie* dazu, so was zu sagen?»

Ich muss wohl nicht erst erwähnen, wie bestürzt ich war. Während ich tief Luft holte, bat ich meine Geisthelfer um Unterstützung. «Es ist ganz natürlich, wütend zu sein», sagte ich. «Ich weiß, wie es sich anfühlt, einen nahestehenden Menschen genau auf diese Weise zu verlieren.» Dann erinnerte ich sie daran, dass ihr Ehemann sich in seinen letzten Gedanken vor seinem Tod um ihr Wohlergehen Sorgen gemacht hatte und sie jeden Abend auf ihrem Spaziergang begleitet. Ich erinnerte sie daran, dass ihr Sohn vor allem über ihre gemeinsame gute Zeit gesprochen hatte. Und dann machte ich mich rasch auf die Suche nach dem Pfarrer dieser Kirche.

Doris war in ihrem Gefühlsausbruch außerordentlich vehement. Offenbar entluden sich nun Gefühle, die sie seit Jahren nicht hatte zum Ausdruck bringen können, mit der Gewalt eines plötzlichen Sommergewitters. Ich wollte ihren Pfarrer hinzuziehen, weil ich mir sicher war, dass sie nicht nur jetzt, sondern sicher auch in den kommenden Tagen Hilfe brauchen würde.

In Doris' Fall beendeten die Selbstmorde ihres Mannes und ihres Sohnes jedes Gespräch. Später erfuhr ich, dass sie sich, bevor sie die Mitteilungen von ihrem Sohn und ihrem Mann erhalten hatte, geweigert hatte, überhaupt über die beiden oder über ihren Tod zu reden. Für Doris bedeutete Selbstmord eindeutig einen Endpunkt – das Ende von deren Leben und ihrem eigenen, das Ende der Erinnerungen, das Ende der Freude und das Ende jeglichen Austausches. Doch die Verstorbenen, die sie liebten, wollten das Leben wiederherstellen, die Erinnerung an gute Tage und sogar die Hoffnung. Sie wollten das heilende Gespräch beginnen.

Ein paar Monate später erfuhr ich von Doris' Pfarrer, dass die Begegnung mit ihren verstorbenen Männern Doris tatsächlich zum Sprechen gebracht hatte. Sie hörte gar nicht mehr auf. Schließlich überwand sie ihre Wut und konnte ihr Leben wiederaufnehmen. Der erste Austausch mit den Verstorbenen war für sie der Anfang ihrer Heilung.

Für mich war es der Beginn einer neuen Arbeitsbeziehung zu Pfarrern, Psychologen, Psychiatern und Therapeuten. Sonderbarerweise war es ein Psychologe mit einer gewissen Empfänglichkeit für das Gespräch mit Verstorbenen gewesen, der mich in diese Kleinstadt geholt hatte. In den darauffolgenden Jahren haben mir eine ganze Reihe von

Seelsorgern und Therapeuten Klienten geschickt. Einige der Mutigeren haben sogar Workshops mit mir organisiert. Ich meinerseits habe eingesehen, dass zwar mediale Arbeit ein wichtiger Bestandteil der Gleichung ist, die letztlich Heilung bewirkt, dass ich jedoch nicht die Nachsorge bieten kann, die bei Trauerarbeit erforderlich ist. Wie in Doris' Fall setzen Verstorbene durch mich mit ihren hinterbliebenen geliebten Menschen einen Austausch in Gang, der sich noch fortsetzt, lange nachdem ich den Ort bereits wieder verlassen habe.

Wer ist denn nun eigentlich verantwortlich?

Wir stehen vor einer großen Herausforderung, wenn wir nach einem großen persönlichen Verlust unser Leben wieder in die Hand nehmen wollen. Und ein Selbstmord macht alles nur noch schlimmer. Doch diejenigen, die ihrem Leben hier auf Erden ein Ende gesetzt haben, finden bald heraus, dass ihr Leben gar nicht beendet ist. Und keiner von ihnen erwartet von uns, dass wir aufgrund ihrer Entscheidung aufhören zu leben. Was also könnte uns helfen weiterzumachen? Nachfolgend eine wahre Geschichte, die vielleicht ein paar Hinweise gibt.

Als ein verstorbener Vater erschien, um seine Tochter zu besuchen, da erschreckte sie mich mit einem plötzlichen Ausbruch mitten in der Sitzung. «Als er sich umgebracht hat, hat er auch mich getötet!», schrie sie verzweifelt.

«Nimm mir nicht meinen Tod weg», schrie er zurück. «Er gehört mir und nicht dir!»

Zuerst kamen mir diese Worte wie ein Ausdruck von Bockigkeit vor; zwei Menschen wollten den Tod des einen für sich beanspruchen. Doch dieser ungezügelte, ans Unhöfliche grenzende Schlagabtausch erwies sich für die junge Frau als überraschend reinigend. Sie und ihr Vater hatten sich vor seinem Selbstmord gestritten, und sie war sich sicher, dass ihr Verhalten seinen Entschluss ausgelöst hatte. Indem er zurückbrüllte und so ihre von ständigen Diskussionen geprägte Beziehung fortsetzte, wollte er klarstellen, dass er seine Tochter nicht für seinen Tod verantwortlich machte.

«Ich hab's kapiert», sagte sie am Ende unserer Sitzung. «Sein Tod hat tatsächlich nichts mit mir zu tun.»

So wie dieser Vater wollen auch verstorbene Jugendliche nicht, dass die Zurückgebliebenen die Verantwortung für ihren Selbstmord übernehmen. Wenn man es als Medium mit verstorbenen Jugendlichen zu tun hat, die Selbstmord begangen haben, dann bekommt man ausgerechnet von *ihnen* eine Lektion in Sachen Verantwortung erteilt. Die Verantwortung, die jeder Mensch für sich selbst übernehmen muss, scheint für sie eins der absolut wesentlichen Dinge zu sein – und das gilt für sie wie für uns. Auch wenn die Jugendlichen natürlich Drogen- oder Alkoholmissbrauch, Beziehungsprobleme und Hoffnungslosigkeit als wichtige Faktoren benennen, die ihre Entscheidung beeinflusst haben, so habe ich noch von keinem von ihnen gehört, dass sie Eltern, Geschwister, Freunde oder irgendjemanden sonst für ihre letzte Handlung auf Erden verantwortlich machen. Was wir als verantwortungslose und egoistische Entscheidung empfinden, verschafft einer Seele oftmals erst die Gelegenheit, die volle Verantwortung für alle im Leben getroffenen Entscheidungen zu übernehmen, auch dann, wenn die letzte Entscheidung den Tod zur Folge hat.

Verstorbene Jugendliche sprechen viel davon, wie sehr sie während ihres irdischen Lebens frei sein wollten. Selbstmord ist häufig ein Ausdruck dieses unbedingten Freiheitsdrangs – frei sein von den Zwängen des Lebens, von dem Schmerz, den konfliktreiche Beziehungen verursachen, von der Verpflichtung, selbst die Verantwortung zu übernehmen.

Doch sobald sie im Himmel sind, sprechen sie davon, dass sie dort eine vollkommen andere Freiheit erleben, als sie sie erwartet haben. Sie glaubten, dass sie Freiheit finden, wenn sie sich von anderen Menschen abschneiden. Stattdessen finden sie im Jenseits die gesuchte Freiheit in der Beziehungsaufnahme zu sich selbst – indem sie sich ihre Erfahrungen, Handlungen und Entscheidungen zu eigen machen, Verantwortung für sich übernehmen und erkennen, dass wir in Beziehungen und gegenseitiger Abhängigkeit mit anderen Menschen leben sollen, sowohl auf dieser wie auf der anderen Seite. «Im Himmel kann man sich nicht verstecken», erklärte ein junger Verstorbener seiner Mutter. «Ich sehe mich in aller Deutlichkeit.»

Ein junger Mann namens Ryan, der sich selbst erhängt hatte, zeigte mir, dass er danach in einem Haus mit lauter Spiegeln erwachte und von seinen Spiegelbildern umgeben war. Zu seinen Lebzeiten hatte er sein Aussehen so sehr abgelehnt, dass er keine Spiegel in seinem Umfeld duldete und sie auch ansonsten möglichst vermied. Er ging sogar so weit, sich mit Rasiermessern und scharfen Gegenständen zu verletzen. Auf der Flucht vor sich selbst hatte er sich für seinen Tod entschieden, nur um dann festzustellen, dass er sich im Himmel von Angesicht zu Angesicht mit jeder einzelnen seiner Eigenschaften fand und sich im wahrsten Sinne des Wortes von allen Seiten zugleich sah. Für ihn war das Jenseits wie ein Spiegelkabinett. Es gab große Ryans, kleine, dicke und schlanke Ryans. «Stell dir das doch nur einmal vor!», teilte er mir begeistert mit. «Spiegelbilder, die sich ständig verändern!» Was für wunderbare Perspektiven er jetzt hat!

Wenn unsere Kinder Selbstmord begehen, dann erhalten sie nicht nur die Gelegenheit, sich mit ganz neuen Augen zu sehen, sie werden sich auch dessen bewusst, mit welcher Wucht ihre Tat sich auf alle Menschen auswirkt, die sie kannten. Angefangen bei der Gelegenheitsbekanntschaft, die sich nun vornimmt, das Leben mehr zu genießen, bis hin zu den Eltern, die an ihrer Trauer fast zerbrechen – nichts davon bleibt einem Selbstmörder erspart. Nichts bewahrt ihn davor zu erfahren, welchen Einfluss sein Leben und Sterben auf andere Menschen hat. Ein Jugendlicher, der sich im Wald erschossen hatte, erschien bei mir, weil er sich bei den Kindern entschuldigen wollte, die ihn gefunden hatten. Er war sich der Wirkung bewusst, die der Anblick seiner Leiche auf die Kinder hatte.

Die überraschendsten Eingeständnisse stammen von den Seelen, die davon überzeugt waren, dass ihre Familien ohne sie besser dran wären. Glücklicherweise berichten sie, dass diese eingeschränkte und einschränkende Sichtweise sich mit dem Tod auflöst.

Die Liebe spüren

Für gewöhnlich wollen Verstorbene über gute Zeiten sprechen. Doch kürzlich überraschte mich ein jugendlicher Selbstmörder damit, dass er von all dem Chaos berichtet, das er in seiner Familie angerichtet hatte. Er gestand, dass er seiner Mutter großen Kummer bereitet hatte, als er anfing, Geld für Drogen zu stehlen. Er gab zu, dass er sich für die Trennung seiner Eltern und für den Überfall eines Drogendealers auf seinen jüngeren Bruder verantwortlich fühlte.

Erst nach seinem Tod konnte dieser junge Mann die Liebe akzeptieren, die ihm von seiner Familie die ganze Zeit entgegengebracht worden war. «Mama, deine Liebe war ein Geschenk, das ich nicht auszupacken wusste», sagte er. (Vor meinem inneren Auge zeigte er mir ein wunderschön eingewickeltes Geschenk, das mit Bändern und Schleifen in allen Regenbogenfarben geschmückt war.) «Ich habe dein Geschenk mit in den Himmel genommen und es hier geöffnet», fuhr er fort. Und ich beschrieb das Bild von einem Herzen, das aus der Geschenkverpackung hervorbricht.

«Weiß er wirklich, wie sehr ich ihn immer geliebt habe?», wollte seine Mutter mit flehenden Augen wissen.

«Gar keine Frage», erwiderte ich. «Ihr Sohn hat uns heute gezeigt, dass sich der Ausspruch ‹Beim Tod kann man nichts mitnehmen› nicht für die Liebe gilt.»

Die Liebe und das Mitgefühl, die wir jenen entgegenbringen, die durch ihre eigene Hand gestorben sind, wirken sich auf ihr Leben im Jenseits aus. Liebe erhebt die Seele. Ein fünfzehnjähriges Mädchen, das sich mit einer Überdosis verschreibungspflichtiger Medikamente getötet hatte, erzählte mir, dass die Liebe ihrer Mutter ihr den Weg in den Himmel erleuchtet habe. Ihre Mutter fragte sich, ob ihre Tochter wohl die Kerzen sah, die sie täglich in der Kirche für sie anzündete. Sie war sich dessen sicher, dass ihre Liebe so lange den Weg ihrer Tochter beleuchtete, bis sie im Licht von Gottes Liebe stand. Daran glaube ich auch.

Der Ordnung halber

Eine meiner Lieblingsstädte ist Laguna Beach. Vielleicht, weil sie sich weniger als eine Stadt anfühlt, sondern mehr wie eine große, gleich losgehende Strandparty. Die Sonne scheint vor allen Dingen hier, die restliche Welt bekommt nur die Überbleibsel. Deshalb ist es immer ein bisschen verstörend, ausgerechnet an diesem strahlenden Ort trauernde Eltern anzutreffen.

An einem besonders sonnigen Tag öffnete ich meine Hotelzimmertür für ein Paar, das mir für alles zu stehen schien, was Laguna bedeutet. Er trug kurze Hose und ein T-Shirt, und sein Gesicht war eingerahmt von rötlichen Locken. Sie war schlank, schien nur aus langen Beinen zu bestehen und war tief gebräunt. Ihre langen blonden Haare reichten ihr bis weit über die Schultern. Wir begrüßten uns und begaben uns dann zu der Sitzecke in meinem Zimmer. In ihren wenigen Worten entdeckte ich einen britischen Akzent. Ich musste ein wenig über mich selbst lächeln, weil ich sofort voreilige Schlüsse zog – etwas, wovor ich meine Schüler immer dringend warne! In vielerlei Hinsicht finde ich Sitzungen per Telefon angenehmer, weil ich mich dann nicht vom Äußeren meiner Klienten ablenken lassen kann.

Während Steve und Jane es sich auf dem Sofa bequem machten, legte ich eine Kassette in den Recorder und platzierte ihn sicher auf der breiten Armlehne des Sofas. Als ich eben mit meinem Einführungssegen fertig war, flog der Recorder im hohen Bogen von der Armlehne. Steve sprang erschrocken auf und rief: «Aber niemand hat das Gerät berührt!» Aus seiner Perspektive mochte das zutreffen, doch ich spürte die Energie eines jungen Verstorbenen, der auf diese Weise seine Gegenwart mitteilen wollte.

Ich stellte den Recorder zurück an seinen Platz auf der Armlehne, und der Vorgang wiederholte sich. Doch dieses Mal war das Gerät kaputt. «Nun gut», erklärte ich dem Paar, «es sieht nicht so aus, als würden wir diesmal eine Tonbandaufnahme unserer Sitzung zustande bringen.»

Aus mir unerklärlichen Gründen macht es Jenseitsbewohnern unendlich viel Spaß, mit Aufnahmegeräten Unfug zu treiben. Eine Mutter beispielsweise, die unsere Sitzung für ihren zweiflerischen Ehemann aufgenommen hatte, rief mich an, damit ich meinen Recorder noch einmal überprüfte. «Was auf der Kassette ist, ist vollkommen unverständlich», sagte sie. «Manchmal klingt Ihre Stimme wie die von Mickymaus, und an einer Stelle sprechen Sie sogar rückwärts! Mein Mann sagt, dass so etwas unmöglich ist.»

«Hatte Ihr Sohn nicht angekündigt, das Unmögliche zu tun, um Ihrem Mann seine Anwesenheit zu signalisieren?», erinnerte ich sie. Übrigens überprüfte ich mein Gerät, und es war voll funktionsfähig. Außerdem hatte sich keiner meiner anderen Klienten über seine Aufnahme beschwert.

Während Steve, Jane und ich den kaputten Recorder untersuchten, konnte ich die Anwesenheit ihres Sohnes in unserer Mitte spüren. Auf meiner inneren Leinwand zeigte er mir eine Garage vollgestopft mit alten Autos, deren Anblick bei ihm Freude auslöste. Als ich das Bild beschrieb, sagte Steve: «Es stimmt, ich sammle alte Autos und handle mit ihnen. Mein Sohn half mir gerne dabei, sie wiederherzurichten und in ihrem alten Glanz neu erstrahlen zu lassen.»

Der junge Verstorbene flüsterte mir die Worte «Bray, Bray, Bray» ins Ohr, und tatsächlich bestätigten die Eltern, dass sein Name Braydon war. Er strahlte ein gewinnendes Einfühlungsvermögen und eine wunderbare Nachdenklichkeit aus, was ich seinen Eltern mitteilte. Braydon beeindruckte mich mit seiner Kreativität und seiner Liebe zur Musik. Sein Berufswunsch war, Musiker zu werden, und er zeigte mir vor meinem inneren Auge, wie seine Mutter seine Gedichte las. Jane bestätigte, dass sie manchmal nachts in seinem Zimmer saß und in seinen Kladden voller Gedichten nach Hinweisen suchte.

«Hinweisen wofür? Für deinen Tod?», fragte ich Braydon im Geiste. «Wie bist du gestorben?» Ich erhielt keine Antwort und stellte mich darauf ein, dass er allein in unserem Gespräch die Richtung vorgab.

Sobald sich Braydon dessen sicher sein konnte, dass seine Eltern von seiner Anwesenheit hier bei uns überzeugt waren, sagte er: «Ich mache niemanden für meinen Tod verantwortlich. Ich allein trage die Verantwortung.» Mir drängte sich das Gefühl auf, dass er selbst seinem Leben ein Ende gesetzt hatte. Zwar gab er mir darauf keinerlei Hinweise, doch zeigte er mir ein Bett mit einer gestreiften Tagesdecke. Als ich die Information weitergab, schien in Janes Augen ein Feuer zu erwachen, das sogleich von Tränen gelöscht werden würde. Sie begann ihre Hände zu wringen, während sie mir erklärte, dass ihr Sohn in dem Schlafzimmer mit der gestreiften Tagesdecke Selbstmord begangen hatte. Sie hatte ihn dort gefunden. Jane war erleichtert, dass er die Verantwortung für seinen Tod übernahm, denn bisher hatte sie sich wegen eines Streits an seinem Todestag die Schuld dafür gegeben. Trotz ihrer Erleichterung wollte sie gerne noch mehr erfahren. In einem heiseren Flüsterton fragte sie: «Warum?»

Ich lehnte mich auf meinem Stuhl zurück und holte tief Luft. Ich erklärte Jane, dass ich ihre Frage weitergeben würde, doch daran zweifelte, dass Braydon sie beantworten wolle. (Insbesondere deshalb, weil er bisher auf keine meiner Fragen eingegangen war.) Im Geiste richtete ich also an ihn die Frage: «Warum, Braydon, warum?»

Braydon antwortete so plötzlich, dass es sich anfühlte, als habe er einen Ziegelstein durch das Fenster meines Verstandes geschleudert. Und dann wurde mir klar, dass dieser Ziegel keine Antwort, sondern eine Gegenfrage war.

«Gibt es denn irgendeine Begründung, die du akzeptieren könntest?», wollte er wissen.

Nun war Jane damit an der Reihe, sich zurückzulehnen und tief Luft zu holen.

«Du hast recht, Braydon», antwortete Jane. «Es gibt keine Antwort, mit der ich wirklich zufrieden wäre.»

Braydons Gegenfrage begleitete mich durch den Tag und den Abend. Als ich an jenem Abend zu Bett ging, musste ich wieder an meinen Cousin Tommy denken. Jahrzehnte waren seit jenem Thanksgiving-Vorabend, an dem er starb, verstrichen, und ich fragte noch immer: «Warum?» Doch nun brachte Braydons Gegenfrage meine zum Schweigen. Braydon hatte mir ins Bewusstsein gerufen, dass der Versuch, den Tod, egal wie er herbeigeführt wurde, zu erklären, uns auf dem Weg aus der Trauer heraus keinen Schritt voranbringt. Um die Wahrheit zu sagen, es wird niemals einen Grund geben, der eine Mutter oder einen Vater, die ein Kind verloren haben, zu überzeugen vermag oder den sie akzeptieren können. Statt Gründe zu liefern, bot Braydon eine Beziehung an, die er trotz seiner Selbsttötung und jenseits aller Suche nach Antworten fortsetzen wollte.

Erst Monate später erkannte ich auf einmal in aller Deutlichkeit, dass mein Cousin Tommy genau das versucht hatte ... seit Jahren.

Überraschungsbesuch

Ja, ja, die Bahamas. Ein Versprechen von warmem Seewind, weißen Stränden, sanften Wellen aus klarem Meerwasser und von Reggaemusik in den Straßen. Auf den Bahamas ist alles besser, selbst ein spiritueller Workshop. Seit sieben Jahren komme ich jedes Jahr in einen Urlaubsort auf diesen wunderbaren Inseln, lehre ein internationales Publikum Kommunikation mit dem Jenseits und übermittle Botschaften von Verstorbenen.

Besonders beglückend an dieser einwöchigen Veranstaltung ist die Begegnung mit anderen Medien. Es geht wirklich sehr international zu, jedoch mit einer einzigen Zielsetzung: dem Publikum die Prinzipien der Jenseitskommunikation und die Heilungsaussichten nahezubringen, die diese Art Arbeit leisten kann.

In einem Jahr gehörte ein beeindruckendes Ehepaar aus der Schweiz zur Gruppe der Lehrenden. Eva war in ihrem Auftreten ebenso wunderbar wie in ihrem Aussehen. Ihre langen, dicken, ganz und gar weißen Haare waren zu einem einzelnen lockeren Zopf geflochten, der mitten auf ihrem Rücken lag. Sie bewegte sich anmutig, ihre kleine Gestalt schien wie über den Boden zu schweben. Im Gegensatz dazu war Matthias, Evas Ehemann, ein Löwe von einem Mann. Eine wilde, lockige, grauschwarze Mähne umrahmte sein Gesicht, und ein dichter Bart verdeckte es bis auf die Augenpartie. Weil seine äußere Erscheinung so imposant ist, kann man das Zwinkern in seinen Augen leicht übersehen. Jedenfalls so lange, bis ihn etwas zum Lachen bringt und er mit seinem brummenden Hohoho auch noch dem besten Weihnachtsmann Konkurrenz macht.

Während ich meinen Vormittagsworkshop abhielt, machten sich Eva und Matthias Notizen, *ausführliche* Notizen. Es kam mir so vor, als würden sie alles mitschreiben, was ich sagte. Um die Wahrheit zu sagen, das machte mich nervös. Ihr guter Ruf als führende Medien ging ihnen voraus, und ich fragte mich ständig: «Was um Himmels willen könnten sie von mir noch lernen?» Ich gestand Matthias meine bangen Gefühle ein, und er warf den Kopf zurück und lachte. «Wir lernen doch immer!», sagte er. Ich habe im Laufe der Jahre mit vielen Medien zusammengearbeitet, und sie alle haben eine bemerkenswerte Eigenschaft gemeinsam: große Bescheidenheit. In dieser Situation wurde dies wieder einmal deutlich sichtbar.

Die ganze Woche war ich voller Vorfreude darauf, dieses wunderbare Paar bei der Arbeit zu sehen. Doch mein Interesse erfuhr noch eine Steigerung, als ich herausfand, dass Eva die Botschaften übermittelte, während Matthias den Verstorbenen zeichnete, mit dem die Kommunikation stattfand. Ich konnte es kaum erwarten!

Schließlich war der ersehnte Augenblick gekommen. Gemeinsam mit den anderen Veranstaltern saß ich im hinteren Bereich des Raumes. Wir alle hatten im Laufe der Woche die Vorträge der jeweils anderen besucht, damit unsere gebündelte Energie für die Teilnehmer die bestmögliche Verbindung zum Jenseits ermöglichte.

Gegen Ende des Abends stand Eva einen Augenblick lang mit geschlossenen Augen ganz still. Dann fing sie an, mit einer Stimme zu sprechen, die an ein junges Mädchen erinnerte. «Ich habe hier einen jungen Mann, der noch nicht ganz zwanzig Jahre alt ist», sagte sie. «Er starb an einem gebrochenen Herzen. O nein, er hatte ein gebrochenes Herz, doch er starb durch eine Pistole. Er hat sich selbst erschossen.» Im Publikum wurde zunächst geflüstert, doch als Matthias zu zeichnen begann, trat Stille ein. Ein rundliches Gesicht nahm unter einem dichten Haarschopf langsam Gestalt an.

«Er zeigt mir eine Uniform. Er war beim amerikanischen Militär», erzählte Eva, während Matthias hastig weiter zeichnete, wobei sein Körper die Staffelei und den Zeichenblock teilweise verdeckte.

«Kennt irgendjemand diesen jungen Mann?», wollte Eva wissen. Niemand meldete sich.

«Wir wollen sehen, was er uns sonst noch mitteilen will», fuhr Eva fort. «Oh, er liebte Musik und spielte Gitarre. Die Person, die zu besuchen er hierhergekommen ist, liebt Musik ebenfalls und war Musikerin, vielleicht sogar auf professioneller Basis.»

Mein Herz begann rascher zu schlagen, und meine Hände wurden feucht. Mein Cousin Tommy war bei der Marine gewesen. Er liebte Musik und hatte vor seinem Tod Gitarrespielen gelernt. Musik war auch für mich im College eines meiner Hauptfächer gewesen, und ich hatte eine Reihe von Jahren als professionelle Musikerin gearbeitet. *Augenblick mal*, dachte ich. *Das kann doch gar nicht Tommy sein. Ich bin hierhergekommen, um anderen zu helfen, und nicht, um selbst Botschaften zu empfangen.* Ich versuchte, mir die Möglichkeit auszureden, dass Tommy hier mit Eva kommunizierte. Und dann geschah es.

Matthias trat zurück von seiner Staffelei, und da war eine Zeichnung von meinem Tommy, einem hübschen, blonden, blauäugigen jungen Mann.

«Ich kenne diesen jungen Mann», rief ich nun. Und dann brach ich in Tränen aus und konnte nicht mehr aufhören zu weinen.

Natürlich hatte ich keine Taschentücher dabei. Ich hatte nicht erwartet, etwas von meinen eigenen geliebten Verstorbenen aus dem Jenseits zu hören. Zum Glück konnten mir andere, die besser vorbereitet waren, aushelfen.

Doch Tommy war mit mir noch nicht fertig. «Dieser junge Mann ist dein Cousin, doch für dich war er wie ein Bruder, stimmt's?», fragte Eva.

«Ja», bestätigte ich.

«Ich soll dir sagen, dass er dich in deiner Arbeit unterstützt. Er ist es, der dir die Verstorbenen zuführt, die so gestorben sind wie er. Er weiß, dass du ihnen und ihren Familien helfen kannst.»

«Vielen Dank, Eva», murmelte ich unter Tränen. Und dann musste ich mir die Nase putzen.

Es mag merkwürdig erscheinen, dass ich selbst bis zu diesem Augenblick in all den Jahren keinen Kontakt zu Tommy hergestellt hatte. In dieser Hinsicht ist die Arbeit mit Verstorbenen manchmal merkwürdig. Es scheint so, als sei eine Sicherheitssperre eingebaut, die Medien davor bewahrt, unablässig in Kontakt mit den Verstorbenen zu sein, die sie selbst verloren haben. Die Arbeit als Medium ist ein Dienst an anderen, nicht an sich selbst. Um die Wahrheit zu sagen, auch Medien brauchen Medien.

Als Tommy an jenem Abend zu Eva Kontakt aufnahm, da stellte er die Existenz einer Beziehung unter Beweis, von der ich gemeint hatte, sie sei mit seinem Selbstmord zu Ende gegangen. Mit jedem jungen Menschen, den er mir im Laufe der Jahre zuführte, lehrte er mich etwas über Liebe, Mitgefühl, Vergebung, persönliche Verantwortung und Klarheit. Während ich meinte, die Heilung sei allein für die Familien und Freunde der Verstorbenen gedacht, richtete sie sich wenigstens zum Teil auch an mich. Tommy war in all dieser Zeit mein schweigsamer Partner gewesen. In jener Nacht, als mir seine Gegenwart neuerlich ins Bewusstsein trat, begann unser Austausch von Neuem ... und damit auch unsere Zusammenarbeit.

Wird Gott böse, wenn ein Mensch sich selbst das Leben nimmt? Empfindet er einen solchen Schritt als Einmischung in seinen Aufgabenbereich?

Zwar haben die Verstorbenen mir bisher keine Mitteilung über Gottes Ärger gemacht, doch dass Familienmitglieder, Freunde und Kollegen wütend sind, wenn sich jemand das Leben nimmt, haben sie bereitwillig eingestanden. Ein junger Mann in den Zwanzigern, der sich umgebracht hatte, gleich nachdem er mit einer Freundin ein Internet-Business in Gang gebracht hatte, sagte während einer Sitzung zu ihr: «Ich weiß, dass du stinksauer bist, weil ich mein Versprechen nicht gehalten habe.»

«Er hat wirklich keine Ahnung, wie stinksauer ich bin», antwortete sie.

«Oh, ich glaube, er weiß es doch», sagte ich ihr.

Ein sehr hübsches Mädchen, das im Alter von einundzwanzig Jahren an Magersucht gestorben war, erklärte ihren Eltern: «Hier spüre ich Gottes Liebe. Zu meinen Lebzeiten konnte ich nicht glauben, dass Gott mich liebt. Hier geht es jetzt.» Für ihre Eltern bedeutete das eine große Erleichterung, denn sie gingen regelmäßig in die Kirche und machten sich Sorgen, dass ihr Tod, den man auch als Selbstmord hätte interpretieren können, sie von Gott entfernt.

Erwachsene Verstorbene sprechen oft über die Entscheidungen, die sie im Laufe ihres Lebens getroffen und mit denen sie ihrem Tod den Weg bereitet haben. Ein Mann, der an durch seinen Alkoholkonsum hervorgerufenen gesundheitlichen Komplikationen gestorben war, erklärte seinem Sohn: «Ich habe mir Glas für Glas mit Alkohol das Leben genommen.» Ein Vater, der trotz eines Emphysems nicht aufhörte zu rauchen, sagte zu seiner Tochter: «Manche Menschen bevorzugen den Tod auf einmal, andere auf Raten.» Eine verstorbene Mutter bat ihre Tochter um Vergebung dafür, dass sie ihren Diabetes nicht unter Kontrolle gehalten hatte; als Konsequenz war sie jung an einem Herzinfarkt gestorben. «Sie hat sich geweigert, ihre Diät einzuhalten, und hat ihren Zucker überhaupt nicht kontrolliert», erklärte mir die Tochter. «Sie wollte absolut auf niemanden hören.»

Ich lernte einen jungen verstorbenen Soldaten kennen, der umkam, als er Kameraden seines Zuges retten wollte. Im Bruchteil einer Sekunde hatte er die Entscheidung getroffen zu sterben, damit andere leben konnten. Seine Familie trauerte über seinen Tod und war zugleich stolz auf ihn. Seine Kameraden und ihre Familien waren dankbar. Der junge Soldat fasste seine Entscheidung mit den Worten zusammen: «Ich habe getan, was ich tun musste. Ich hatte keine Zeit, lange darüber nachzudenken.»

Als ich mit einem Mann sprach, der sich in seinem Stall erhängt hatte, überraschte er mich mit der Bemerkung: «Ich meinte, meiner Familie würde es ohne mich besser gehen.» Sein Sohn war empört über diese Mutmaßung. «Wie konnte Papa nur so etwas denken?», wollte er wissen. Auf eine verquere Weise hatte dieser Mann angenommen, dass er mit seinem Tod seiner Familie etwas Gutes tue.

Wir erhalten für unser irdisches Leben fast unbegrenzten Ermessensspielraum im Hinblick darauf, wie unsere Zeit hier zu Ende gehen soll. Doch liegt es in unserer Verantwortung zu erkennen, wie sich unsere Entscheidung auf unsere Mitmenschen auswirkt. Wir sind angehalten, bewusste und nicht unbewusste Entscheidungen zu treffen. Das Leben stößt uns nicht zu; wir wählen unsere Schritte. Mit dem Tod verhält es sich oft genauso.

Wenn man sich das Leben nimmt, muss man dann draußen vor der Himmelspforte sitzen, bis der Moment gekommen ist, da man auf natürliche Weise gestorben wäre?

Viele Menschen, auch einige Medien, glauben das. Zum Glück hat mir keiner der Verstorbenen, mit denen ich es zu tun hatte, berichtet, dass er draußen warten musste. Dies veranlasste mich dazu, mir darüber Gedanken zu machen, warum meine Erfahrungen sich nicht mit denen anderer Medien decken. Als ich meine Geisthelfer bat, mir das zu erklären, erhielt ich die Antwort von einem jungen Verstorbenen. Er berichtete mir, wie er einem anderen Verstorbenen, der sich selbst getötet hatte, helfen wollte, die Tatsache zu akzeptieren, dass ihm wegen seiner Tat nicht der Zutritt zum Himmel verwehrt war. Doch der Selbstmörder wollte ihm nicht glauben. Ich ziehe daraus den Schluss, dass ein Mensch, der glaubt, dass ihn sein Handeln von Gott und den Segnungen des Himmels entfernt, diese Wirklichkeit im Jenseits erschafft. Außerdem habe ich herausgefunden, dass die Verstorbenen wissen, wie wir über sie und ihren Tod denken, sei es nun gut oder schlecht. Wenn also die im Diesseits Hinterbliebenen fortwährend davon sprechen, dass das Handeln eines Selbstmörders ihm den Zutritt zum Himmel verwehrt, dann muss er tatsächlich vor dem Tor sitzen und warten.

An dieser Stelle ist es mir wichtig, noch einmal darauf hinzuweisen, dass auch ich als Medium nicht alle Antworten parat habe. Meine Arbeit ist ein wenig wie ein großes Puzzle, das ich zusammensetzen muss. Zu Beginn liegen zahllose Puzzlestückchen über den ganzen Tisch verteilt, und keines passt zum anderen. Je mehr Mitteilungen ich empfange, desto mehr Puzzleteilchen kann ich zusammensetzen. Im Laufe der Jahre habe ich mich mit den Verstorbenen über zahlreiche verschiedene Themen ausgetauscht, und die Teilchen ergeben langsam ein halbwegs zusammenhängendes Bild. Unter anderem mag ich meine Arbeit als Medium auch deshalb, weil ich neugierig bin. Ich will unbedingt das vollständige Bild sehen – wenn schon nicht heute, dann wenigstens morgen oder irgendwann in der nahen Zukunft.

Empfinden Verstorbene, die sich das Leben genommen haben, Reue?

Menschen, die von eigener Hand gestorben sind, bringen oft tiefe Trauer darüber zum Ausdruck, wie ihr Handeln sich auf die Menschen ausgewirkt hat, die ihnen nahestehen. Doch sind diese Verstorbenen nicht die Einzigen, die Abbitte leisten wollen. An manchen Tagen habe ich das Gefühl, nichts anderes als Botschaften wie «Es tut mir leid, dass ich (setzen Sie ein, was Sie wollen)» zu übermitteln. Als der Mann einer Frau gestorben war, musste sie herausfinden, dass er einen Kredit auf ihr Haus aufgenommen hatte, um es in eine Geschäftsidee zu investieren, mit der er gescheitert war. Als sie mich aufsuchte, stand die Zwangsvollstreckung unmittelbar bevor. Ich muss gar nicht erst erwähnen, dass ihr verstorbener Mann sie unzählige Male um Verzeihung bat.

Wie werden Selbstmörder im Jenseits von anderen Verstorbenen behandelt?

Diese Frage ist leicht zu beantworten: liebevoll. Wenn Selbstmörder ihre geliebten Hinterbliebenen im Diesseits besuchen, dann haben sie fast immer Verwandte im Schlepptau, die sie im Himmel angetroffen haben. Sie werden von den anderen Verstorbenen nicht gemieden oder schlecht behandelt. Dessen bin ich sicher.

Wird man dafür zur Rechenschaft gezogen, wenn man sich das Leben nimmt?

Im Jenseits muss jeder von uns voll und ganz Verantwortung für alle Entscheidungen übernehmen, die wir während unseres Lebens auf Erden getroffen haben. Manche Verstorbene erklärten mir, dass sie erst nach ihrem Tod begriffen haben, welche Auswirkung sie mit ihrer Entscheidung auf sich selbst, andere und – ohne zu dramatisch klingen zu wollen – auf die gesamte Schöpfung verursacht haben. Ein junger Verstorbener sagte: «Ich lebte wie in meiner eigenen kleinen Welt. Als ich sie zerstörte, wusste ich nicht, dass die größere Welt es mir nicht gestatten würde, meine kleinere zu ignorieren.» Er war ein sehr philosophischer Jugendlicher, der schließlich begriff, dass er dem, was er aus seinem Leben gemacht hatte, nicht entkommen konnte und sich ihm schließlich stellen musste.

Das Leben in einem physischen Körper gestattet es uns, unser spirituelles Wachstum zu beschleunigen. Die Bedeutung, die unser Leben hier auf Erden hat, wird von jedem Verstorbenen, der Kontakt mit mir sucht, hervorgehoben. Verpasste Gelegenheiten erzeugen im Jenseits die größten Reuegefühle. Und ich meine hier nicht die Punkte auf einer persönlichen Wunschliste wie etwa «eine Segeltour auf dem Nil» oder «das Besteigen des Mount Everest». Die Verstorbenen bringen unserem Leben und wie wir es führen, großes Interesse entgegen. Vor allem aber wollen sie wissen, mit welchen unserer Entscheidungen wir Liebe, Hoffnung und Heilung bewirken. Und die Verstorbenen ergreifen *immer* Partei für das Leben.

Ich hatte es bereits mit verstorbenen Kindern zu tun, die einen Elternteil ermutigt haben, noch eine Weile auf Erden und am Leben zu bleiben. Es hätte mich nicht überraschen sollen, dass viele Eltern nach dem Selbstmord ihres Kindes am liebsten alles hinwerfen möchten. Doch obgleich die Kinder im Jenseits genau mitbekamen, welche Höllenqualen ihre Eltern durchlitten, ermutigten sie sie nicht ein einziges Mal, es ihnen gleichzutun. Ein verstorbener Teenager sagte sogar zu seiner Mutter: «Bleib auf der Erde, Mama. Von dort aus kannst du mich am Leben erhalten. Außerdem hast du dort noch jede Menge Arbeit zu erledigen.»

«Ich hatte mich an meinen verstorbenen Vater gewandt», berichtete eine Frau, «weil ich von ihm hören wollte, dass es in Ordnung war, jetzt aus dem Leben zu scheiden. Doch er hörte nicht auf, über mein Leben zu sprechen und wie er mir damit weiterhelfen wolle.» Genau so ist es. Die Jenseitsbewohner ermutigen uns, hier auf Erden zu bleiben; und sie helfen uns wirklich dabei.

Bei dem Gedanken daran, wie die Jenseitsbewohner auf das Leben blicken, fiel mir Google Earth ein. Die Verstorbenen haben sich wie aus dem Leben herausgezoomt und sehen die Welt, die Kontinente, die Länder, die Städte, die Straßen und die Menschen alle zugleich. Sie sehen alle Wege, die uns offenstehen, alle Orte, die wir besuchen können, und alle Menschen, mit denen Begegnungen noch möglich sind. Wir als Lebende jedoch sind vollständig in das Gesamtbild hineingezoomt. Wir sind lediglich fähig, unter den vielen möglichen Straßen einer einzigen zu folgen. Wenn man auf einer Straße entlanggeht, kann man sich leicht vorstellen, dass es nur diese einzige gibt, vor allem dann, wenn diese Straße mit physischem oder emotionalem Schmerz gepflastert ist. Solche Straßen kommen uns wie Sackgassen vor. Einer der Gründe, warum die Verstorbenen zu uns Lebenden kommen, ist, weil sie uns ins Bewusstsein rufen wollen, dass *keine* Straße eine Sackgasse ist. Aus ihrer Perspektive gibt es viele verschiedene mögliche Wege, und überall stehen Schilder, auf denen es heißt: «Unterstützung kann angefordert werden.»

Zu wissen, dass die Verstorbenen uns auf unserem Weg begleiten, ist ein bisschen so, als habe man eine goldene ADAC-Karte für seinen Lebensweg. Wenn man irgendwo steckenbleibt oder strandet – ein Anruf genügt, und Hilfe kommt. Nicht ohne Grund rufen die meisten Leute, wenn sie Selbstmordgedanken hegen, lieber bei einer Lebensberatung an, statt den Abzug zu betätigen. Die Jenseitsbewohner ermutigen und inspirieren uns immer, noch ein wenig im Diesseits zu bleiben.

Der Tod löst keine Probleme. Viel mehr erreicht man, sei es mit oder ohne die Hilfe der Jenseitsbewohner, wenn man am Leben bleibt.

JENSEITSESSENZ

Selbstmörder lassen nicht nur gebrochene Herzen zurück, sondern auch viele unbeantwortete Fragen. «Warum hast du das getan? Warum hast du mich nicht um Hilfe gebeten? Hätte ich irgendetwas tun können, damit du hierbleibst?» Und all diese Fragen vergrößern nur den Schmerz der Hinterbliebenen, die einen geliebten Menschen durch dessen eigene Hand verloren haben. Da überrascht es nicht, dass sich Kinder, die sich für ihren Freitod entschieden haben, besondere Mühe geben, um uns von ihrem Weiterleben in Kenntnis zu setzen. Obwohl der Himmel für Selbstmörder nicht verschlossen ist, bekommen doch alle Verstorbenen die Folgen ihrer getroffenen Entscheidungen zu spüren und sind sich dessen ganz und gar bewusst, wie sie sich auf das Leben der Hinterbliebenen auswirken. Verstorbene Kinder und Jugendliche beantworten Fragen zum Tod am liebsten mit unerwarteten Antworten zum Leben. Während ein Selbstmord ein ohrenbetäubendes Schweigen verursacht, setzen verstorbene Kinder die Kommunikation neu in Gang. In dieser Angelegenheit wollen sie unbedingt Klarheit schaffen – zu ihrem eigenen Wohl und zu unserem.

6

WIR WERDEN OBSIEGEN

Süchte im Leben und im Tod

DAS TWITTERN DER VERSTORBENEN

«Manchmal kommt die Heilung erst mit dem Tod ...»
Sagte ein junger Mann, der an einer Überdosis Heroin gestorben war.

JENSEITSGEDANKEN

Ernüchternde Gedanken

«*Muss* ich denn mit ihm sprechen?», fragte mich Ingrid mitten in unserer Sitzung. Ihre Lippen waren so fest zusammengepresst, dass auch nicht ein einziges Wort mehr hätte hinausschlüpfen können.

«Natürlich nicht», antwortete ich, während mich der Verstorbene, um den es ging, am Ärmel zog.

Das fühlt sich nicht anders an, als wenn man von einem Diesseitsbewohner an der Jacke gezogen wird. Manchmal, wenn das Ziehen sehr stark ist, wundere ich mich darüber, dass niemand sonst im Raum zu sehen scheint, wie mein Ärmel sich bewegt. Alle Jenseitsbewohner machen auf diese Weise auf sich aufmerksam, auch wenn es sich manchmal nur so anfühlt, als zöge ein Kleinkind am Ärmel seiner abgelenkten Mutter. Mitunter kann es auch ein Zupfen an meinem Herzen sein, oder mein rechtes Ohr wird liebkost. Doch der Verstorbene, der mit Ingrid sprechen wollte, bediente sich aller drei Möglichkeiten zugleich. «Ist ja schon gut», antwortete ich ihm im Geiste, «ich hab's ja kapiert: Die Botschaft ist wichtig.»

Ingrid saß in meinem Hotelzimmer auf einem Stuhl gleich neben der Tür und so weit von mir entfernt wie möglich. Absichtlich hatte sie sich seitwärts gesetzt, sodass ihre Füße zur Tür wiesen. Halb rechnete ich damit, dass sie jeden Augenblick aus dem Raum stürzen würde. Als sie mein Zimmer betreten hatte, waren mir die tiefen Falten in ihrem gebräunten Gesicht aufgefallen, doch aus ihren hellen, kornblumenblauen Augen blitzte die Energie einer halb so alten Frau.

Ingrids Tochter Marthe saß auf einem Stuhl zwischen mir und ihrer Mutter. Sie sah aus wie eine Frau in den Vierzigern, und obgleich sie noch immer jugendlich wirkte, kam sie mir lebensmüder und abgekämpfter vor als ihre Mutter. Auf dem Sessel neben mir saß eine sehr hübsche junge Frau mir langen schwarzen Locken. Sie war schwanger – so hochschwanger, dass ich fürchtete, eine emotionale Erschütterung könne die ersten Wehen auslösen. Ich weiß nicht, wer von den dreien auf den Gedanken gekommen war, ein Medium aufzusuchen, doch im weiteren Verlauf der Dinge wurde offensichtlich, dass es gewiss nicht Ingrids Einfall gewesen war.

Zwar hätte ich den Verstorbenen, der neben ihr stand, gerne ignoriert, da sie ja offensichtlich nie wieder mit ihm sprechen wollte, doch es gelang mir nicht. Das ständige Zupfen an meinem Herzen machte es mir unmöglich. Außerdem erinnerte mich seine Beharrlichkeit daran, dass es eigentlich die Verstorbenen sind, mit denen ich eine Vereinbarung habe. Meine Aufgabe ist es, ihnen eine Stimme zu geben, auch dann, wenn jemand ihnen nicht zuhören will.

Dies im Hinterkopf, holte ich tief Luft und entschloss mich, zunächst einmal mit den anderen Verstorbenen Kontakt aufzunehmen, die bei Ingrid standen. Es zeigte sich, dass einer von ihnen Ingrids ältere Schwester Emily war, und zum Glück begann sie das Gespräch in liebevollem Ton. Emily dankte Ingrid dafür, dass sie sich um sie gekümmert hatte, als sie an

Krebs starb, und Ingrid dankte Emily, dass sie auf sie aufgepasst hatte, als sie beide noch kleine Mädchen waren. Doch gleich darauf wandte sich Emily dem ungeduldigen jungen Verstorbenen zu, der neben ihr stand, und schon ging alles schief. Der Mann sah mitgenommen aus, als habe er stundenlang im eisigen Wind warten müssen. Er übermittelte mir den Namen «Jack». Das war der Punkt, an dem Ingrid von mir wissen wollte, ob sie mit ihm sprechen müsse.

Unter solchen Umständen fühle ich mich mehr wie ein Schlichter als wie ein Medium.

«Natürlich nicht», antwortete ich. «Aber würden Sie vielleicht anhören, was er zu sagen hat, da doch Ihre Schwester Emily ihn mit hierhergenommen hat?»

«Also gut. Ich gebe ihm eine Minute», sagte sie geradezu zähneknirschend.

Auf das, was dann kam, war ich nicht vorbereitet.

Sobald Ingrid ihre Zustimmung gegeben hatte, wurde ich von einer Flutwelle aus Alkohol förmlich weggespült. Es kam mir so vor, als schwimme der ganze Raum in einem Meer aus billigem Whiskey. Im gleichen Augenblick ließ Jack das Bild einer malerischen Scheune vor meinem inneren Auge aufblitzen. Mein Herz wurde mir schwer und war voller Trauer, so sehr, dass ich meinte, es müsse jeden Augenblick platzen. «Ich war ein furchtbarer Säufer», sagte Jack. «Es tut mir so leid. *Alles*, was ich getan habe, tut mir so schrecklich leid.»

Ich wusste nicht, was «alles» war. Doch was immer sich auch in jener Scheune zugetragen hatte, es hatte jedem, der sie betreten hatte, unglaubliches Elend und unerträglichen Schmerz eingebracht. Es gab keinen Zweifel, dass Alkoholmissbrauch hierzu einen entscheidenden Beitrag geleistet hatte.

Ich zögerte einen Augenblick lang, bevor ich die erhaltenen Informationen weitergab. Ich machte mir Sorgen, dass diese hochgradig emotionale Mitteilung sich ungünstig auf die anwesenden Frauen auswirken könnte, insbesondere auf die Hochschwangere unter ihnen.

Doch mein Arbeitsvertrag mit den Verstorbenen beinhaltet kein Recht zur Zensur. Ich habe zugestimmt, die Mitteilungen weiterzuleiten, die mir anvertraut werden, nicht mehr und nicht weniger. Wenn mich einer meiner Klienten fragt: «Haben Sie mir auch alles gesagt?», dann bin ich nie in der Position, etwas preisgeben zu müssen, was ich zuvor verschwiegen habe.

Ohne die Mitteilung irgendwie zu beschönigen, konfrontierte ich Ingrid damit. Schimpfworte ergossen sich in den Raum.

«Der hat wirklich so *einiges*, was ihm leidtun kann», schimpfte sie.

«Diesen Eindruck vermittelt er mir», bestätigte ich. «Deshalb ist er hierhergekommen, weil er um Verzeihung bitten will ...»

«Verzeihung kriegt der nicht von mir», erwiderte sie scharf. «Mein Vater fing morgens an zu trinken, und bis Emily und ich von der Schule nach Hause kamen, hatte er Aufwind bekommen. Danach hat er uns in der Scheune verdroschen, jeden Tag. Emily befahl mir gewöhnlich, mich zu verstecken, und steckte die für mich gedachten Prügel mit ein. Es war ein entsetzliches Leben. Als er eines Tages einmal nicht hinter uns her war und auch nicht zum Abendbrot erschien, schickte unsere Mutter mich in die Scheune. Da lag mein Vater tot auf der Erde mit der Whiskeyflasche noch in der Hand. ‹Den wären wir los!›, dachte ich nur.»

Ingrids Wortschwall schien auf ihren Vater keine Wirkung zu haben, bestärkte ihn höchstens in seiner Entschlossenheit.

Er zupfte noch immer an mir herum und war nicht bereit aufzugeben. «Vergib mir», flüsterte Jack mir ins Ohr.

«*Muss* ich ihm vergeben?», wollte Ingrid von mir wissen. «Ich habe dazu nämlich absolut keine Lust», sagte sie mit Nachdruck, kreuzte die Arme über der Brust und rückte noch ein wenig dichter an die Tür.

In diesem Moment sah ich einen weiteren Verstorbenen, der sich zwischen Ingrid und ihrer Tochter an die Wand lehnte. Er vermittelte mir einen Eindruck sowohl von Ehemann als auch Vater. Ich roch Zigarettenrauch, sah eine rotweiße Packung vor meinem inneren Auge und empfing das Symbol für Biertrinken – einen Krug, der hochgehalten und gekippt wird. Ich wandte mich an Ingrids Tochter Marthe und sagte: «Du hast einen Vater, der zu Lebzeiten rauchte und trank. Er zeigt mir ein rot-weißes Päckchen. Ich nehme also an, er rauchte Marlboros.»

«Stimmt», bestätigte Marthe, «mein Vater rauchte Marlboros und trank Bier.»

«Das kann man wohl sagen», blaffte Ingrid.

O nein, dachte ich, *nicht schon wieder*. Diesem Gedanken folgte ein stechender Schmerz im Rücken und in der Seite – so machen mir die Verstorbenen Mitteilung von Leber- und Nierenversagen.

«Mein Vater starb an einer Kombination von Leber- und Nierenversagen», erklärte Marthe. «Im Grunde hat er sich zu Tode gesoffen.»

Bevor ich mich noch in Gedanken mit den beiden männlichen Verstorbenen im Raum und den Ähnlichkeiten zwischen ihnen auseinandersetzen konnte, tauchte plötzlich ein dritter auf. Er hatte sich zwischen Marthe und die hübsche junge Schwangere geschoben.

«Hier ist noch ein weiterer junger Jenseitsbewohner», teilte ich mit. «Er sieht aus, als sei er neunzehn oder zwanzig Jahre alt. Er schreibt ein J und ein R auf meine innere Leinwand. Das scheinen seine Initialen zu sein.»

«Das ist mein Mann JR», sagte die hübsche junge Frau.

«Er ist mein Sohn», erklärte Marthe. «Das JR steht für ‹Junior›. Er hatte den gleichen Vornamen wie sein Vater.»

«Deshalb sind wir hier», sagte Ingrid. «Wir wollen mit JR sprechen.»

«Ich trinke nicht», waren JRs erste Worte.

«Das stimmt», bestätigte seine Mutter. «JR hat erkannt, was der Alkohol mit seinem Vater gemacht hat; er hat nie überhaupt nur einen Schluck genommen», sagte sie stolz.

Für einen so jungen Mann kam JR mir erstaunlich reif vor. Obgleich er eine energische Ausstrahlung hatte, sprach er zu den drei hier anwesenden Frauen in seinem Leben äußerordentlich sanft. Er dankte seiner Großmutter dafür, dass sie ihm den Kauf eines Autos finanziert hatte. Er dankte seiner Mutter dafür, dass sie sich um seine Frau kümmerte. Mit seiner Frau scherzte er über den Namen ihres noch ungeborenen Sohnes und sagte: «Jedenfalls soll er nicht Junior Junior heißen.» Seine Frau lachte, als sie sich daran erinnerte, dass sie genau diesen Beschluss gefasst hatten, nachdem ihre Schwangerschaft bestätigt worden war.

Dann wurde JR ernst. Auf meiner inneren Leinwand zeigte er mir das Bild von einem alten Saloon. Auf dem Tresen lagen ein Cowboyhut und ein dickes Fachbuch. Marthe bestätigte mir, dass JR gerne solche Hüte trug und abends in einem Saloon arbeitete, um sich an den Kosten seiner College-Ausbildung zu beteiligen. JR zeigte mir, wie er den Saloon abends nach der Arbeit abschloss und in sein Auto stieg. Dann wurde ich von einer ganzen Reihe von Bildern überflutet, und ich fühlte mich wie in einer Achterbahn. Ich sah Bäume an mir vorbeifliegen, eine Kurve direkt vor mir und spürte dann einen abrupten Richtungswechsel, als würde ich von der Seite fortgeschoben. JR war von einem anderen Fahrzeug, das auf der Schnellstraße mit überhöhter Geschwindigkeit unterwegs war, von der Straße geschoben worden. Er wollte seiner Familie mitteilen, dass sein Tod plötzlich, rasch und schmerzlos gekommen war. Mich überraschte und verwirrte jedoch, dass mir während des Unfalls Alkoholgeruch in die Nase stieg.

Nachdem ich all diese Informationen an die drei Frauen, die ihn offensichtlich sehr liebten, weitergereicht hatte, war nur noch seine Großmutter dazu in der Lage zu sprechen. «JR wurde von einem verdammten Betrunkenen getötet», schimpfte sie und konnte ihre Wut kaum unter Kontrolle halten.

JR, der gutaussehende junge Mann, der schon bald Vater werden würde und der eine Familie hatte, die ihn liebte, war ein überzeugter Antialkoholiker. Er war entschlossen, für sich und seine Familie alles anders zu machen. Und trotz all dieser guten Entscheidungen wurde seine Zeit auf der Erde dennoch durch Alkoholmissbrauch beendet.

Ich war fassungslos, als mir klar wurde, dass ich mich in einem Raum mit fünf verschiedenen Generationen befand, von denen jede die tödliche Wirkung von Alkohol zu spüren bekommen hatte.

JR riss mich mit drei Worten aus meinen Gedanken: «Vergebung, Hoffnung, Hilfe.» Vor meinem inneren Auge zeigte er mir ein Bild von sich mit einem Baby im Arm.

Als ich das Gesehene beschrieb, erklärte Marthe, dass sie JR immer als einzige Hoffnung empfunden hatten, das Alkoholproblem der männlichen Familienmitglieder zu überwinden und in den Griff zu bekommen. Nun, da auch JR tot war, gab es keine Hoffnung mehr.

«Oh, das glaube ich nicht», widersprach ich Marthe, «sonst hätte JR mir nicht das Wort ‹Hoffnung› eingegeben, während er ein Baby im Arm hielt, sein Baby.»

«Vergebung, Hoffnung und Hilfe», wiederholte ich.

Als wir eben im Begriff waren, die Sitzung zu beenden, rückten die drei Verstorbenen hinter Ingrid zusammen. Ich spürte wieder dieses Ziehen, diesmal so stark, dass ich meinte, mir solle das Herz aus der Brust gerissen werden. Mit meinem inneren Ohr hörte ich das Wort *Vergebung* und spürte dahinter die Kraft sehr großer Liebe. «Ingrid», sagte ich, «Ihr Vater steht mit Ihrem Mann und Ihrem Enkelsohn neben Ihnen. Ich spüre sehr starke Liebe und höre das Wort ‹Vergebung›.»

«Nein», sagte sie und stürzte aus dem Raum.

Die Begegnung mit Ingrid und ihrer Familie machte starken Eindruck auf mich. Obgleich ich schon mehrfach mit Familien in Kontakt gekommen bin, die über mehrere Generationen hinweg die zerstörerische Wirkung von Alkohol oder anderen Drogen zu spüren bekommen haben, hat mich noch keine zuvor so sehr betroffen gemacht. Die Sitzung ist für mich nicht nur deshalb unvergesslich, weil fünf Generationen in *ein und demselben Raum* miteinander ins Gespräch kamen, sondern auch deshalb, weil ich zum ersten Mal miterlebt habe, dass es bei der Kommunikation mit dem Jenseits um *mehr* geht als nur um Trauerarbeit. Die Verstorbenen hatten sich entschlossen der Kommunikation bedient, um das Leben für vergangene, gegenwärtige und zukünftige Generationen zu transformieren. Was in Ingrids Sitzung als freudiges Wiedersehen mit ihrer Schwester begonnen hatte, hatte sich in eine Gelegenheit verwandelt, die Beziehung der ganzen Familie zum Alkohol und zueinander zu verändern. Der Alkohol hatte die Familie ihrer Hoffnung, ihres Glücks und in einigen Fällen sogar einiger ihrer Mitglieder beraubt. Obgleich der Tod JRs Entschlossenheit, die Zukunft zum Besseren zu wenden, nicht verringern konnte, reichte seine Willenskraft allein nicht aus, um die Familie aus ihren Verstrickungen im Alkoholmissbrauch zu befreien. Ich hatte den Eindruck, dass sich die drei verstorbenen Väter zusammengetan hatten, um damit zu demonstrieren, dass die ersehnte Transformation nur gemeinschaftlich zu erreichen war. Doch Ingrid war zu diesem Zeitpunkt noch nicht so weit, um diese Botschaft zu hören oder um ihrem Leben eine neue Wendung zu geben. Sie war noch nicht zu der Erkenntnis fähig, dass das Schicksal kommender Generationen nur verändert werden kann, wenn es Vergebung gibt und die Hilfe vorangegangener Generationen angenommen wird.

Ingrid war überzeugt, sie würde irgendwie ihrem Vater mit ihrer Vergebung helfen, und dazu war sie auf keinen Fall bereit. Aber das unablässige Ziehen an mir, verbunden mit der gewaltigen Liebe, die von den drei anwesenden Verstorbenen ausstrahlte, führte mich zu der Überzeugung, dass sich Ingrids Entscheidungen von diesem Augenblick an nicht nur auf ihr Leben, sondern auch auf das ihres noch ungeborenen Enkelsohns auswirken würden. Selbstverständlich ließ Ingrids freier Wille ihr die Wahl, das Angebot der Verstorbenen anzunehmen oder abzulehnen.

In meiner Rolle als Medium ist mein Einfluss auf das Leben von Menschen sehr begrenzt. Ich habe rasch gelernt, dass ich zwar die Mitteilungen der Jenseitsbewohner weiterreichen kann, doch darf ich damit keine Hoffnungen verknüpfen, die sich auf ihre mögliche Wirkung beziehen. Als Ingrid aus dem Raum stürzte, musste ich sie gehen lassen, egal, ob Heilung möglich gewesen wäre oder nicht. Ein wenig tröstete mich nur das Wissen, dass die Liebe der Verstorbenen in dieser Situation schon ausreicht, um Veränderungen zu bewirken, wenngleich sie meist nicht sogleich sichtbar werden.

Jenseitsbewohner nehmen bereits die geringsten Verschiebungen in unserer Gedankenwelt wahr. Sie stehen auf dem Standpunkt, dass bereits die kleinste Abweichung in unserem irdischen Denken der erste Schritt zur vollständigen Transformation sein kann. Ich glaube, dass sie deshalb so geduldig auf ihrer Kommunikation beharren. Sie erkennen, dass winzige Veränderungen in der Gegenwart dramatische Auswirkungen für alle Generationen und auf die Familiengeschichte als Ganzes haben können.

Jenseitsbewohner wollen mithelfen, für unsere Geschichte ein neues Ende zu schreiben, weil die unsere auch die ihre ist. Viele Jahre nach meiner Begegnung mit Ingrid zeigte mir ein junger Verstorbener, wie eine Geschichte, die derjenigen von Ingrid sehr ähnlich war, zu einem neuen Ende kommen kann.

Den Teufelskreis durchbrechen

Pat hatte bei ihrer Ankunft meinen beiden Kätzchen viel Aufmerksamkeit geschenkt. (Ich habe immer sofort ein ausgezeichnetes Verhältnis zu Menschen, die Tiere mögen.) Wir hatten bereits ein wenig über verschiedene Tierschutzorganisationen, ganzheitliche Medizin und über geliebte und verlorene Haustiere geschwatzt. Pat war kontaktfreudig und locker und schien sich in ihrer Haut sehr wohl zu fühlen. Ihr Auftreten war das eines Menschen, der keinerlei Sorgen hat.

Da war Pats Schwester Mary ganz anders. Sie war so angespannt, dass sich ihre Schultern auf einer Höhe mit ihren Ohrläppchen befanden. Sie schien sich über unseren Smalltalk zu ärgern. Bisher hatte ihr einziger Beitrag zu unserem Gespräch aus einem knappen «Hallo» bestanden.

Sobald wir uns setzten, stiegen mir Alkohol- und Zigarettengeruch in die Nase. Da er nicht von den beiden Damen vor mir kam, wusste ich, dass er nur von anwesenden Verstorbenen ausgehen konnte. Außerdem hatte ich Schwindelgefühle, die sich oft einstellen, wenn Jenseitsbewohner zugegen sind, die zu Lebzeiten drogenabhängig waren.

«Ich rieche Alkohol und Zigaretten», sagte ich zu Pat. «Außerdem ist jemand im Raum, der an Drogen gestorben ist.»

«Das passt genau», bestätigte Pat mit fast fröhlicher Stimme. Marys Augen weiteten sich hinter ihrer Brille.

«Der erste Besucher hier ist heute ein Vater oder eine Vaterfigur», fuhr ich fort. In meinem Kopf hörte ich ein bekanntes Kinderlied, in dem der Name George vorkommt. Als ich dies mitteilte, lachte Pat und erklärte, dass der Vorname ihres Vaters George war. Sie hatten das Kinderlied immer für ihn gesungen, weil er altmodische Dinge mochte wie Haferbrei, Schokoladenpudding und Apfelkuchen. Nun, meine Nase sagte mir, dass dies nicht die *einzigen* Dinge waren, die George mochte. «Ich rieche filterlose Zigaretten, und Ihr Vater zeigt mir ein Kamel. Er rauchte Camels, nicht wahr?»

«Bis zum Tag, an dem er starb», bestätigte Pat.

«Außerdem riecht er nach Alkohol, und ich höre den Namen ‹Johnny›.»

«‹Johnny Walker ist mein bester Freund›, hat mein Vater immer gesagt», erklärte Pat.

Pats Vater zeigte mir seine Marine-Uniform und den Buick, den er so sehr liebte. Ich hörte einen Knall in meinem Kopf, was für gewöhnlich bedeutet, dass jemand an einem Aneurysma gestorben ist. Als ich Pat davon Mitteilung machte, sagte sie: «Wir wissen nicht genau, woran mein Vater gestorben ist, doch der Arzt hielt ein Aneurysma für sehr wahrscheinlich. Als er gefunden wurde, saß er in seinem Sessel, die Zigarette war im Aschenbecher heruntergebrannt, und die Flasche Johnny Walker stand neben ihm.»

Möglicherweise meinen Sie, dass ich, weil ich den Rauch ungefilterter Zigaretten erkennen kann, selbst Raucher bin. Die Wahrheit ist, dass ich niemals auch nur eine Zigarette geraucht habe. Doch nach jahrelanger Zusammenarbeit mit Jenseitsbewohnern kann ich sogar die Packungen verschiedener Zigaretten auseinanderhalten. Außerdem kann ich den Rauch von Zigarre, Pfeife, filterloser und Filterzigarette unterscheiden. Verstorbene, die früher viel geraucht haben, erscheinen förmlich eingehüllt in eine Rauchwolke. Ich habe die mit Lungenkrebs verbundenen Schmerzen gespürt; ich habe gespürt, wie sich meine Lunge mit Flüssigkeit füllt, als stürbe ich an Herzinsuffizienz.

Als die Jenseitsbewohner mir derart lebhafte Erfahrungen bescherten, musste ich sie anfangs manchmal bitten, sie mir zu ersparen. Im Laufe meiner Arbeit als Medium habe ich so viele Leiden durchlebt, dass ich leicht zum Hypochonder hätte werden können. In einem Fall musste ich so sehr husten, dass ich keine Luft mehr bekam und mir nur eine Veränderung meiner Sitzposition half. «Sie sitzen genau so da wie mein Vater in seinem letzten Tagen», stellte die Klientin fest. Ihr Vater war an einem Emphysem gestorben.

Nach jahrelanger Erfahrung überwältigen mich nur noch selten Gefühle von Sucht oder tödlichen Leiden. Die Verstorbenen lassen mich gerade genug schmecken, riechen oder spüren, dass ich verstehe, was sie mir sagen wollen.

Diese Form der Mitteilung ist mir so vertraut, dass ich manchmal vergesse, den Klienten zu sagen, dass ihre Verstorbenen nach ihrem Tod nicht mehr länger unter Süchten oder Krankheiten leiden. Ich erkläre diese Zusammenhänge folgendermaßen: Stellen Sie sich vor, dass Sie durch einen Ort fahren, in dem Sie früher einmal gewohnt haben. Als Sie Ihr altes Haus sehen, entscheiden Sie sich, anzuhalten und hineinzugehen. Sobald Sie durch die Tür treten, werden Sie möglicherweise von Erinnerungen an Ihre Zeit in diesem Haus erfüllt. So ist es auch mit den Verstorbenen. Wenn sie uns hier auf Erden besuchen, dann ist es für sie so, als würden sie ihr altes Haus betreten. Wenn sie mir sehr nahe kommen, dann teilen sie mir als Erstes ihre letzte Erinnerung an ihr Dasein auf Erden mit – in der Regel ihre Erinnerung an ihren Tod. Im gleichen Augenblick fällt mir auch schon ein, dass die Seelen der Verstorbenen nicht mehr leiden müssen, dass sie sich lediglich erinnern.

Ich erklärte Pat und Mary, dass ihr Vater zwar eingehüllt in eine Wolke aus Zigarettenrauch und Alkohol kam, dies bedeute aber nicht, dass er im Jenseits noch immer rauche und trinke. Pat signalisierte mir, dass sie verstand, was ich erklärte, und wirkte dabei überraschend entspannt. Mary schwieg weiter.

George unterbrach meine Erklärung mit einem Bild, das er auf meine innere Leinwand projizierte. Darauf war ein Haus zu sehen, vor dem ein Zu-verkaufen-Schild aufgestellt war. In der Auffahrt standen zwei kleine Mädchen mit Koffern. Dann sagte er mir Ohio. Mary keuchte. «Weil mein Vater trank», sagte sie, «verlor er seine Arbeit, und wir mussten das Haus verkaufen. Meine Schwester und ich wurden nach Ohio zu unseren Großeltern geschickt.»

«Danke, dass du mir vergeben hast, Pat», sagte George zu Pat.

«Ich konnte ihm erst nach seinem Tod vergeben», erklärte Pat. «Ich bin froh, dass er es weiß.»

Verstorbene beziehen sich häufig auf Ereignisse, die erst

nach ihrem Tod stattgefunden haben. Indem sie mir gegenüber solche Dinge erwähnen, machen sie ihren zurückgebliebenen Angehörigen klar, dass sie an ihrem Leben noch immer Anteil nehmen und gerne auf dem Laufenden bleiben.

George richtete meine Aufmerksamkeit auf einen jungen Verstorbenen, der dicht bei Pat stand. Ich hörte laute Musik. Er spielte grauenhaft Gitarre. Seine Haare waren pechschwarz und stachelig.

Als ich dies Pat schilderte, sagte sie in neutralem Ton: «Ja, das ist mein Sohn. Bevor er starb, hatte er gerade angefangen, Gitarre spielen zu lernen.»

«Es hört sich so an, als spiele er mit einer Band, einer sehr lauten», ergänzte ich.

«Ja. Er hatte es gerne, wenn die Musik richtig schön laut war», bestätigte sie.

«Nun, dann muss Ihnen das wohl auch gefallen, denn er zeigt mir, wie Sie sich abends, bevor Sie ins Bett gehen, seine Musik anhören», sagte ich.

«Ja, das stimmt», antwortete sie. «Ich liege auf seinem Bett und drehe richtig schön laut auf, damit er es Himmel auch hören kann.»

«Er zeigt mir zwei As», vermittelte ich weiter, «als beginne ein wichtiger Name damit oder als seien sie Initialen. Außerdem höre ich den Namen ‹Ron›.»

«Mein Sohn heißt Aaron», sagte sie lachend. «Er hat immer besonders viel Wert darauf gelegt, dass er mit zwei A anfängt.»

«Hallo Aaron mit zwei A», begrüßte ich den jungen Mann mit den stacheligen Haaren.

Danach gelangten wir in einen angenehmen Kommunikationsrhythmus. Mit manchen Verstorbenen fällt jede Unterhaltung leicht. Aaron war einer von ihnen. Er zeigte mir Würfel und ein Las-Vegas-Schild. Seine Mutter bestätigte mir, dass er immer davon träumte, einmal nach Las Vegas zu fahren. «Er sagt mir, dass er mit Ihnen in Las Vegas war», teilte ich ihr mit.

«O nein», widersprach sie. «Wir waren nie zusammen in Las Vegas.»

«Er macht mir deutlich, dass er mit *Ihnen* in Las Vegas war. Und es fühlt sich so an, als sei es erst vor Kurzem gewesen.»

«Ich war vor zwei Wochen auf einem Klassentreffen in Las Vegas. Meint er das vielleicht?», fragte Pat.

Aaron ließ vor meinem inneren Auge das Bild eines Flamingos aufblitzen. «Falls Sie dort im ‹Flamingo› abgestiegen sind, ja, dann war er gleichfalls dort.»

«Wir waren *wirklich* im ‹Flamingo›», rief sie.

In diesem Moment machte sich in mir ein schwindeliges Gefühl und Übelkeit breit, was geschieht, wenn jemand unter dem Einfluss von Morphium oder Heroin stirbt. Aaron erfasste gut, wie er mir etwas mitteilen konnte, doch er übertrieb es etwas mit der Stärke des Drogengefühls.

«Aaron war heroinsüchtig. Er war zur Entziehung in einer Klinik und versuchte aufzuhören», sagte ich.

«Das ist richtig», bestätigte Pat.

«Er sagt mir, eine Zeitlang blieb er clean», fuhr ich fort. «Deshalb sei die Enttäuschung besonders groß darüber gewesen, dass er an einer Überdosis starb.»

Pats Augen füllten sich mit Tränen.

«Er erklärt mir, dass er gestorben ist, weil er nicht mehr so viel von der Droge vertrug», sagte ich.

«Ja», flüsterte Pat. «Er hat zu viel genommen und ist gestorben.»

Aaron ließ seine Mutter nicht einfach mit ihren Tränen da sitzen. «Mama», sagte er. «Danke. Danke, dass du mich geliebt und mich unterstützt hast.»

Dann tat Aaron etwas, was ich nicht erwartet hatte. Er

zeigte mir das Symbol, das Verstorbene gerne verwenden, wenn sie Alkoholmissbrauch meinen. Dabei zeigte er auf seine Mutter!

«Sie waren alkoholabhängig», sagte ich zu Pat. «Aaron teilt mir mit, dass Sie nach seinem Tod aufgehört haben. Er sagt, er habe Ihnen ebenso geholfen wie Ricky.»

Mary machte ein Geräusch, das sich wie das Miauen einer Katze anhörte. Mit den Augen bat sie Pat, für sie zu antworten.

«Marys Sohn, mein Neffe. Ricky macht gerade eine Entziehungskur», erklärte Pat. «Er ist drogenabhängig. Wir sind heute hier, weil wir herausfinden wollen, ob es Hoffnung für ihn gibt.»

In diesem Moment sah ich, wie Pats Vater sich neben ihren Sohn stellte. «Ihr Vater steht neben Ihrem Sohn. Die beiden lassen mich wissen, dass sie beide Ricky helfen», berichtete ich Mary. «Ihr Vater zeigt mir eine Leiter mit drei Sprossen. Während er sich auf jede Sprosse stellt, schreibt er je ein Wort an die Wand eines Hauses. Bei der untersten schreibt er ‹Vergebung›, bei der mittleren ‹Hoffnung› und bei der obersten ‹Hilfe›.»

«Ach, das ist interessant», sagte Pat. «Unser Vater war früher einmal ein Anstreicher. Er sagte immer, wenn man vor einem Problem steht, dann soll man eine Sprosse nach der anderen hinaufsteigen.» Pat machte eine kleine Pause, holte mehrmals tief Luft und fuhr dann fort. «Nachdem mein Sohn gestorben war, wollte ich nicht mehr leben und habe angefangen, immer mehr zu trinken. Als meine Schwester mich bat, sie nicht zu verlassen und zu sterben, erkannte ich, dass ich etwas verändern musste. Ich fing damit an, dass ich meinem Vater vergab, denn das war meine einzige Chance, wieder nüchtern zu werden. Etwas änderte sich, als ich diesen Schritt machte; schließlich machte sich in mir die Hoffnung breit, dass ich vielleicht doch noch Aussichten auf ein anderes Leben hatte. Ich wusste, dass mir geholfen wurde, denn alleine hätte ich es nicht schaffen können.»

George suchte plötzlich meine Aufmerksamkeit. Er wollte mir etwas zeigen.

«Ihr Vater zeigt mir ein anderes Zu-verkaufen-Schild an einem anderen Haus. Er stimmt Ihnen zu, dass das Geld aus diesem Verkauf helfen kann, die Kosten von Rickys Entziehungskur zu bezahlen, ihm vielleicht zu einem neuen Leben verhilft.»

«Auf unserem Weg hierher haben meine Schwester und ich über genau diese Sache gesprochen», erklärte Pat. «Der Erlös vom Verkauf unseres großelterlichen Hauses liegt auf einem Konto für uns bereit. Ich habe Mary klargemacht, dass die Familie würde Ricky helfen wollen, und ich möchte es auch.»

Mary holte tief Luft – vielleicht zum ersten Mal seit Beginn der Sitzung. Im Raum wurde es mit einem Mal ganz still, was häufig passiert, wenn die Verstorbenen alles gesagt haben. «Bevor wir zum Schluss kommen, hat eine von Ihnen noch Fragen?»

«Ja», sagte Pat. «Geht es meinem Sohn wirklich gut? Hat er die Sache schließlich in den Griff bekommen?»

Als ich nun zu Aaron blickte, um seine Antwort zu empfangen, hörte ich ihn sagen: «Mama, manchmal kommt die Heilung erst mit dem Tod.»

Aaron lieferte mir wirklich Stoff zum Nachdenken. Zwar ist es eine Erleichterung, zu erfahren, dass geliebte Menschen, wenn sie sterben, ihre Süchte nicht mit ins Jenseits nehmen, doch die mit der Sucht verbundenen Probleme bleiben bestehen. Mit dem Tod ist die durch Drogen oder Alkohol bedingte Isolierung beendet, doch ist es durchaus ernüchternd, sich den Auswirkungen der Sucht zu stellen. Aus ihrer Perspektive erkennen Verstorbene deutlich, dass die Gefährdung durch Sucht in der Familie bestehen bleibt, wenn sich nichts Grundlegendes verändert. Deshalb fühlen sich die verstorbenen Familienmitglieder förmlich zur Kommunikation gezwungen, und zwar auch dann, wenn sie das Handeln ihrer Söhne und Töchter abstößt.

Nachdem Pat und Mary gegangen waren, musste ich an meine Begegnung mit Ingrids Familie vor so vielen Jahren denken. Ihnen waren die gleichen drei Worte gesagt worden: Vergebung, Hoffnung, Hilfe. Warum bitten uns Menschen, die in unserem Leben ein Chaos angerichtet haben, nach ihrem Tod überhaupt um Vergebung? Was hat Vergebung mit Hoffnung zu tun? Und sind die Verstorbenen wirklich dazu in der Lage, bei der Heilung von Süchten zu helfen?

Ingrid meinte, sie würde, vergäbe sie ihrem Vater, ihm nur helfen. Diese Vorstellung ist leicht nachvollziehbar. Doch nachdem ich die drei magischen Worte Vergebung, Hoffnung und Hilfe von mehr Verstorbenen zu hören bekommen habe, als ich zählen kann, bin ich zu der Erkenntnis gekommen, dass sie der Schlüssel für die Transformation zurückliegender, gegenwärtiger und zukünftiger Generationen sein müssen. Ingrid und ich konnten damals noch nicht verstehen, dass ihr Vater und ihr Enkel *uns allen* die geheime Formel für Freiheit verrieten, nicht nur für die Befreiung von Süchten, sondern allen selbstauferlegten Begrenzungen.

In vorangegangenen Kapiteln haben die Jenseitsbewohner für uns den Himmel beschrieben. Er stellt eine Welt dar, in der physische Beschränkungen durch eine unendlich große Zahl von *Möglichkeiten* ersetzt werden. Außerdem erkennt man dort die Auswirkungen von zu Lebzeiten getroffenen Entscheidungen in aller Deutlichkeit und aus allen Blickwinkeln. Mit aller Deutlichkeit: Der Tod wirkt lebensverändernd.

Hier auf der Erde leben wir in der Welt der *Wahrscheinlichkeiten.* Versicherungsgesellschaften verstehen es meisterhaft, im Rahmen dieser Grundstruktur zu agieren. Unter Einbeziehung bestimmter familiengeschichtlicher Details und gegenwärtiger Lebensgewohnheiten können Statistiken Ihre Lebenserwartung vorhersagen und eine Aussage über die Kosten Ihres Todes treffen. Wir sind es gewohnt, auf täglicher Basis die Gegebenheiten einzuschätzen und zu entscheiden, welche Folgen sie für uns und andere haben. Aber erkennen wir nicht immer viel leichter, wo *andere* falsch liegen? Die Jenseitsbewohner haben einen viel größeren Überblick als wir. Sie wollen uns helfen, das Leben aus ihrer Perspektive zu sehen, damit wir die Zusammenhänge genauso erkennen wie sie.

Dabei fällt mir ein Film ein, den ich als Kind besonders geliebt habe: *Der Zauberer von Oz.* Anfangs ist der Film in Schwarzweiß. Als der Wirbelsturm Dorothys Haus in die Luft hebt, gerät ihr Leben außer Kontrolle, und sie verliert die Entscheidungsgewalt über ihr Ziel. In gewisser Weise sind Süchte wie Wirbelstürme in unserem Leben.

Doch als Dorothys Haus landet, öffnet sie die Tür und sieht eine Welt, die sich in ihrer Farbigkeit grundlegend von der ihr bekannten unterscheidet. In unserer Welt ist es die Vergebung, die das Tor zwischen einer schwarzweißen, aus den Fugen geratenen Existenz und einem farbigen Leben der Transformation und der Möglichkeiten darstellt.

Vergebung ist der Schlüssel zu dauerhafter Veränderung. Es geht nicht darum, ob wir vergeben oder nicht. Vergebung ist die Antwort auf die Frage «Könnte ich auch anders leben?». Vergebung eröffnet uns eine unendliche Vielzahl neuer Möglichkeiten. Diese Erkenntnis wiederum lässt die Hoffnung wachsen, dass man auch anders leben kann. Und mit einem Mal wird aus einem vermeintlich vorgezeichneten Weg wieder ein Abenteuer, in dem *alles* möglich ist. Auf ihrer Seite des Todes führen die Jenseitsbewohner genau ein solches Leben. Das ist es, woran sie uns auf unserer Seite des Todes teilhaben lassen wollen.

Die Hoffnung lebt in der Vielzahl der Möglichkeiten. Die Hoffnung, von der die Verstorbenen sprechen, ist aktiv und nicht passiv. Hoffnung heißt Bewegung. Dieses aktive Hoffen ist es, mit dem uns die Verstorbenen helfen können.

Während einer Sitzung kommt es häufig vor, dass Verstorbene versprechen, bei einer bestimmten Person oder Situation zu helfen. Diesem Versprechen begegnen die Klienten mit einer Mischung aus Erleichterung, Dankbarkeit und Skepsis. Eine alleinstehende Mutter suchte mich auf, weil sie meinte, an den unkontrollierbaren Wutausbrüchen ihres Sohnes Caleb verzweifeln zu müssen. Ihr verstorbener Ehemann, der sie und Caleb lange vor seinem Tod verlassen hatte, versprach ihr: «Ich werde dir mit Caleb helfen.» Die Reaktion seiner Frau: «Das wäre schön. Aber das ist zu wenig und kommt zu spät, meinst du nicht auch?» Auf gar keinen Fall. Nicht dann, wenn wir mit unserer Vergebung das Tor zu neuen Möglichkeiten öffnen.

Vergebung eröffnet das Gespräch in beide Richtungen – und ein Medium ist dabei nicht erforderlich. Im Verlauf der Sitzungen werde ich oft gebeten: «Sagen Sie bitte meinem Sohn, dass ich ihn liebe.» Meine Reaktion ist immer, dass man kein Medium braucht, um den Verstorbenen etwas mitzuteilen. Sie können Sie hören! Wir erreichen sie mit unseren Gebeten, mit unserer Wut, mit unserer Liebe.

Als einmal eine tiefreligiöse Verstorbene ihre Enkelin in

einer Sitzung besuchte, sagte sie: «Ich bete jeden Tag für dich, genauso wie früher, als ich noch auf der Erde war.» Diese Feststellung brachte mich zum Nachdenken. Ich hatte mir immer vorgestellt, dass Beten nur in eine Richtung funktioniert – von der Erde zum Himmel. Aber wenn Beten nun doch in beide Richtungen etwas bewirkt und die Verstorbenen tatsächlich auch für uns beten? Was, wenn sie uns ihre Gedanken schicken, ihre Liebe und ihre Kenntnisse?

Ich stelle mir die Hilfe, die Verstorbene uns zuteilwerden lassen, eher als vom Himmel zur Erde geschickte Gebete vor statt als Antwort auf unsere nach oben gerichteten Bitten.

Sobald wir vergeben, uns über die unendliche Vielzahl von Möglichkeiten bewusst werden und anfangen, die Hoffnung zur Grundlage unseres Handelns zu machen, sind wir offen für die Hilfe, die uns aus dem Jenseits zuwachsen kann.

Gebete der Hoffnung können als Ermutigung durch einen Fremden in Erscheinung treten oder als unerwartete Programmänderung, die vielleicht eine zufällige Begegnung und damit Veränderungen in Ihrem Leben bewirkt. Erst Vergebung macht es möglich, dass Sie Gebete aus dem Himmel empfangen und dass Ihre Bitte um Hilfe beantwortet wird.

Sich bereits zu Lebzeiten für Heilung zu entscheiden hat Auswirkungen nicht nur für uns selbst, sondern für unser gesamtes Umfeld wie auch für die Bewohner des Jenseits und jene, die erst noch geboren werden müssen. Wie Aaron sagte, manchmal kommt die Heilung erst mit dem Tod … aber so muss es nicht sein. Nicht für uns und nicht für jene, die nach uns kommen.

Gibt es Laster im Jenseits? Kann man dort rauchen oder trinken? Werden sie dort überhaupt als Laster begriffen?

Mit dem Tod des physischen Körpers ist die Seele frei von allen physischen Aspekten einer Sucht. Wenn also jemand gestorben ist, dann muss er nicht unter Entzugserscheinungen leiden. Doch alle Süchte haben auch spirituelle und emotionale Komponenten. Mit diesen müssen sich die Verstorbenen auch weiterhin auseinandersetzen. Das alles durchdringende Licht des Himmels gestattet es den Jenseitsbewohnern nicht, sich in den dunklen Ecken der Rationalisierungen zu verstecken. Die Verstorbenen sehen in aller Deutlichkeit die Auswirkungen, die ihre Sucht auf ihr Leben und das ihrer Mitmenschen genommen hat. Um es mit den Worten eines Verstorbenen zu sagen: «Der Tod ist ernüchternd.»

Auch wenn Verstorbene in Wolken aus Zigarettenrauch und Wellen von Alkohol in Erscheinung treten, bedeutet das nicht, dass sie noch immer rauchen oder trinken. Ich begreife sie als Requisiten, mit denen die Verstorbenen eben ihre vorhergehende körperliche Existenz illustrieren. Zigaretten- und Alkoholgeruch wie auch die Umstände des Todes sind Erinnerungen, die mir häufig mitgeteilt werden, weil sich die Jenseitsbewohner mit der Frage beschäftigen wollen, auf welche Weise sich ihr Handeln im Diesseits auf die dort zurückgebliebenen Menschen auswirkt.

Wenn wir hier auf Erden trinken und Drogen missbrauchen, verschwenden wir dann unsere Lebenszeit?

Die Verstorbenen haben mir wieder und wieder erklärt, dass es ein verschwendetes Leben nicht gibt. Doch ihnen ist äußerst bewusst, dass sie immer wieder Gelegenheiten haben verstreichen lassen, ihr Leben zu verändern. Wenn sie, im Jenseits angekommen, das ganze Elend eines von Sucht bestimmten Lebens erkennen, fühlen sie sich oft veranlasst, anderen Süchtigen zu helfen. Es liegt den Verstorbenen wirklich sehr am Herzen, das Chaos, das sie zurückgelassen haben, zu beseitigen.

Gibt es im Jenseits Sex?

Diese Frage ist meine Lieblingsfrage, weil die meisten Menschen sich fürchten, sie zu stellen. Leider muss ich Sie enttäuschen. Nein, Verstorbene haben keinen Sex, denn das brauchen sie nicht. Außerdem fehlt ihnen ein Körper, mit dem sie einen sexuellen Akt vollziehen könnten. Doch den Jenseitsbewohnern steht etwas zur Verfügung, was noch besser ist als Sex: die Vereinigung in Liebe. Im Jenseits gibt es keine physischen Körper, die einen Menschen vom anderen trennen. Zwar kann ein Verstorbener seiner Energie Körperform geben, doch ebenso leicht kann er seine Essenz mit der einer anderen Seele verschmelzen. Die Seelen im Himmel sind auf eine Weise miteinander verbunden, die wir Erdenbewohner uns nicht vorstellen können. Im Himmel ist die vollständige Verschmelzung mit einem anderen in der Liebe möglich.

Nehmen die Verstorbenen ihre Schulden mit in den Himmel?

Bei der Antwort auf diese Frage fällt es mir schwer, mich an verstorbene Kinder und Jugendliche zu erinnern, die mir berichteten, sie hätten Schulden hinterlassen. In einigen Fällen erwähnen sie, dass ein Kredit aufgenommen wurde für ihre Ausbildung und dass er bei ihrem Tod noch nicht zurückbezahlt war. Selbst in einem solchen Fall weisen die Verstorbenen darauf hin, dass die Ausbildung nicht umsonst war; Wissen gehört zu den Dingen, die wir mitnehmen, wenn wir sterben. Doch am meisten Wert legen verstorbene Kinder und Jugendliche darauf, ihren Familien und Altersgenossen mitzuteilen, dass sie den Tod überlebt haben und auch weiterhin in Verbindung mit den Menschen bleiben werden, die sie lieben. Die einzigen Schulden, die sie aus dem Himmel heraus abtragen wollen: Sie wollen den Eltern ihre Liebe vergelten, mit Zinsen.

JENSEITSESSENZ

Wie man immer wieder beobachten kann, zerstört Suchtverhalten Beziehungen und Leben. Wenn ein junger Mensch aufgrund seines Suchtverhaltens stirbt, dann kann man leicht glauben, dass es das Schicksal der übrigen Familienmitglieder ist, das Leiden fortzusetzen. Doch die verstorbenen Kinder sind durch ihre Liebe hoch motiviert, das Elend durch die Hoffnung zu ersetzen, dass auf Erden ein anderes Leben möglich ist. Aus dem Himmel heraus sind sie entschlossen, den Teufelskreis der Sucht in ihren Familien zu durchbrechen – ein für alle Mal. Sie zeigen uns, dass Vergebung die ersehnte Veränderung bewirken kann. Hier und jetzt.

7

GRUPPENDRUCK

Wie verstorbene Kinder
den Kindern im Diesseits helfen

DAS TWITTERN DER VERSTORBENEN

«Wir sind miteinander verbunden.»
Sagt eine Gruppe junger Männer zu den Bandenmitgliedern, die für ihren Tod verantwortlich waren.

JENSEITSGEDANKEN

Was wir von Tieren lernen können

«Ich sehe das hintere Ende eines Esels (Englisch: *ass*). Und einen Burger. Einen Esel und einen Hamburger. Ich weiß, das hört sich merkwürdig an, aber das genau zeigt mir Ihre Schwester», erklärte ich Marion, einer hübschen Frau mittleren Alters, die mir gegenübersaß.

Als Medium empfängt man gelegentlich Botschaften, die lächerlich oder sogar vollkommen sinnlos erscheinen. Statt eine Interpretation zu versuchen, beschränke ich mich inzwischen darauf, die Information so, wie sie ist, weiterzugeben, auch wenn sie mir noch so absurd vorkommt. «Wie erhalten, so abliefern», lautet mein häufig wiederholter Leitspruch.

Marion verfügte über ein klangvolles Lachen. «Esel» und «Burger» brachten es in mehreren Oktaven zu Gehör. «Meine Schwester hatte schon immer einen ausgeprägten Sinn für Humor», sagte sie. «Könnte sie mir vielleicht mitteilen wollen, dass mein Sohn unter dem Asperger-Syndrom leidet?»

An Einfallsreichtum jedenfalls ließ Marions Schwester nichts zu wünschen übrig! Tatsächlich hatten wir eben über Marions Sohn gesprochen und darüber, dass sie sich wegen seiner Schulwahl und seiner Medikamente Sorgen machte.

Mein Zusammentreffen mit Marion und ihrer Schwester bei dieser Gelegenheit war positiv und sogar lustig. Daher überraschte es mich, als ich sie gemeinsam mit ihrem Sohn bei einer Gruppensitzung wiedersah. Noch mehr jedoch überraschte uns alle der Verstorbene, der sich bemerkbar machte, um mit ihnen zu sprechen.

«Miauuu», ließ sich mein bengalischer Kater Chi vor der Tür vernehmen. Ich war gerade dabei, die Stühle für die bevorstehende Gruppensitzung in meinem Wohnzimmer aufzubauen. «MIAUUU», jaulte Chi neuerlich, diesmal vernehmlicher. «Herzlich willkommen», sagte ich und hielt dem Verstorbenen die Tür auf. Jedes Mal, wenn Chi sich so aufführt, weiß ich, dass mich ein Verstorbener, der Selbstmord begangen hat, besuchen will.

Chi konnte von Anfang an die Anwesenheit von Jenseitsbewohnern wahrnehmen. Und die unverwechselbare Lautäußerung, die mein Kater dann von sich gibt, verdankt er den Genen der wilden Bengalkatze, die in ihm erhalten geblieben sind. Sein Schrei klingt unverwechselbar: schaurig und *laut*.

Ich erwähne meinen Kater Chi in diesem Kapitel, weil er bei dieser speziellen Begegnung mit Verstorbenen eine wesentliche Rolle spielte. Außerdem haben auch Sie bestimmt schon festgestellt, dass Ihre Haustiere manchmal Dinge «sehen», die Ihnen entgehen. Und zuletzt kann ich es mir nicht verkneifen, über Chi zu schreiben, weil ich vom Augenblick unserer ersten Begegnung von ihm hingerissen war.

Ungefähr eine Stunde vor der Gruppenveranstaltung begann Chi mit seinem Theater. Er legte noch zu, als Marion mit ihrem Sohn Jordan, dem Asperger-Patienten, eintraf. Jordan setzte sich zu meiner Rechten. Er wirkte schüchtern und in sich gekehrt und wollte mir nicht ins Gesicht sehen. Ich fragte mich besorgt, ob die Intensität der Begegnung mit den Verstorbenen vielleicht zu viel für ihn sein würde. Im Geiste richtete ich rasch ein stilles Gebet an meine Geisthelfer und bat sie, dafür zu sorgen, dass Jordan sich in ihrer Mitte wohl fühlen würde.

Mit Beginn der Sitzung verwandelte sich Chis Schreien in ein schrilles Heulen. Ich sah einen jungen Verstorbenen hinter Jordan stehen. Er teilte mir mit, dass er selbst seinem Leben ein Ende gesetzt hatte. Er trug einen sportlichen Pulli und war äußerst kontaktfreudig und charmant. Er nannte mir einen Namen, der mit «C» begann und sich wie Carl anhörte.

Ich berichtete Jordan, was ich gesehen und gehört hatte, und fragte ihn, ob er diesen jungen Mann kenne. Er sagte: «Nein.» Der Verstorbene war nicht bereit, ein Nein zu akzeptieren, und legte Jordan seine Hand auf die Schulter. Dann sprang Chi auf Jordans Schoß. Falls Jordan sich erschrocken hatte, dann zeigte er es jedenfalls nicht. Ich für meinen Teil war vor Schreck zusammengefahren. Das war kein typisches Verhalten für Chi.

«Jordan», sagte ich, «dieser junge Mann, der sich das Leben genommen hat, ist *eindeutig* wegen dir hier.»

Chi machte es sich auf Jordans Schoß bequem. Das tat er sonst nie! Nicht einmal bei mir.

Carl begann zu sprechen. Er erklärte, dass er durch Jordans Schwester in Beziehung zu dessen Familie stand und wie er Jordan in der Schule geärgert und gequält hatte. Er erwähnte ein paar konkrete Vorfälle, an die Jordan sich erinnerte und die er bestätigte.

«Es tut mir wirklich leid, dass ich so gemein zu dir war, Jordan», sagte Carl.

«Ist schon in Ordnung», antwortete Jordan, doch Carl war noch nicht fertig. Jordan saß auf seinem Stuhl und blickte zu Boden. Chi lag auf seinem Schoß wie ein Laib Brot.

«Lass es nicht zu, dass dir irgendjemand einredet, du könntest irgendetwas nicht», fuhr Carl fort. «Du kannst zur Schule gehen. Du bist ein echt schlauer Bursche. Du kannst viel mehr, als dir irgendjemand zutraut.»

Bei diesem Satz hob Jordan den Kopf. Er blickte weder mich noch irgendjemanden sonst an, aber er nickte. Gleich darauf war Carl verschwunden, und Chi sprang von Jordans Schoß. Wir waren alle ein wenig ... *eingeschüchtert* scheint mir das richtige Wort.

Auch Marions Schwester kam an diesem Tag zu uns. Doch Carls Besuch und seine Botschaft hatten den größeren Eindruck auf uns gemacht. Nach der Sitzung konnten die Anwesenden nicht aufhören, über Carl, Jordan und Chi zu sprechen. Was für ein beeindruckendes Trio: der Fiesling, der aus dem Jenseits kam, um seinem früheren Opfer, das nun vor einer großen Herausforderung stand, den Rücken zu stärken; die Katze, die erst die Gegenwart des Fieslings ankündigte und dann sein ehemaliges Opfer tröstete.

Weil Chi bei dieser Begegnung mit einem Jenseitsbewohner einen so großen Anteil hatte, möchte ich die Gelegenheit ergreifen, ein wenig abzuschweifen und über Tiere, insbesondere Haustiere, zu sprechen.

Ich kann mich gar nicht daran erinnern, dass es in meinem Leben irgendeine Phase gab, in der Haustiere keine wesentliche Rolle in unserer Familie gespielt hätten. Als ich heranwuchs, hatte ich Vögel (meine früheste Erinnerung ist die an unsere Sittiche namens Petie 1 und Petie 2), Fische, Reptilien (darunter ein Leguan namens Ignatius), Hamster, Meerschweinchen, Katzen (Peppi, Cassandra, Nefertiti und Cleopatra) und Hunde (aus unbekanntem Grund allesamt Beagles).

Meine gegenwärtige Menagerie setzt sich ausschließlich aus Katzen zusammen, die darauf bestehen, meine sämtlichen

Kleidungsstücke mit den von ihnen abgeworfenen Haaren zu verschönern. Ein weiterer jedoch unerwarteter Nutzen ihrer Gegenwart in meinem Leben ist die Tatsache, dass sie mir bei der Arbeit helfen. Beispielsweise humpelt meine geriatrische graue Manx-Katze Isis zu jedem Besucher. Auf typische Katzenart, mit bittendem Blick und schnurrend wie ein kleiner Motor klagt sie bei der Person, die ja meist erst kürzlich einen schweren Verlust erlitten hat, unmissverständlich ihr Recht auf Streicheln und Kraulen ein und hilft ihr so, sich getröstet zu fühlen. Mein Kater Vandal, der gar nicht anders kann, als wie ein Aufmerksamkeit heischendes Krabbelkind alles, was ihm im Weg steht, umzuwerfen, entlockt auch noch dem tieftraurigsten Besucher ein erstes Lächeln. Der Angorakater Rhaevan mit seinem schönen Gesicht und seinem immer perfekt gestylten Fell bringt Ordnung und Frieden in das Chaos, das ein plötzlicher Verlust hinterlässt. Doch immer ist es meine hübsche Bengalkatze Chi, die den größten Eindruck auf meine Besucher macht.

Chi ist mein zuverlässiger Kompagnon, insbesondere dann, wenn jemand durch Selbstmord aus dem Leben gegangen ist. Folglich war ich am Boden zerstört, als es nötig wurde, ihn von seinem Leiden zu erlösen. Weil ich mich schweren Herzens dazu durchringen musste, seinen Geist aus seinem Körper zu entlassen, kann ich nun leicht nachvollziehen, wie sich jemand fühlt, der ein geliebtes Haustier verloren hat.

Ich schreibe auch deshalb an dieser Stelle von Haustieren, weil sie einem Kind in der Familie gelegentlich als Geschwisterersatz dienen, insbesondere bei Einzelkindern. Ein Haustier kann einem Kind ein Spielkamerad sein, kann ihm zuhören und ihm Gesellschaft leisten, ohne ihm ständig zu sagen, wie es sich verhalten oder was es tun soll. Kinder im Diesseits wie im Jenseits lieben ihre Haustiere und sprechen viel über sie.

«Brandy ist hier», teilte mir Larry, ein verstorbener Teenager, während einer Telefonsitzung mit. Ich beschrieb den schwarzweißen Hund, den ich neben dem Jungen stehen sah.

«Als ich ein Kind war, hatte ich einen Border Collie namens Brandy», sagte Larrys Vater zweifelnd.

«Nun, Larry zeigt mir das Bild eines anderen Border Collies, der noch lebt», berichtete ich.

«Wir haben Larrys Hund Jam. Der ist auch ein Border Collie», bestätigte Larrys Mutter.

«Ihr Sohn lässt mich wissen, dass er sich um Brandy kümmert, während Sie nun auf Jam achtgeben müssen», erklärte ich Larrys Eltern. Es kam mir wie ein kosmischer Witz vor, dass Larry im Jenseits nun mit dem Hund aus seines Vaters Kindheit zusammen war, während sein Vater im Diesseits für das Haustier seines Sohnes zu sorgen hatte.

«Ich bin so froh, dass Brandy bei Larry ist», sagte Larrys Vater erleichtert. «Ich konnte mir gar nicht vorstellen, wie Larry ohne Hund auskommen kann.» Wenn ein Kind für das Haustier der Familie sorgt, dann übernimmt es meist zum ersten Mal in seinem Leben die Verantwortung für das Wohlergehen eines anderen Lebewesens. Es sollte uns daher nicht wundern, dass Kinder auch im Jenseits fürsorglich mit verstorbenen Haustieren umgehen.

Ich habe Ähnliches in zahllosen Fällen zwischen verstorbenen Kindern und Haustieren erlebt. Besonders berührte mich die Sorge eines verstorbenen Sohnes um seine Eltern, als es um den Familienhund ging. «Ihr Sohn Ethan hat einen Deutschen Schäferhund an seiner Seite», berichtete ich den Eltern. «Merkwürdig ist nur, dass der Hund, statt zu bellen, schreit wie eine Eule!»

Ich war verwirrt. Am anderen Ende der Telefonleitung herrschte Schweigen. Einen Augenblick lang glaubte ich,

einer spiritistischen Sitzung mit ihr Kontakt aufgenommen hatte. Doch empfahl Betty diesem trauernden Mann in aller Dringlichkeit, seine Frau auf dem Friedhof zu besuchen und ihr dort zu sagen, wie sehr er sie vermisste und liebte. «Ich bin ganz sicher, dass May Sie hören wird», schloss Betty ihren Rat, vollkommen sicher, dass es so sein würde. Außerdem vermittelte Betty dem Mann eine fortgesetzte therapeutische Betreuung.

Ein paar Tage später erhielt Betty einen Anruf von Mays Ehemann. Er habe sich viel besser gefühlt, erklärte er, nachdem er auf dem Friedhof mit seiner Frau gesprochen habe. Ihm sei es so vorgekommen, als sei May bei ihm gewesen. Als Betty mir die Geschichte erzählte, achtete sie sorgsam darauf, die Identität ihres Klienten nicht preiszugeben. May hatte sich keine solchen Sorgen gemacht. Sie hatte ihrem Mann eine Nachricht übermitteln wollen, eine gute Gelegenheit gefunden und ihren Vorsatz in die Tat umgesetzt.

So sind die Verstorbenen. Eindeutig Opportunisten – doch im besten Sinne des Wortes. Mich versetzt immer wieder in Erstaunen, wie ausgezeichnet organisiert all diese Kontaktaufnahmen zustande kommen und ablaufen. Für gewöhnlich ist es kein Zufall, wenn ein Verstorbener bei mir im Verlauf einer Sitzung in Erscheinung tritt. Bei den abertausend Menschen im Jenseits erscheint es mir ein Ding der Unmöglichkeit zu sein, einen bestimmten Verstorbenen mit den von ihm geliebten, im Diesseits zurückgebliebenen Menschen zusammenzuführen. Zum Glück gelangen die Gedanken meiner Klienten, bevor sie ihre Sitzung bei mir antreten, wie E-Mails in den himmlischen Postkasten. Und in der Regel erhält auch jeder Verstorbene die Nachrichten, die ihm zugedacht sind.

Die Bemühungen um die Koordination der Kommunikation erfolgen nicht nur auf unserer Seite, wie wir im zweiten

Kapitel ja bereits besprochen haben. Die Verstorbenen tragen das Ihre dazu bei, Begegnungen vorzubereiten.

Vor einigen Jahren stieß während einer Schulungssitzung eine Gruppe Geisthelfer zu uns. Eines der anwesenden Medien sagte: «Holli, sie teilen mir mit, dass sie gerade über dich sprechen.»

«Großartig», entgegnete ich. «Nun muss ich mich nicht nur mit dem Tratsch und Klatsch in dieser Welt herumschlagen, sondern auch noch dem im Jenseits.»

«Nein, nein», sagte das andere Medium. «Sie besprechen, wen sie dir schicken sollen.» Wir alle lachten über die Situation. Was könnte nützlicher sein, als über eine himmlische Agentur zu verfügen?

Ich habe miterlebt, wie die Verstorbenen diese Agentur organisieren. Eine Frau, die eine Sitzung bei mir gebucht hatte, sagte mir: «Eine Kollegin hat mir ungefähr vor einem Jahr von Ihrer Arbeit erzählt. Dann bekam ich eine E-Mail von einem anderen Medium, das Ihren Namen erwähnte. Ungefähr vor einem Monat, als ich Sie schon anrufen wollte, ging eine junge Frau mit einem Hollister-T-Shirt an mir vorbei. Ich dachte: *Das ist es; Sie sind das Medium, das ich aufsuchen muss.*»

Wenn mir meine Klienten solche Geschichten erzählen, dann sage ich zu ihnen immer: «Willkommen in meiner Welt.» Die Verstorbenen schicken mir ihre Angehörigen nicht deshalb, weil sie meinen, ich sei das beste Medium der Welt, sondern weil sie wissen, dass meine Energie, mein Talent und meine Persönlichkeit ihren Angehörigen am besten nützen.

Ich gehe deshalb so ins Detail, damit Sie begreifen, dass in der Kommunikation mit Verstorbenen nichts Zufälliges mitspielt. Alles ist genau gesteuert. Deshalb erscheint es mir umso interessanter, dass Kinder im Jenseits mit Kindern im Diesseits kommunizieren, auch wenn ihre Beziehung zu Lebzeiten noch so unerheblich war. Es reicht aus, wenn sie Klassenkameraden oder im gleichen Ferienlager oder Nachbarn oder einfach nur die Freunde von Freunden waren. Für diese Tatsache erhielt ich vor einigen Jahren in Maryland unter äußerst dramatischen Umständen die Bestätigung.

Eine Warnung

«Darf mein Enkel Andrew heute Abend an unserer Familiensitzung teilnehmen?», wurde ich gefragt. Andrew, der bald achtzehn Jahre alt sein würde, hatte ein Interesse an der Kommunikation mit Verstorbenen gezeigt und schien empfänglich für ihre Mitteilungen.

Damals gestattete ich in der Regel die Teilnahme von Minderjährigen an meinen Sitzungen, Vorträgen und Workshops noch nicht. Der Grund hierfür ist leicht zu verstehen. Die Kommunikation mit dem Jenseits ist ein energetisch intensives Unterfangen und kann insbesondere jüngere Teilnehmer leicht überfordern. In den zurückliegenden Jahren sind mir jedoch viele Jugendliche begegnet, die bereit, willig und fähig sind, um sicher und mit gutem Ergebnis mit Jenseitsbewohnern zusammenzutreffen.

Auch bei Andrew hatte ich das Gefühl, das er bereit war.

Unsere Gruppenzusammenkunft fand im warmen Wohnzimmer eines großen Hauses statt. Ich hatte das Kaminfeuer im Rücken, ein freundliches Publikum aus Familienmitgliedern vor mir und die Aussicht auf die Platten mit Leckereien, die sich auf der Anrichte drängten. Es konnte also losgehen.

Mehrere verstorbene Verwandte erschienen. Großmütter, Tanten, Schwiegerväter, Schwiegermütter und Lieblingshunde besuchten die Gruppe. Nach viel Gelächter und dem Austausch von Erinnerungen fiel mir eine junge Verstorbene auf, die vielleicht siebzehn oder achtzehn Jahre alt war. Sie hatte lange, blonde Haare, war schlank und stellte ein entschlossenes Auftreten zur Schau. Sie ging hinter der Reihe der Sitzenden hin und her und ließ sich dann auf dem mit einer karierten Wolldecke bedeckten Sofa nieder. Die Anwesenden waren sich ihrer Gegenwart nicht bewusst, doch als sie meine Aufmerksamkeit gewonnen hatte, umrundete sie absichtsvoll noch einmal die ganze Gruppe und blieb dann neben Andrew stehen.

«Ich kenne sie nicht», sagte Andrew, als ich sie ihm beschrieben hatte.

Die junge Frau zögerte nicht und trat sogar noch dichter an Andrew heran, um jeden Zweifel daran auszuräumen, dass sie zu ihm gekommen war. Dann begann sie zu sprechen.

«Ich höre einen Namen, der sich wie Christa, Crystal oder so ähnlich anhört», erklärte ich Andrew. «Außerdem nennt sie die Namen Jimmy und Tony. Sie starb bei einem Autounfall und beharrt darauf, dass Sie sie kennen. Sie geht in eine andere Schule, die mit Ihrer sportliche Wettkämpfe austrägt. Anders als ihre Klassenkameraden wird sie diese Woche nicht den Schulabschluss machen.»

Während sie noch sprach, weiteten sich Andrews Augen. «Jimmy und Tony sind meine besten Freunde», sagte er. «Heute haben wir uns über ein Mädchen aus einer anderen Schule unterhalten, die mit den beiden bekannt ist. Sie starb vor ein paar Wochen und wird nicht mit dem Rest ihrer Klasse Abitur machen. Genau, und unser Footballteam hat die Mannschaft ihrer Schule geschlagen.»

«Sie zeigt mir zwei blinkende Ampeln, die abends nach einer bestimmten Uhrzeit zu blinken anfangen. Wissen Sie, wo sie stehen?»

«Nein», antwortete Andrew.

«Sie sagt mir, dass sie auf Ihrem Heimweg stehen. Bitte seien Sie vorsichtig auf dieser Kreuzung, wenn die Ampeln blinken.»

Zwar konnte ich mir gut vorstellen, dass Andrew die Ampel herzlich egal war, doch fand er es gewiss cool, dass jemand in seinem Alter aus dem Jenseits Kontakt mit ihm aufnahm.

Nachdem wir die Sitzung beendet hatten, machten wir alle uns über die Leckereien auf dem Buffet her. Die Kommunikation mit Verstorbenen macht mich immer sehr hungrig.

Vermutlich wissen Sie schon, dass die Geschichte hier noch nicht zu Ende war.

Einige Tage nach der Sitzung erhielt ich einen Anruf von Andrews Großmutter. Nachdem er den Abend bei ihr verbracht hatte, um sich mit ihr noch über die Sitzung auszutauschen, hatte er sich spät mit dem Auto auf den Heimweg gemacht. Als er um die Kurve bog, war sein Blick auf die blinkende Ampel gefallen. An der Kreuzung stand ein Polizeiwagen, der das Blaulicht angeschaltet hatte. Es war eine Straßensperre. Nachdem er ein paar Fragen beantwortet hatte, fragte Andrew nach der Ursache. Ihm wurde mitgeteilt, dass sich in einem Jugendklub ein Mord ereignet hatte und dass der Schütze noch auf der Flucht war. «Verriegeln Sie Ihre Fahrzeugtüren und seien Sie vorsichtig», warnte ihn der Polizist, als Andrew davonfuhr.

Andrew setzte seine Fahrt fort und achtete darauf, ein gutes Stück unter der Geschwindigkeitsbegrenzung zu bleiben. Er fuhr mit Fernlicht und vermutete hinter jedem Schatten am Straßenrand den flüchtigen Schützen.

Auf einem langen geraden Abschnitt der verlassenen Landstraße sah er weit voraus ein anderes blinkendes Licht. «Seien Sie vorsichtig», hörte er die Warnung des Polizisten in seinem Kopf nachhallen. Er nahm den Fuß vom Gas und näherte sich vorsichtig der Kreuzung. Ein weiteres Polizeiauto stand dort wartend. Andrew blieb in seinem Wagen sitzen und wartete darauf, dass der Polizist zu ihm käme. Statt jedoch zu ihm zu gehen, packte der Polizist ein Gewehr und lief von ihm fort über das Feld. Später fand Andrew heraus, dass unmittelbar vor seinem Eintreffen an der Kreuzung der Verdächtige mit dem fraglichen Gewehr dort aufgetaucht und zu Fuß geflohen war.

Zwar ist es falsch zu vermuten, dass Andrew, wäre er mit der erlaubten Höchstgeschwindigkeit unterwegs gewesen, an der Kreuzung auf den flüchtigen Schützen hätte treffen müssen, doch war es Andrew eine Beruhigung zu wissen, dass eine Gleichaltrige genug Interesse an ihm zeigte, um ihn zu warnen. Mir jedenfalls waren die junge Verstorbene und zwei blinkende Lichter alles andere als egal.

Während seiner Aufenthalte an der Ostküste nahm Andrew an weiteren Gruppentreffen teil, doch das Mädchen mit den blonden Haaren erschien kein zweites Mal. Ich weiß jedoch, dass ihr einmaliger Besuch einen tiefen Eindruck auf Andrew machte. Auch auf mich war die Begegnung mit ihr nicht ohne Wirkung; und nach all den Jahren mit Verstorbenen bin ich nicht mehr so leicht zu beeindrucken.

Intensivstation

Selbst Kinder, die einander zu Lebzeiten nie begegnet sind, helfen sich gegenseitig nach ihrem Tod, insbesondere dann, wenn sie einen ähnlichen Tod gestorben sind. Ein Junge namens Trevor stellte dies auf eine Weise unter Beweis, die ich nie vergessen werde.

Trevors Mutter Judith vereinbarte mit mir eine Sitzung. Als ich ihr mitteilte, dass sich ein kleiner Junge im Raum befinde, der sie sprechen wolle, erklärte sie mir begeistert, dass sie genau deshalb angerufen habe. Der kleine Junge benutzte Bauklötze, um seinen Namen für mich zu buchstabieren. TREVOR erschien vor meinem inneren Auge in roten, orangefarbenen, gelben, grünen, blauen und lila Bauklötzen.

«Damals konnte er aber noch nicht schreiben», bemerkte Judith.

«Er sagt, dass Sie ihm seinen Namen immer vorgeschrieben haben», erklärte ich.

«Ja, das stimmt», antwortete sie. «Ich habe die Buchstaben seines Namens mit dem Finger auf seinen Bauch gemalt.»

«Trevor zeigt mir ein Bett, das wie ein Krankenhausbett aussieht», sagte ich. «Er sagt, dass er dort gelebt hat. Er zeigt mir jede Menge Schläuche, und ich höre das Piepen von medizinischen Geräten.»

Am anderen Ende war es still. «Sind Sie noch da, Judith?», vergewisserte ich mich.

«Ja», antwortete sie leise.

«Trevor zeigt mir eine Operationsnarbe auf seiner Brust. Aber er lächelt und lacht dabei. Er streckt drei Finger in die Höhe.»

«Ich verstehe, was er sagt», flüsterte Judith.

Im Zimmer wurde es still. Ich konnte das Piepen der Monitore nicht mehr länger hören. *Wo bist du, Trevor?*, dachte ich. *Was ist mit dir geschehen?*

Als Antwort auf meine Frage füllte sich das Zimmer mit blauem Licht. Ich sah das Krankenhausbett mit dem winzigen Körper darin. Aus dem Körper sprang ein Kind, das nicht älter als fünf Monate sein konnte. Einen Augenblick lang stand der Junge mit seiner Mutter neben dem Bett. Dann ging er auf die Tür zu.

Mein Verstand sagt mir natürlich, dass Babys mit drei

Monaten nicht laufen können. Doch wenn die Verstorbenen mir eine Vision schicken, dann muss ich oft meine festen Vorstellungen über Bord werfen.

Als Trevor auf die Tür zumarschierte, traten zwei kleine Mädchen mit Zöpfen ein und gingen ihm entgegen. Sie nahmen ihn an den Händen und führten ihn durch die Tür. Als ich diesen drei Kleinen folgte, sah ich, dass sie sich einer langen Reihe von Kindern anschlossen, die alle den Krankenhausflur hinuntergingen. Es waren Jungen und Mädchen, Babys, Klein- und Schulkinder. Mir kam in den Sinn, dass ihre Prozession mehr wie ein Schulausflug aussah als wie der Weg in den Himmel. Trevor winkte noch einmal, dann war er verschwunden.

Nun sah ich mich wieder auf meinem Sessel sitzen und das Telefon in der Hand halten. Ich wusste nicht recht, wie ich das Gesehene in Worte fassen sollte, also begann ich mit einer Frage. «Ist Trevor in einem Kinderkrankenhaus gestorben?», wollte ich von Judith wissen.

«Ja», bestätigte Judith. «Er wurde mit einem schweren Herzfehler geboren. Wir haben es noch vor seiner Geburt mit einer Operation versucht, doch sie war nicht vollständig erfolgreich. Er lebte noch drei Monate im Krankenhaus und starb, während ich an seiner Seite saß.»

«Ach, Judith», sagte ich, «Ihr kleiner Junge wurde ausgezeichnet versorgt, als er seinen Körper verließ. Offenbar kamen alle Kinder, die jemals zuvor in diesem Krankenhaus verstorben sind, um ihn abzuholen und in den Himmel zu geleiten.»

Ich hörte, wie Judith tief Luft holte. «Trevors Großeltern leben alle noch», erklärte sie. «Ich habe mir solche Sorgen gemacht, dass sich nach seinem Tod niemand um ihn kümmern würde. Ich hatte Angst, er könnte verlorengehen.»

Als ich Judith meine Vision in allen Details schilderte,

sie mich beobachten. Im Verlauf der meisten Sitzungen nutzen erwachsene Verstorbene die Gelegenheit, die ihnen meine geschärften Sinne bieten, und versuchen durch mich eine Botschaft zu übermitteln. Doch kindliche Jenseitsbewohner sind in dieser Hinsicht aggressiver: Sie attackieren meine sämtlichen Sinne gleichzeitig. Die erwachsenen Verstorbenen hingegen sind damit zufrieden, nur einen meiner Sinne anzusprechen. Am häufigsten wählen sie meine Ohren. Doch falls ein Verstorbener zu Lebzeiten ein sehr kommunikativer Mensch war, dann entscheidet er sich vielleicht, mir Botschaften in Form von Bildern zu vermitteln.

Während ich mich also in einer Sitzung mit einer Gruppe verstorbener Jugendlicher oder Kinder befinde, höre ich im Hintergrund oftmals Schwatzen oder Lachen, während ich zugleich Informationen in vielen unterschiedlichen Formen empfange. Ich sehe möglicherweise ein Bild, dann höre ich einen Namen, spüre die Persönlichkeit des verstorbenen Jugendlichen, rieche danach vielleicht einen backenden Kuchen oder den Schweißgeruch im Umkleideraum einer Turnhalle. Einmal sagte ich scherzend zu einer Mutter: «Ihr verstorbener Sohn und seine Freunde drücken auf all meine Knöpfe gleichzeitig!» – «Als er klein war», antwortete die Mutter, «liebte er es, alle Knöpfe im Fahrstuhl zu drücken, sodass wir auf jeder Etage anhalten mussten.» In dieser Hinsicht hatte ihr Sohn sich nicht verändert. Nur hatte er als Verstorbener inzwischen gelernt, mit welchem Knopf er was bewirken konnte, einen Geruch, ein Geräusch, ein Bild oder wie er bei mir einen Eindruck von seiner Persönlichkeit hinterlassen konnte. Und genau das brachte er seinen Freunden im Jenseits ebenfalls bei.

Kindergruppen im Jenseits sind wie Studenten, die ihren Abschluss in Jenseitskommunikation machen. Sie haben sich

Während einer kleineren Gruppensitzung wollten mehrere

als Gruppe das Ziel gesetzt, ihren Familien möglichst effektiv mitzuteilen, dass sie am Leben sind und dass es ihnen gut geht. Sobald die Kinder herausgefunden haben, wie sie zu ihren Eltern durchdringen können, verwandeln sie sich oft in begeisterte Gesprächspartner. Als ich einmal eine Veranstaltung für etwa sechzig trauernde Eltern abhielt, fiel mir ein junger Verstorbener ins Auge, der wie ein Hampelmann auf und ab hüpfte und mit den Armen und Beinen schlug. Als ich ihn bemerkt hatte, hörte ich gleich darauf die Jubelrufe seiner Freunde im hinteren Teil des Raumes. Mit einem Mal kam mir die Jenseitskommunikation fast wie eine Mannschaftssportart vor.

An die Grenzen gehen

Gelegentlich zeigen verstorbene Jugendliche so große Begeisterung, dass die Begegnung mit ihnen ein physisches Element entwickelt.

«Jemand hat mir einen Klaps gegeben!», rief ich.

«Mir hat gerade jemand an die Brust gelangt!», quietschte meine Freundin Michelle, die neben mir saß.

Zunächst einmal möchte ich klarstellen, dass diese Eskapaden nicht zu den üblichen Verhaltensweisen der Verstorbenen gehören, mit denen ich es im Alltag zu tun habe. Die geschilderte interaktive Erfahrung machte ich auf einer meiner wöchentlichen Schulungssitzungen. Wie gewöhnlich saßen sechs von uns zusammen in einem abgedunkelten Raum. Nachdem wir unsere Gebete gesprochen und um Schutz gebeten hatten, hörten wir Geräusche im Raum, die an Stühlerücken erinnerten. Wir hörten, wie die Steine und Kristalle, die in einer Schale auf dem Tisch standen, aneinanderklirrten, als schüttle sie jemand in einem Säckchen.

«Was wollt ihr alle hier?», fragte ich sie im Geiste. Die ganze Gruppe antwortete wie mit einer Stimme wie der Chor in der griechischen Tragödie.

«Wegen ihm sind wir hier. Wir wollen ihm helfen.»

Obwohl ich keine Vorstellung davon hatte, wohin das führen würde, gab ich die Botschaft an den jungen Mann weiter, der vor mir saß. Doch die Verstorbenen unterbrachen mich mitten im Satz, um den Grund ihrer Anwesenheit noch einmal zu erklären. Der junge Mann hatte den Tod all der Verstorbenen in meinem Wohnzimmer verursacht.

Wie das zutreffen sollte, war mir unvorstellbar, doch ich gab die Information so weiter, wie ich es tun muss. «Diese jungen Verstorbenen, die hinter Ihnen stehen, sagen mir, dass sie wegen Ihnen tot sind.»

Er blickte mich an mit Augen, in denen der Kummer der Welt abzulesen war.

«Ich weiß, warum», sagte er. «Ich gehörte zu einer Bande.»

Die beiden Paare mittleren Alters links und rechts von ihm rückten unruhig auf ihren Stühlen umher. Mir erging es nicht anders.

An dem jungen Mann vor mir war nichts zu entdecken, was ihn als Bandenmitglied kenntlich gemacht hätte. Nun gut, seine Kleidung war ein wenig nachlässig. Aber er hatte keine offen sichtbaren Tätowierungen und wirkte alles andere als bedrohlich.

Während mir diese Gedanken durch den Kopf schossen, trat ein erwachsener Verstorbener neben den jungen Mann. Er vermittelte mir den Eindruck, der Vater zu sein, und schon flossen mir die Informationen zu.

«Ihr Vater ist hier», sagte ich. «Er ist ein großgewachsener, eindrucksvoller Mann mit militärischem Hintergrund. Er trägt eine Uniform, sieht für mich nach Armee aus.»

«Stimmt», bestätigte der junge Mann. «Mein Vater war bei der Armee.»

«Ihr Vater schreibt vor meinen Augen drei Buchstaben in den Himmel: G E D. Er teilt mir mit, dass er Ihnen dabei geholfen hat. Er ist stolz auf Sie, weil Sie etwas aus Ihrem Leben gemacht haben.» Bei meinen letzten Worten füllten sich die Augen des jungen Mannes mit Tränen.

«Ich habe meinen Schulabschluss, der mir den Zugang zur Hochschule ermöglicht, im Gefängnis nachgeholt, *nachdem* mein Vater gestorben war. Wie kann er davon wissen?», fragte der junge Mann, als er sich geräuspert hatte.

«Jemand, der gestorben ist, kann auch noch nach seinem Tod verfolgen, was sich hier auf Erden im Leben derjenigen zuträgt, die er zurückgelassen hat», erklärte ich.

Mit dem Handrücken wischte sich der junge Mann die Tränen aus den Augen.

«Ich dachte, ich hätte meinen Vater in jeder nur erdenklichen Hinsicht enttäuscht», sagte er mit tränenerstickter Stimme. «Als ich meinen Schulabschluss schaffte, dachte ich nicht, dass er davon weiß.»

Im gleichen Augenblick veränderte sich die Haltung des jungen Mannes. Erfüllt von plötzlichem Selbstvertrauen, hielt er sich nun aufrechter auf seinem Stuhl.

Sein Vater war jedoch noch nicht fertig mit ihm. «Ihr Vater und die jungen Verstorbenen hier wollen Sie darin unterstützen, anderen dabei zu helfen, ihr Leben in den Griff zu bekommen. Sie wollen, dass Sie vor Gruppen im Gefängnis und anderen ähnlichen Institutionen sprechen.»

Ich machte eine kleine Pause. Der junge Mann blickte mich überrascht an.

«Erst letzte Woche habe ich mich mit ein paar Leuten getroffen, die mich gebeten haben, vor anderen über mein

Leben zu sprechen. Ich denke darüber nach, doch ich fürchte mich vor öffentlichen Auftritten. Irgendwie fühle ich mich gedrängt, es dennoch zu versuchen.»

Da ich all die jungen Verstorbenen sah, die sich hinter ihm aufreihten, wunderte es mich nicht, dass er sich gedrängt fühlte. *Wie kann es sein,* fragte ich mich, *dass jemand, der wegen Bandenkriminalität im Gefängnis gesessen hatte, Angst davor hatte, vor Gruppen zu sprechen?*

Die jungen Verstorbenen in ihrer Reihe hatten noch eine letzte Botschaft, bevor sie mich weitermachen ließen.

«Wir sind miteinander verbunden», erklärten sie. Dann verstummte der griechische Chor, und die jungen Männer und der Vater verschwanden vor meinen Augen.

In der darauffolgenden Stille wurden Taschentücher herumgereicht. Ein ehemaliges Bandenmitglied mitten unter uns hätte uns eigentlich in Angst und Schrecken versetzen sollen. Stattdessen fühlten wir uns als Gruppe berührt von der Liebe eines Vaters, der auf seinen Sohn stolz war, vom Anstand der jungen Männer, die alle eines gewaltsamen Todes gestorben waren, und von der Entschlossenheit des ehemaligen Häftlings, der seinem Leben eine neue Richtung gegeben hatte.

Bis zum heutigen Tag steigen in mir die Tränen auf, wenn ich an diese Begegnung zurückdenke. Immer wenn uns Vorurteile, Hass und der Tod voneinander trennen, dann erinnern uns die Verstorbenen daran, dass wir alle, trotz aller vermeintlichen Unterschiede, miteinander verbunden sind. Junge Verstorbene gesellen sich zu ihren diesseitigen Altersgenossen, um selbst aus der schlimmsten Zerstörung heraus Neuanfänge zu schaffen. Egal, wie furchtbar uns die Dinge auch erscheinen mögen, hinter der Bühne findet mehr statt, als wir uns vorstellen können. Verstorbene Kinder und Jugendliche wollen Einfluss auf das Diesseits nehmen. Gemeinsam mit ihren diesseitigen Altersgenossen erschaffen sie eine Zukunft, von der wir alle profitieren können.

ANTWORTEN AUS DEM JENSEITS

Sterben nur die Guten in jungen Jahren?

Zum Glück nicht, doch natürlich würde die Frage einen guten Songtext abgeben. Jedes Mal, wenn ein wunderbares Kind oder ein begabter, liebenswerter junger Erwachsener stirbt, nehmen wir fast selbstverständlich an, sie waren so gut, dass sie hier im Diesseits nicht mehr länger ausharren mussten, um noch irgendetwas zu lernen. Ich habe jedoch einige ganz erstaunliche und wunderbare Seelen kennengelernt, die ein hohes Alter erreicht haben. In unserer Welt wäre es unerträglich, wenn all die Guten schon früh gehen würden. Viele Menschen, die den Dienst am Nächsten zu ihrem obersten Gebot gemacht haben, wie etwa Gandhi oder Mutter Teresa, sind sehr alt geworden.

Aus der Perspektive der Verstorbenen geht es nicht darum, wie lange sie hier auf Erden leben oder wie sie gestorben sind. Die alles entscheidende Frage ihres Lebens und Sterbens ist es, wie sie geliebt haben.

Gibt es im Jenseits Gruppendruck?

Ganz gewiss nicht so, wie wir es kennen! In der frühen Phase unseres Lebens kleiden und verhalten wir uns so, dass wir unseren Platz in einer Gruppe finden. Es muss unter allen Umständen vermieden werden, ein Außenseiter oder «uncool» zu sein. Deswegen riskieren Teenager Peinlichkeit und sogar den Tod, wenn sie sich auf wahllosen Sex, Komasaufen oder wildes Autofahren einlassen. Im Jenseits werden die Seelen jedoch nicht auf der Basis der uns bekannten soziologischen Erhebungen eingeordnet. Bei Verstorbenen wird nicht zwischen Geschlechtszugehörigkeit, Herkunft oder Bildung unterschieden und auch nicht zwischen Langweilern oder angesagten Typen. Stattdessen gehören die zusammen, die gleichen Geistes und Herzens sind. Einige Verstorbene haben mir erklärt, dass das Jenseits von einem tiefen Zugehörigkeitsgefühl durchdrungen ist. Jeder ist Teil des großen Ganzen und bewahrt sich zugleich die Prägung durch sein Leben hier auf Erden. Als ein verstorbener Teenager mir seine lila Haare und seine Piercings zeigte, nutzte er diese «Erkennungsmerkmale», um seinen Eltern und Geschwistern damit zu sagen: «Seht her. Ich bin's.» Das bedeutet jedoch nicht, dass er im Jenseits mit Punkern und Rockern herumhängt. In diesem besonderen Fall wollte der junge Verstorbene seine Mutter auf diese Weise wissen lassen, dass er mit ihrem Bruder zusammen war, der zwanzig Jahre früher sein Leben auf ähnliche Weise verloren hatte.

Tun sich Verstorbene in Gruppen zusammen? Bilden sie Banden im Jenseits?

Als ich einmal mit einer Mutter sprach, sagte ich: «Ihr Sohn Chase signalisiert mir, dass er in der Schule irgendeine Art Anführer war. Ich sehe Plakate und Prospekte, auf denen vom Jahrgangssprecher die Rede ist. Chase ist umgeben von verstorbenen Kindern, die im Diesseits etwas verändern wollen.» – «O ja», bestätigte Chases Mutter. «Sie haben ihn zum Jahrgangssprecher gewählt, und er hat sich mit dem Spruch ‹etwas bewirken› zur Wahl gestellt.» Chase teilte uns sein Interesse an den Menschenrechten auf der Welt mit und erzählte seiner Mutter, dass er und seine Freunde eine Bekannte seiner Mutter dazu inspirierten, Geld für die Errichtung von Schulen im Ausland zu sammeln. «Das ist typisch für Chase», sagte seine Mutter. Bei zahllosen Gelegenheiten haben mir verstorbene Kinder (und Erwachsene) mitgeteilt, dass sie auf der Erde Veränderungen bewirken wollen und sich daher mit anderen im Jenseits und Diesseits zusammentun, um ihre Ziele zu verwirklichen.

Wenn also in den Medien davon berichtet wird, dass es zu einer spontanen Hilfsaktion für bedürftige Menschen gekommen ist oder dass eine plötzliche unerklärliche Inspiration zu einem medizinischen Durchbruch geführt hat, dann muss ich immer an Jenseitsbewohner wie Chase denken, die sich mit anderen Verstorbenen zusammentun, um uns im Diesseits zu helfen.

Finden verstorbene Kinder im Jenseits neue Freunde?

Verstorbene Kinder bringen zu Sitzungen mit Familienmitgliedern häufig neue Freunde mit. Manche von ihnen haben sie erst im Jenseits kennengelernt. Dann wieder berichten sie von Freunden von Freunden oder von Freunden der Familie, die kürzlich verstorben sind und die sie dann im Himmel wiedersehen. Besonders erstaunlich finde ich es, wenn ganze Gruppen verstorbener Jugendlicher gemeinsam zu einer Sitzung erscheinen, nur weil zwischen ihren Eltern irgendeine lockere Verbindung besteht. So können etwa die Kinder von Eltern, die zusammen in einer Selbsthilfegruppe sind oder Geld für die gleiche Wohlfahrtsorganisation sammeln, gemeinsam in Erscheinung treten. Diese verstorbenen Kinder haben sich nur selten schon zu Lebzeiten gekannt. Fast immer hat ihr Zusammentreffen einen tieferen Sinn, und der ist es in der Regel, ihre Familien liebevoll zu unterstützen.

Wie können Verstorbene Spaß haben?

Meine Großtante Day sagte immer: «Das Leben ist so verdammt alltäglich.» Ich glaube, dem würden viele Leute zustimmen. Spaß lenkt uns von den Sorgen des Alltags ab. Doch im Jenseits muss es die Routine des physischen Lebens nicht mehr geben. Es gibt keine Jobs, denen man von acht bis fünf nachgehen muss, und keine Pflichten wie das samstägliche Wäschewaschen. Im Jenseits kann man sich dessen erfreuen, was einem am Leben gefällt. Man kann einen schönen Garten genießen, ohne jemals Unkraut jäten oder den Rasen mähen zu müssen.

«Spaß» macht es uns außerdem, wenn wir mit den Menschen, die wir lieben, etwas gemeinsam erleben können. Urlaubsreisen, Besuche in Freizeitparks oder eine Flussfahrt sind für uns Spaß, weil wir bei solchen Gelegenheiten mit unseren Freunden und mit Familienmitgliedern zusammen lachen können. Solcher Spaß gehört mit zu unseren schönsten Erinnerungen.

Der Tod löscht derartige Erinnerungen nicht aus. Im Jenseits erinnern sich Verstorbene gerne an die Augenblicke voller Liebe, die sie in all dem Spaß erlebt haben. In den Sitzungen erwähnen Jenseitsbewohner Ferien, Grillabende, Familienfeiern und andere ähnliche Gelegenheiten. Doch im Jenseits wird unsere Vorstellung von Spaß ersetzt durch die Großartigkeit einer Freude, die alles überstrahlt, was wir uns nur vorstellen können, eines Friedens, der unseren Verstand übersteigt, und einer vollkommenen Liebe.

Kinder im Jenseits erleben die Zugehörigkeit zu einer Gruppe ohne die destruktiven Aspekte des Gruppendrucks, die wir im Diesseits erfahren. Weil verstorbene Kinder und Jugendliche die Herausforderungen kennen, vor denen junge Menschen stehen, ermutigen und inspirieren sie ihre Altergenossen im Diesseits – auch dann, wenn sie sie zu ihren eigenen Lebzeiten noch gar nicht kannten – auf manchmal überraschende und einfallsreiche Weise. Die Trauer, Bedürfnisse und Sorgen ihrer Eltern führen Kinder im Jenseits in dem Wunsch zusammen, ihren Eltern Hilfe und Unterstützung zu bringen, die ihnen das Weiterleben erleichtern.

8

ZU ENDE SCHON, BEVOR ES LOSGING

Abgetriebene, abgegangene und totgeborene Kinder sprechen

«Du hast mir in einem einzigen Atemzug so viel Liebe geschenkt, dass es für ein ganzes Leben reicht.»
Sagt ein Baby, das in den Armen seines Vaters starb.

JENSEITSGEDANKEN

Schwangerschaftsabbruch
Kirsten machte eine abwehrende Handbewegung, die ich als Aufforderung interpretierte, den Recorder abzuschalten. Und das tat ich dann.

«Mein Mann weiß nicht, dass ich eine Abtreibung hatte», erklärte sie mit ihrem fremdländischen Akzent. «Deshalb darf das nicht aufs Band.» Ich nickte und stellte das Gerät beiseite.

«Wie ich bereits sagte, Ihre Mutter ist hier, zusammen mit dem abgetriebenen Baby», fuhr ich fort.

«Ach Gott», rief Kirsten und begann zu weinen. «Ich wusste nicht, was ich tun sollte. Mein Mann und ich hatten uns damals gerade getrennt. Ich wollte einem Kind nicht unser ganzes Durcheinander zumuten, also *musste* ich die *Abtreibung* machen.» Das Wort Abtreibung spuckte Kirsten aus, als sei es Gift auf ihrer Zunge. Ihre Augen schossen hin und her, als seien sie auf der Suche nach einem Fluchtweg. Der Schwangerschaftsabbruch war ein Geheimnis, das Kirsten niemals mit *irgendjemandem* hatte teilen wollen. Nun, Jenseitsbewohner sehen solche Dinge oft anders.

Kirstens heftige Gefühlsreaktion überraschte mich. Bis zu diesem Augenblick war sie vollkommen ruhig gewesen –

trotz der schaurigen Geschichte, die ihre verstorbenen Eltern zu erzählen hatten.

Kirstens Vater hatte geschildert, wie er während der Arbeit auf seinem Bauernhof, der sich auf einem anderen Kontinent befand, von einer Räuberbande ermordet worden war. Kirstens Mutter hatte die Polizei über einen direkten Notruf alarmiert. Als die Beamten eintrafen, war sie ebenfalls tot. An der Wand neben dem Alarmknopf war der blutige Abdruck ihrer Hand zu sehen. In unserer Sitzung konnte Kirsten mit beiden Eltern sprechen. Doch sie blieb relativ unberührt. Ihre perfekt gelegten blonden Haare gerieten nicht in Unordnung. Doch die Abtreibung brachte sie außer Fassung. Um die Wahrheit zu sagen, sie wirkte nun vollkommen aufgelöst.

Kirstens Mutter nahm keine Rücksicht auf ihre Not und fuhr mit ihrer Mitteilung fort.

«Ihre Mutter sagt mir, dass sie und Ihr Baby bei Ihnen waren, als sie letzte Woche für die Zwillinge eine Spielzeugkiste aus Holz gekauft haben. Ihr Baby ist gerne in der Nähe Ihrer Zwillinge und hält nach ihnen Ausschau.»

Kirstens panischer Gesichtsausdruck glättete sich ein wenig. «Ich habe an mein Baby gedacht, während ich die Kiste auswählte.»

«Auf die Vorderseite ist ein Elefant gemalt, stimmt's?»

«Ja, das stimmt», bestätigte Kirsten überrascht. Sie hielt inne, und ich konnte sehen, dass sie gerne eine Frage stellen wollte, dass sie ihr jedoch nicht leicht über die Lippen kam. «Dann ist mein Baby gar nicht wirklich tot?», wollte sie wissen, nachdem sie sich mehrfach geräuspert hatte.

«Ihr Baby lebt und ist bei Ihrer Mutter», versicherte ich ihr.

«War es ein Junge oder ein Mädchen?», fragte sie.

«Das weiß ich nicht. Weder das verstorbene Baby noch Ihre Mutter geben mir darüber Auskunft», musste ich ihr sagen.

«Ich habe mir immer so sehr ein Mädchen gewünscht», sagte Kirsten wehmütig.

Reue. Besorgnis. Schuldgefühle. Scham. Fast immer bringen Frauen eines oder mehrere dieser Gefühle zum Ausdruck, wenn ein durch Abtreibung verstorbenes Kind anwesend ist. Auch Frauen, die fest an ihr Recht auf Wahl glauben, geht es nicht anders. Man könnte meinen, dass abgetriebene Kinder mit Wut, Verwirrung, Kränkung oder Gefühlen der Zurückweisung reagieren. Doch sie tun es nicht. Stattdessen strahlen sie. Und ich meine das wortwörtlich.

Verstorbene, die ein früher Tod daran hinderte, auf Erden ein eigenständiges Leben zu führen, zeigen mir ihre Gegenwart auf ganz besondere Weise an; sie erscheinen als kleiner Stern oder blinkendes Licht über der linken Schulter der Frau, die die Abtreibung oder Fehlgeburt hatte. Manchmal liegen sie auch in den Armen von Familienmitgliedern oder Freunden der Familie. Doch dies kommt nur vor, wenn etwas hervorgehoben werden soll, wie ein sehr später Schwangerschaftsabbruch aufgrund von medizinischen Komplikationen oder eine späte Fehlgeburt.

In einigen Fällen von Abtreibung schickt mir das verstorbene Kind Gedanken, die in direkter Beziehung zu den Ereignissen rund um die Abtreibung stehen. Gelegentlich erhalte ich sogar einen Eindruck davon, ob die Energie des Kindes männlich oder weiblich ist. Doch in der Regel kann ich weder eine Geschlechtszugehörigkeit noch eine Persönlichkeit erkennen.

Im Allgemeinen versorgen mich die Verstorbenen, mit denen ich es zu tun bekomme, mit Informationen über persönliche Eigenschaften und andere Hinweise, die mein Klient bestätigen kann. Bei Kindern, die durch Abtreibung oder Fehlgeburt verstorben sind, gibt es ein solches Bezugssystem natürlich nicht. Stattdessen machen sich oft verstorbene Verwandte zu den Fürsprechern dieser Kinder.

Dies geschieht natürlich, weil diese Kinder bei ihrem Tod noch keinen voll ausgebildeten Körper hatten. Folglich konnten sie auch keine Vorstellung davon entwickeln, wie es ist, ein physisches Wesen zu sein. Seelen an sich altern nicht und sind dem Alterungsprozess nur dann unterworfen, wenn sie in einem physischen Körper wohnen.

In vielen Fällen sind die Jenseitsbewohner eher bereit, sich zur Abtreibung zu äußern, als die Frauen, die sie haben vornehmen lassen.

«Nein, nein, ich weiß gar nicht, wovon Sie sprechen», sagte die gutaussehende Frau. Sie blickte mir direkt in die Augen, während sie in der Gegenwart einer größeren Gruppe jegliches Wissen um ein solches Kind leugnete.

«Nun, ich kann Ihnen nichts anderes sagen», entgegnete ich. «Ihr Freund Joe ist hier mit Ihrem Baby, das aufgrund einer Abtreibung starb. Ich sehe ein blinkendes Licht über Ihrer Schulter, und das bedeutet, dass Ihr verstorbenes Baby anwesend ist.»

«Ich weiß nichts von einer Abtreibung», beharrte sie und verschränkte die Arme über der Brust.

In solchen Situationen, in denen ich keinen Zweifel daran habe, was ich sehe und höre, ist mir aber dennoch klar, wann ich nachgeben muss. Mir geht es weniger darum, recht zu haben, als darum, die Botschaft getreulich zu übermitteln. Sobald die Mitteilung übermittelt ist, habe ich meine Aufgabe erfüllt. Joe war jedoch anderer Meinung. Er war damit noch nicht zu Ende.

«Ihr Freund Joe sagt, dass Sie beide zu seinen Lebzeiten keine Geheimnisse voreinander hatten», gab ich weiter.

«Das ist wahr», stimmte sie zu. «Wir haben einander alles gesagt.»

«Nicht alles, sagt er. Nach seinem Tod hat er eine Sache entdeckt, die Sie vor ihm geheim gehalten haben.»

«Okay, okay, ich hab verstanden», wehrte sie ab.

Dann wandte ich mich dem Nächsten zu.

In der Pause, nachdem die Hälfte der Veranstaltung vorüber war, versuchte ich gerade ein Stück Käsekuchen zu essen, als mich die gutaussehende Frau ansprach. «Ich wollte Ihnen sagen, dass Sie recht hatten mit der Abtreibung.»

«Mhm», brummte ich mit vollem Mund.

«Ich wollte nur nicht, dass die anderen anwesenden Damen etwas davon erfahren. Sie wissen ja, dies ist ein kleiner Ort», erklärte sie.

Ich nickte. Nur weil ich ein Medium bin, bin ich noch lange kein Richter. Ich sehe mich als Vermittler. Ich kommuniziere mit den Verstorbenen auf einer liebevollen, ausgeglichenen Basis, die Vergebung als Weg zur Freiheit einschließt und die die Heilung zerbrochener Beziehungen auch jenseits des Todes zum Ziel hat. Meine Ausgangsbasis wird am besten von dem mystischen persischen Dichter Rumi beschrieben:

Jenseits der Vorstellung von richtig und falsch
Liegt eine Wiese. Dort will ich dich treffen.
Wenn die Seele sich in jenes Gras fallen lässt,
Ist die Welt zu voll, um darüber zu reden.
Überzeugungen, Sprache, ja sogar der Ausdruck *wir beide*
Haben keinen Sinn.

Dem Verstorbenen namens Joe war eindeutig egal, was die Gruppe über seine Freundin dachte. Er machte sich Sorgen wegen eines Geheimnisses, das Einsamkeit und Scham bewirkte. Diese Frau, die er liebte, hatte ihn hinters Licht geführt, und das ließ er sich nicht bieten!

Joe war der Fürsprecher des abgetriebenen Kindes. Abtreibungen bleiben bei Freunden und Verwandten im Jenseits nicht unbemerkt. Sie wollen, dass über das Geheimnis gesprochen wird, denn mit der Auseinandersetzung beginnt die Heilung.

Ich habe mehr als einmal die Erfahrung gemacht, dass die strahlende Seele des abgetriebenen Kindes als Katalysator der Heilung wirkt. Wenn das Licht solcher Seelen in meinen Sitzungen auftaucht, dann geschieht es oft im Zusammenhang mit schädigendem Verhalten, das Freunde und Verwandte im Jenseits ansprechen wollen.

Eine verstorbene Mutter erklärte ihrer Tochter, wie sehr sie sich darüber freute, dass die Tochter heiraten und gleich Kinder haben wollte. «Ich liebe Babys», schwärmte die Mutter, und im gleichen Augenblick sah ich drei kleine blinkende Lichter über der Schulter der Tochter. Die Mutter versicherte der Tochter, sie würde ganz sicher Kinder haben können. Mir kam diese Bemerkung merkwürdig vor, da ich doch ganz deutlich die drei abgetriebenen Seelen im Leben dieser jungen Frau erkennen konnte. Schwanger zu werden war doch offensichtlich kein Problem für sie!

«Als junges Mädchen war ich sehr wild», erklärte die junge Frau. «Unter anderem bin ich auch deshalb hier, weil meine Mutter wissen soll, dass ich vernünftiger geworden bin. Ich hatte Angst, dass ich wegen meiner Abtreibungen bestraft würde – dass ich vielleicht keine Aussichten auf Kinder mehr habe.»

Da erzählte ihr ihre Mutter von einer illegalen Abtreibung bei einem Pfuscher, die sie vor ihrer Hochzeit hatte vornehmen lassen. Auch sie hatte die Angst gequält, vielleicht keine Kinder mehr empfangen zu können. (Die illegale Abtreibung war später von der Tante der jungen Frau bestätigt worden.)

Die blinkenden Seelen der abgetriebenen Kinder veranlassten Mutter und Tochter, einander an ihren bisher voreinander verheimlichten Erfahrungen und Ängsten teilhaben zu lassen.

Die Seelenlichter abgetriebener Babys, so klein ein jedes für sich genommen auch sein mag, leuchten gemeinsam die tiefsten und dunkelsten Ecken der Angst aus. Wo immer die Angst vor der Bloßstellung vorherrscht, da leuchten die Lichter ihrer Seelen hell auf. Wo immer Schuld, Scham und Reue herrschen, da machen sie mit ihren stillen Lichtern den Weg zurück zum Frieden sichtbar.

Kleinkindweisheit

Bisher ging es bei unserem Gespräch über verstorbene Babys um die Frauen, die eine Entscheidung gegen das Baby getroffen hatten. Doch noch eine weitere Konstellation muss in Betracht gezogen werden. In manchen Fällen entscheidet das Kind, ob es geboren werden will oder nicht. Ob es auf der Erde bleiben will oder nicht.

«Da ist ein kleines Mädchen, das tanzend Kreise um Sie zieht», sagte ich zu der Frau, die in der Mitte der kleinen Gruppe saß. «Sie sagt mir, dass sie sechs Jahre alt ist.»

«Ich habe mein Kind verloren, ja. Aber es war zu diesem Zeitpunkt nicht sechs Jahre alt», antwortete die Frau. Sie war ein wenig aufgebracht, doch dann nahm sie wieder auf ihrem Stuhl Platz und schien erleichtert darüber, dass sie nun nicht im Rampenlicht stehen würde.

«Sie sagt mir, dass sie *jetzt* sechs Jahre alt *wäre*», erklärte ich auftragsgemäß. «Sie haben gerade ihren Geburtstag gefeiert.»

Nach einem kleinen Zögern erklärte sie: «Es stimmt, mein Kind wäre gestern sechs Jahre alt geworden. Mein Baby wäre sechs ... Mein Baby ...» Der Rest ging in ihrem Schluchzen unter. Unter der Wucht ihrer Gefühle sank sie in sich zusammen.

In einer solchen Situation wäre es für mich leichter, ebenfalls in Tränen auszubrechen. Schließlich ist Mitgefühl ebenso natürlich wie der Wunsch, einen Menschen zu trösten, der so offensichtlich am Boden zerstört und voller Gram ist. Es mag sich vielleicht hart anhören, aber ich kann es mir nicht leisten, mich solchen Gefühlen hinzugeben, wenn ich mit Verstorbenen kommuniziere. Ich weiß aus Erfahrung, dass eine emotionale Reaktion meinerseits den Fluss von Mitteilungen zum Stillstand bringt. Ich muss auch dann darauf konzentriert bleiben, den Verstorbenen im Gespräch eine Stimme zu geben, wenn ich womöglich meinen Klienten wegen meiner vermeintlichen Ruhe unsympathisch erscheine.

Als ich eben den letzten Absatz schrieb, fiel mir noch etwas ein. In all den vielen Jahren, die ich jetzt schon mit Verstorbenen im Gespräch bin, habe ich noch nie ein verstorbenes Kind oder Baby weinen hören. Nicht ein einziges Mal. Es gibt Lachen, Kichern und viel Lächeln, aber keine Tränen. Mit unserem Weinen und Schreien drücken wir hier auf Erden Einsamkeit, Verzweiflung, Frustration und unsere Bedürfnisse aus. Tränen werden im Jenseits nicht benötigt. Auch Hunger gibt es im Himmel nicht. Ebenso wenig wie verlorengegangenes Spielzeug.

Erwachsene Verstorbene bringen möglicherweise Bedauern oder Enttäuschung über ihre Taten auf Erden zum Ausdruck, doch auch sie weinen niemals, wenn sie mir davon berichten. Die Jenseitsbewohner gehen nüchtern mit ihren Fehlern um, jedenfalls meistens. Einer der Lieblingssprüche meiner Mutter lautete: «Was geschehen ist, ist geschehen.» Offenbar trifft dieser Satz nirgendwo mehr zu als im Jenseits.

An jenem Abend aber flossen die Tränen reichlich. Die Personen, die neben der weinenden Frau saßen, legten tröstend den Arm um sie. Taschentücher wurden päckchenweise vorgereicht, um die aufgebrauchten zu ersetzen.

«Ihr Kind, das jetzt sechs Jahre alt ist, sagt mir, dass es nicht krank war, bevor es starb. Es zeigt mir ein hübsches rosa Bettchen, in dem ein etwa achtzehn Monate altes Baby liegt. Das Kind sagt mir, dass es für sein Alter groß ist. Als es noch ein Baby war, beobachtete es gerne, wie sich die Mickymaus über seinem Kopf drehte.»

Die Frau nickte.

«Ihr Mädchen sagt mir, dass sie in diesem Bett gestorben ist. Sie schlief und ist nicht mehr aufgewacht. Sie nennt mir einen Namen, der sich wie Cassie anhört.»

Wieder nickte die Frau.

«Sie sollen wissen, sagt sie, dass sie nicht deshalb gegangen ist, weil sie Sie nicht liebt. Ihr kleines Mädchen liebt sie. Sie zeigt mir ein Armband mit Buchstaben daran. Sie tragen es bei sich, nicht wahr?»

Stumm zog die Frau ein winziges Armband aus ihrer Tasche.

«Sie mussten eigens darum bitten, dass Ihnen das Armband zurückgegeben würde, nicht wahr?», fragte ich. «Ihre Tochter sagt mir, dass Ermittlungen stattfanden, aber dass Sie nichts falsch gemacht haben. Sie sagt wieder und wieder, dass Sie nichts falsch gemacht haben!», teilte ich so eindringlich wie möglich mit.

«Warum hat sie mich dann verlassen?», fragte sie unter Tränen.

Ich hielt einen Moment inne und wartete auf eine Antwort. Statt einer Antwort zeigte mir diese einzigartige Sechsjährige einen Film auf meiner inneren Leinwand. Ich sah ein kleines Mädchen, das zu schnell wuchs, aus ihren Kleidern herauswuchs, aus ihrem Bett, aus ihrem Zuhause. Es kam mir so vor, als sehe ich eine Sequenz aus *Alice im Wunderland.*

«Ich habe ihr diese Geschichte vorgelesen», sagte die trauernde Mutter. «Sie wuchs so schnell. Ich musste ihr jede Woche etwas Neues zum Anziehen kaufen. Es war so, als sei sie zu groß für ihren Körper und wachse aus ihm heraus», schloss sie mit einem Seufzer.

Ich war mir nicht sicher, ob Cassies Mutter die größeren Zusammenhänge dessen durchschaute, was sie gesagt hatte, doch ich tat es. Es kam vor, hatten mir andere verstorbene Kinder berichtet, dass ihr Körper nicht mehr groß genug war, um ihren Geist zu fassen. Cassie hatte wieder begonnen zu tanzen, als stimme sie mit dem zuletzt von ihrer Mutter Gesagten überein. Als ich beschrieb, was ich sah, sagte ihre Mutter: «Gestern, zu ihrem Geburtstag, habe ich Musik aufgelegt und dazu getanzt. Ich erklärte meinem Baby, dass ich nicht aufhören könne, den Tag zu feiern, an dem sie in mein Leben getreten ist.»

«Sie tanzt noch immer mit Ihnen», sagte ich. «Was Ihre Tochter betrifft, so ist die Party noch nicht vorbei.»

Während der Pause in der Mitte der Veranstaltung erzählte mir Cassies Mutter ihre Geschichte. Cassie war bei ihrer Geburt mit über fünf Kilo ein ungewöhnlich großes Baby gewesen. Über ihrem rosafarbenen Bett hing noch immer das Mickymausmobile. Eines Tags war Cassie im Schlaf gestorben. Einfach so. Cassies Vater, der von der Mutter getrennt lebte, beschuldigte sie, das Kind vernachlässigt und ihre Aufsichtspflicht verletzt zu haben. In den polizeilichen Ermittlungen konnten jedoch keine Indizien für seine Beschuldigungen gefunden werden, und Cassies Tod wurde auf plötzlichen Kindstod zurückgeführt. Obwohl sie für unschuldig erklärt worden war, machte Cassies Mutter sich selbst für den Tod ihrer Tochter verantwortlich. An jenem Abend waren die vier Jahre lang aufgestauten Tränen aus Cassies Mutter hervorgebrochen. Doch Cassie, das kleine Mädchen, dessen Seele ihrem Körper entwachsen war, beendete den Abend tanzend.

Du siehst gut aus für dein Alter

Cassie war nicht die erste Verstorbene, die mir zeigte, dass Seelen nicht zwangsläufig in dem Alter erscheinen, in dem sie gestorben sind. Viele, die bei ihrem Tod in den Siebzigern, Achtzigern oder Neunzigern waren, kommen als fitte Vierziger zu den Sitzungen. Glücklicherweise präsentieren sie sich zunächst so, wie sie ihren Angehörigen vertraut waren. Später erscheinen sie so, wie sie in ihrem Leben auf Erden am glücklichsten und gesundesten waren. Als ein verstorbener charmanter Vater sich mit fülligem Haupthaar und chic angezogen zeigte, wie er keck an einem Sportwagen lehnte, musste seine Tochter lachen und sagte: «Damals war Papa ein scharfer Typ.» Wenn Jenseitsbesucher zu Besuch kommen, dann machen sie sich oftmals extra chic.

Verstorbene Babys halten es offenbar genau umgekehrt. Sie treten nicht jünger in Erscheinung, sondern, wie etwa in Cassies Fall, oftmals älter, als sie es zum Zeitpunkt ihres Todes waren. Weil sie jedoch nicht ein ganzes Leben lang Zeit hatten, sich mit einer besonderen Körperform zu identifizieren, kann es sein, dass sie sich mir jedes Mal mit einem anderen Äußeren präsentieren.

Es kommt vor, dass ein als Fehlgeburt gestorbenes Kind als älterer Gefährte eines anderen verstorbenen Kindes in Erscheinung tritt, insbesondere dann, wenn es sich um Geschwister handelt. Kürzlich berichtete ich einer Mutter, dass ich ihren verstorbenen Sohn im Teenageralter mit einem anderen Jungen am Strand gesehen hatte. «Er sagt mir, dass er bei seinem Bruder ist.» Die Dame sagte überrascht: «Bevor mein Sohn geboren wurde, hatte ich eine Fehlgeburt. Ich habe mir immer vorgestellt, dass es ein Junge war, und habe meinem Sohn erklärt, dass er einen älteren Bruder hat. Immer wenn wir an den Strand gingen, haben wir uns vorgestellt, dass mein anderer Sohn bei uns ist. Ich freue mich, dass sie im Jenseits zusammen sind und dass sie das Strandleben gemeinsam genießen können.»

Eine Fehlgeburt kann für Eltern, die sich ein Kind wünschen, entmutigend sein, mehrere Fehlgeburten in Folge können sich verheerend für das Paar auswirken. Bei einer Frau jedoch hatte ihr Wunsch nach Mutterschaft unerwartete Folgen.

Himmlische Geburtstagsparty

Maggie saß entspannt da. Ihr goldbraunes Haar war in einem Pferdeschwanz zusammengefasst, die Brille mit dem Horngestell unterstrich ihre himmelblauen Augen. Für mich sah sie aus wie der Inbegriff einer Kindergärtnerin. Zu ihren Füßen hatten sich Kinder unterschiedlichsten Alters vom Krabbel- bis zum Vorschulkind versammelt. Wie die Kinder so im Kreis um sie herumsaßen, sahen sie aus, als sollten sie jetzt etwas vorgelesen bekommen. *Was für ein vollkommenes Bild,* dachte ich. Nur war Maggie gar keine Kindergärtnerin, und die wohlerzogenen Kinder zu ihren Füßen waren Jenseitsbewohner.

«Sie sind umgeben von kleinen Kindern», teilte ich Maggie mit. «Sie sind sehr artig.»

«Ja, ich verstehe», entgegnete Maggie. Ich war froh, dass sie es verstand, denn ich tat es nicht.

«Jedes dieser Kinder sagt zu mir das Wort ‹Freude›», setzte

ich meinen Bericht fort. «Aber ich weiß nicht, ob eines von ihnen vielleicht Joy heißt. Ich höre ‹Joy, joy, joy›.»

«Ich weiß, mit wem Sie es zu tun haben», sagte Maggie lächelnd – ich sah wohl ein wenig verwirrt aus. «Ich versuche seit Jahren, ein Kind zu bekommen. Doch alle meine Schwangerschaften endeten mit Fehlgeburten. Ich nenne die verlorenen Kinder ‹meine kleinen Freuden›.»

Mir fiel nichts ein, was ich darauf hätte entgegnen können. Die wenigsten Eltern, die zu mir kommen, weil sie Kinder verloren haben, wirken je so entspannt, und sie nehmen ihre Lage auch nicht leicht an.

«Ihre kleinen Freuden sagen mir, dass Sie eine weitere kleine Freude haben, die zu Hause auf Sie wartet. Es ist ein Junge, und sein Name beginnt mit einem ‹R›.»

«Richtig», sagte sie strahlend. «Es ist mir endlich gelungen, ein Baby zum Bleiben zu bewegen. Sein Name ist Russ, und er ist jetzt sechs Monate alt.» Dann fügte sie hinzu: «Ich bin heute Abend gekommen, weil ich sicher sein wollte, dass all meine Babys wissen, wie sehr ich sie liebe. Nun weiß ich sogar noch mehr. Ich weiß, dass sie allesamt bei mir sind.»

Freude kommt in kleinen Portionen

Babys erfüllen unser Leben mit Freude. Die Lebenslust, die aus ihnen hervorblubbert, ist hundertprozentig ansteckend. Wenn ein Baby lacht, dann ist es nahezu unmöglich, nicht mitzulachen. Meine Mutter war ein begeisterter Fan von kleinen Kindern, und ich glaube, dass Freude, Spaß und Lachen aus diesem Grund immer ein fester Bestandteil meines Lebens waren. Als ich meine Arbeit als Medium der Verstorbenen begann, war ich zunächst überrascht, dass Freude nicht in allen Familien so ausgiebig zur Verfügung steht. Als ich etwa vor einem Jahr feststellen musste, dass eine meiner besten Freundinnen niemals diese absolute freudige Unbekümmertheit erfahren hatte, war ich fassungslos. Aber nun war da zum Glück ein kleines verstorbenes Mädchen, das bei ihr das Versäumte gerne nachholen wollte.

Ringel, Ringel, Rosen!
Schöne Aprikosen!
Veilchen blau, Vergissmeinnicht!
Alle Kinder setzen sich!
Kikeriki!

Ich lag im Bett und wollte meine Augen nicht öffnen. Wer braucht schon einen Wecker, wenn ein kleines verstorbenes Mädchen sich entschließt, den Morgen herbeizusingen?

Das Kind stellte sich als Daisy vor, doch erst nach meiner ersten Tasse Kaffee konnte ich mich richtig auf diese charmante, freudige kleine Person einlassen.

Beim Frühstück erfuhr ich, dass Daisy die Tochter meiner Freundin Janet war, die sie aufgrund von Schwierigkeiten mit ihrer Spirale verloren hatte.

Ich hatte Janet oft besucht und war schon mehrere Jahre lang immer wieder bei ihr abgestiegen, bevor ich Daisys Bekanntschaft machte. Das klingt zwar erstaunlich, ist aber nichts Ungewöhnliches, denn Verstorbene warten manchmal sogar Jahrzehnte, bevor sie sich bemerkbar machen. Doch selbst bei einer derartigen Verspätung ist ihr Timing immer vollkommen. Es ist so, als wüssten sie instinktiv, wann wir offen für ihre Mitteilungen sind. Allerdings muss ihre Vorstellung vom richtigen Zeitpunkt keineswegs der unseren entsprechen.

Möglicherweise erfolgte Daisys Besuch auch deshalb so verspätet, weil Janet Jahre brauchte, um sich mit der Jenseitskommunikation anzufreunden. Ihr Interesse entwickelte sich mehr nebenbei, während sie Bücher las, an Workshops zu ihrer persönlichen Entwicklung teilnahm und Vorträge über metaphysische Themen hörte. Als sie sich zunehmend mit Menschen umgab, die für die Botschaften Verstorbener empfänglich sind (ich war übrigens nur *einer* von diesen Menschen), wuchs ihre Neugier. Im Laufe dieser Zeit entwickelte sich Janets eigene natürliche übersinnliche Begabung. Ganz offensichtlich hatte Daisy gewartet, bis Janet selbst bereit war, ihre Mitteilungen zu empfangen.

Janet ist eine pensionierte Lehrerin, die unverheiratet geblieben ist. Ihre Freude am Lernen und ihr schräger Humor, der dem meinen in vielem gleicht, haben unsere Freundschaft gefördert. Ihr Interesse an der Kommunikation mit dem Jenseits kommt noch dazu.

Daisy besitzt einen sehr eigenen Humor. Als ich einmal zu Besuch war, weil ich eine Gruppenveranstaltung zu leiten hatte, konzentrierte ich mich gerade darauf, einer bezaubernden Familie, die ihren Familienvorstand und einen Sohn verloren hatte, eine Botschaft zu übermitteln, als ich von zwei Kindern abgelenkt wurde, die hinter dem Sofa Verstecken spielten. Eines der Kinder war natürlich die schelmische kleine Daisy.

Sobald Daisy herausgefunden hatte, dass ich sie sehen konnte, trieb sie es besonders schlimm und behielt ihre verspielten Possen bis weit nach der Veranstaltung bei. Sogar Janets Hund Calla ergriff da die Flucht.

Mich brachten ihre Eskapaden aus dem Konzept. *Das muss aufhören*, dachte ich, *diesem kleinen Mädchen ist nicht klar, wie sie auf die Menschen und die Tiere um sie her wirkt.* Ich nahm meine Aufgabe als Verstorbenenkindermädchen sehr ernst. Doch dann fiel mir ein, ob sie vielleicht doch wusste, welche Wirkung sie auf die Diesseitsbewohner hat. Lassen Sie mich erklären.

Im Verlauf der vielen Jahre, die Janet und ich einander kennen, haben wir viele gemeinsame Sitzungen abgehalten. Viele davon waren so ergiebig, dass ich mir schon längst keine Sorgen mehr machte, ob denn für die Verstorbenen überhaupt noch irgendein interessantes Thema übrig sein konnte. Wenn Janet Besuch aus dem Jenseits erhält, dann kommen immer mehrere zugleich, darunter Verwandte aus ihrer ausgedehnten Familie. Während einer Telefonsitzung erschien einmal sogar ein Verstorbener aus dem siebzehnten Jahrhundert. In der vorangegangenen Woche hatte Janet sich genau mit der Erforschung dieses Familienzweigs beschäftigt.

Es macht mir deshalb einen Riesenspaß, mit Menschen und ihren Verstorbenen zusammenzutreffen, weil ich aus nächster Nähe die Veränderungen miterlebe, die sich in ihrem jeweiligen Leben manifestieren. Diese Veränderungen sind häufig das Ergebnis von Heilungen von Beziehungen, die durch liebloses Verhalten im Diesseits zerbrochen waren.

In Janets Leben war die Beziehung zu ihrem alkoholkranken Vater schwer belastet. (Tatsächlich kommt dieser Fall viel häufiger vor, als man es sich vorstellen kann!) Durch ihre Sitzungen mit mir und anderen Medien hatten Janet und ihr Vater schließlich wieder zueinandergefunden. Vergebung machte es möglich, dass die Traumata der Vergangenheit ihre Macht über die Gegenwart verloren. Die einsetzende Heilung öffnete Janet für die nächste Phase ihres inneren Wachstums.

Auftritt: Daisy.

Mitten in meiner Sitzung mit Janet begann Daisy über all die lustigen Dinge zu sprechen, die sie während unseres verlängerten Wochenendes in Janets Strandhütte unternehmen wollte. Unter anderem erklärte sie, dass sie an der Strandpromenade Popcorn essen wollte. Es dauerte nicht lange, und

Daisy offenbarte uns den Grund, warum sie sich für Janet interessierte.

«Sie sagt mir, dass dir in der Zukunft noch mehr verstorbene Kinder zugeführt werden. Sie ist deshalb sehr aufgeregt. Hast du schon einmal mit dem Gedanken gespielt, Kinderbücher über das Jenseits zu schreiben?», wollte ich in Daisys Auftrag von Janet wissen.

«Nun, man hat mich darum gebeten», antwortete Janet. «Ich habe darüber nachgedacht, aber ich fühle mich nicht gerade von diesem Thema angezogen.»

«Daisy sagt, der Drang kommt mit der Freude. Zunächst einmal muss Freude in dein Leben gelangen, damit du die Freude der Kinder nachvollziehen kannst. Sie sagt, das sei der Grund, warum sie und die anderen Kinder in deinem Leben Einzug gehalten haben.»

Daisy sprach sehr schnell. Ich hatte ganz schön zu tun, um mit ihr mitzuhalten.

«Es fühlt sich so an, als könne sich Daisy dir gelegentlich als älteres oder als jüngeres Kind zeigen. Sie wird sich dir in verschiedenen Lebensphasen präsentieren.»

«Ja, andere Medien haben mir bereits Ähnliches berichtet», bestätigte Janet. «Sie haben gesehen, wie sie sich in eine junge Frau verwandelt hat.»

«Sie möchte, dass du weißt, wie flexibel sie sein kann. Sie erklärt, dass dir dieser Weg ebenfalls offensteht. Nur weil du in einem bestimmten Stadium deines Lebens angekommen bist, heißt das nicht, dass du nicht zugleich auch ein kleines Mädchen sein kannst, das auf einer Wiese umherläuft und sorglos Blumen pflückt. Sie und du, ihr könnt zusammen Kinder sein.»

«Sie hat mich bereits gebeten, mit ihr Puppen zu spielen», sagte Janet.

«Ihre Gegenwart in deinem Leben soll bewirken, dass du wieder Freude am Leben hast. In vielerlei Hinsicht hat all dies etwas damit zu tun, dass du dir deine Kindheit zurückerobern kannst.»

Janet stimmte Daisys Einschätzung der Situation zu.

Als ich später über die Begegnung mit Daisy nachdachte, bewunderte ich ihre Entschlossenheit und nicht zuletzt ihre Klugheit. Sie hatte lediglich zwei Monate lang in Janets Gebärmutter gelebt, bevor die Spirale sie von dort vertrieb. Doch das hinderte sie nicht daran, in Janets Leben präsent zu sein. In vielerlei Hinsicht begann ihre gemeinsame Reise erst jetzt.

Als Janet und ich später am Abend gemeinsam Eis aßen, wollte ich von ihr wissen, ob sie in ihrem Leben jemals richtige Freude empfunden hatte.

«Nein», sagte sie lakonisch. «Durch die Trinkerei meines Vaters verloren wir unser Zuhause. Alle Hoffnung auf eine idyllische Kindheit verließ mich an diesem Tag.»

Doch Daisy war der Meinung, für Hoffnung sei es nie zu spät. Verstorbene Babys erinnern uns gerne daran, dass uns als Erwachsene die Freude der Kindheit auch dann offensteht, wenn wir sie früher nie erfahren haben. Es ist uns möglich, das zurückzuholen, was uns von anderen vorenthalten wurde. Neue Freude ist ein Geschenk, das uns verstorbene Babys in unserem irdischen Dasein machen. Daisy war entschlossen, Janet Zugang zu diesem Gefühl zu verschaffen. Und das Schreiben von phantastischen und magischen Kindergeschichten schien ein hervorragender Ausgangspunkt zu sein.

Liebe ist ein kostbares Geschenk, das Babys in unser Leben bringen. Selbst verstorbene Babys können uns Liebe im Überfluss schenken. Es spielt keine Rolle, wie viele Monate oder

Jahre sie mit uns hier auf Erden zugebracht haben; ihre Liebe kennt weder Zeit noch Maß. Diese Lektion verdanke ich Daisy und einem anderen kleinen verstorbenen Mädchen, das bei einer Veranstaltung in West Hollywood, Kalifornien, mehrere Jahre später ihren Vater besuchte.

Einzigartige Liebe

Als ich ins Publikum blickte, fiel mir ein verschwommener Fleck ins Auge, der in unvorstellbarer Geschwindigkeit die erste und zweite Reihe umkreiste. *Nun drossle doch das Tempo*, sagte ich in meinem Kopf, *so kann ich dich ja gar nicht erkennen.*

In Erwiderung meiner Bitte wurde der Fleck größer und schärfer, und ich konnte schließlich ein ungefähr vierjähriges Mädchen erkennen. Sobald sie wusste, dass ich sie sah, lief sie zu einem Mann in der ersten Reihe und stellte sich zu ihm.

«Bei Ihnen steht ein kleines Mädchen», sagte ich zu dem Herrn. «Haben Sie eine kleine verstorbene Tochter?»

«Ja.»

«Sie rennt unheimlich gern», erklärte ich. «Sie geht jeden Morgen mit Ihnen joggen.»

«Wie können Sie wissen, dass ich jeden Morgen jogge?», fragte er irritiert.

«Ich weiß es, weil sie es mir gesagt hat», antwortete ich. «Mir ist nicht bekannt, wo Sie wohnen, und ich habe ganz bestimmt nicht die Zeit, um Ihnen nachzuspionieren.»

«Ich war nur überrascht», erwiderte er ein wenig freundlicher.

«Sie ist ein sportliches kleines Mädchen», setzte ich meinen Bericht fort. «Sie sagt, Sie hätten sich einen Sohn gewünscht, doch ihr macht das nichts aus. Sowieso hätte sie am liebsten in Ihrem College-Team Football gespielt!»

Er lachte und schien sich ein wenig zu entspannen. «Als meine Frau schwanger wurde, erklärte ich ihr, dass unser Sohn wie ich in der Mannschaft meiner alten Schule ein Star sein würde.»

Nun lachte das kleine Mädchen. «Und stattdessen war ich ein Mädchen. Ich war Papas Prinzessin. Ich bin etwas Besonderes.» Vor meinem inneren Auge zeigte sie mir ein in Rosa gehaltenes Kinderzimmer, vollgestopft mit Kuscheltieren und einem Einhorn im Kinderbettchen.

«Vor ihrer Geburt kauften meine Frau und ich ihr dieses Einhorn, damit sie wusste, dass sie für uns einzigartig ist», sagte er und wies dabei auf die hübsche brünette Dame an seiner Seite.

Obgleich es mir merkwürdig vorkam, dass das kleine Mädchen ihrer Mutter keine Beachtung schenkte, vertraute ich darauf, dass sie wusste, was sie tat.

«Sie nennt mir den Namen Alice oder Allison und sagt, dass sie gerne mit ihrer Cousine bei der Familienfeier am See gespielt habe.»

«Ihr Name lautet Allison. Wir hatten vor Kurzem ein Familientreffen an dem See, an dem ich in meiner Kindheit die Sommer verbrachte», erklärte Allisons Vater. «Meine Schwester gebar ein Mädchen ungefähr zu der Zeit, als auch Allison geboren wurde. Sie wären also etwa gleich alt gewesen.»

Dann hörte all das Laufen, Verstecken und Suchen auf, und die vierjährige Allison verwandelte sich vor meinen Augen in ein Baby. Ich hatte keine Ahnung, was diese plötzliche Veränderung zu bedeuten hatte.

«Ich weiß nicht, warum sie das tut», gestand ich. «Doch Allison zeigt sich mir jetzt als Baby. Sie zeigt mir, wie sie in Ihren Armen liegt.» Ich wies auf ihren Vater. «Während sie in Ihren Armen liegt, sagt sie: ‹Papa, du hast mir in einem einzigen Atemzug so viel Liebe geschenkt, dass es für ein ganzes Leben reicht.›»

Da bedeckte Allisons Vater sein Gesicht mit den Händen. Er beugte sich vor, und einen Moment lang meinte ich, er könne vom Stuhl fallen. Seine Frau strich ihm liebevoll über den Rücken und ignorierte dabei ihre eigenen Tränen. Nachdem er bebend Luft geholt hatte, ließ sich Allisons Vater durch seine Hände hindurch vernehmen.

«Wenn Allison gelebt hätte, dann wäre sie heute vier Jahre alt», begann er. «Gleich nach ihrer Geburt hielt ich sie in den Armen.» Er machte eine Pause, ließ die Hände von seinem Gesicht fallen, straffte sich und sagte: «Als ich sie in meinen Armen hielt, machte sie einen einzigen Atemzug und starb.»

Allison sah nun wieder wie ein vierjähriges Mädchen aus und drängte mich, ihre Worte zu wiederholen.

«Papa, in einem einzigen Atemzug hast du mir so viel Liebe geschenkt, dass es für ein ganzes Leben reicht.»

ANTWORTEN AUS DEM JENSEITS

Warten abgetriebene oder während der Schwangerschaft verstorbene Kinder darauf, sich im Jenseits mit ihren Eltern zu vereinigen?

Auch wenn meine Antwort auf diese Frage nicht mit letzter Sicherheit ja lauten kann, so veranlasst mich meine Erfahrung mit jenen, die fast geboren wurden, zu dem Schluss, dass sie auch im Jenseits bei der ihnen zugedachten Familie bleiben. Diese Schlussfolgerung wird durch zahlreiche individuelle Beispiele untermauert. Nachfolgend zwei von ihnen, die meine Auffassung bestätigen.

Ich habe einmal eine Frau namens Kimberly kennengelernt. Ihre Tochter war vor der Geburt in der Gebärmutter gestorben, aber dennoch auf natürlichem Wege geboren worden. Kimberly hat ihr sogar einen Namen gegeben: Ava. Kimberly hatte sich immer danach gesehnt, eine Tochter zur Welt zu bringen, und man könnte sagen, ihr Wunsch ist in Erfüllung gegangen. In unserer Sitzung teilte Ava mir mit, dass Kimberly jeden Tag für sie bete. Kimberly bestätigte diese Aussage und fügte hinzu, dass Ava im Familiengrab beigesetzt worden war. In dieser Hinsicht verband Mutter und Tochter etwas, das über die Geburt hinausging ... und über den Tod. Kimberly wünschte sich, bei Ava zu sein, sobald sie in den Himmel kam. Ava versprach, immer an Kimberlys Seite zu sein, was bedeuten könnte, dass sie auch im Jenseits miteinander verbunden sein würden. Ava gab mir auch nicht den kleinsten Hinweis darauf, dass sie auf der Suche nach einer neuen Familie war.

Ähnliche Mitteilungen empfing ich während einer Sitzung mit einer Frau namens Nicole aus San Diego. Als Nicoles vor der Geburt gestorbenes Baby in der Sitzung erschien, erwähnte sie, dass ihre Mutter jeden Tag mit ihr spreche. Das Baby erklärte sogar, dass Nicole es gesehen habe und dass sie auf ihren kleinen Bruder aufpasse. Nicole bestätigte, dass sie nach der Geburt ihres Sohnes einmal den Geist eines Mädchens gesehen hatte, das in seine Wiege spähte. Sie war sich sicher, dass es ihr gestorbenes Kind sein musste. Von diesem Tag an sprach Nicole zu ihrem verstorbenen Kind und bezog es in die Familienfeiern mit ein. Auch hier ein Beispiel für eine fortgesetzte Beziehung zwischen Eltern und ihrem schon vor der Geburt verstorbenen Kind.

Ich möchte noch hinzufügen, dass sowohl Kimberly als auch Nicole ausgeglichene Personen sind, die sich nicht in irgendwelche Hirngespinste flüchten. Sie sind überzeugt davon, dass ihre verstorbenen Töchter Teil der Familie sind, und die beiden Kinder haben das Angebot angenommen, auch weiterhin Mitglieder ihrer Familien zu bleiben.

Mit Abtreibungen habe ich jedoch andere Erfahrungen gemacht. Ich habe nur ganz selten längere Kontakte zu abgetriebenen Kindern. Wie gesagt ergreifen oft andere Verstorbene für sie das Wort. Dies mag auf der Tatsache beruhen, dass ihre Mütter sich entschieden haben, keine irdische Beziehung zu ihnen aufzubauen, und eine solche Beziehung vielleicht nicht einmal für möglich halten. Oder aber ich habe deshalb keinen Kontakt zu abgetriebenen Kindern, weil meine Arbeit auf äußeren Merkmalen beruht, die meinem Klienten helfen zu erkennen, mit wem ich spreche. Im Fall von Abtreibungen sind weder der Mutter noch mir Erkennungsmerkmale wie Geschlechtszugehörigkeit, Name, Persönlichkeit, Krankheit und physische Erscheinung zugänglich.

Das bedeutet jedoch nicht, dass die Seelen dieser Babys einfach verschwinden. Das tun sie nicht. Wie gesagt sind die kleinen Lichter, die ich noch Jahre nach der Abtreibung über der Schulter der Frau sehe, ein sichtbarer Hinweis auf diese Tatsache.

Versuchen die Seelen vor der Geburt verstorbener oder abgetriebener Kinder, neue Eltern hier auf Erden zu finden, damit sie eine zweite Chance zum Leben haben?

Die Verstorbenen beziehungsweise ihre Seelen leben – und sie werden nicht müde, das immer wieder zu betonen. Geboren zu werden schenkt ihnen also nicht das Leben, sondern die Gelegenheit, das Leben innerhalb der Grenzen eines physischen Körpers zu erfahren. Eine der so ermöglichten Erfahrungen ist der Tod. Die Verstorbenen beurteilen den Wert des Lebens nicht aufgrund seiner Dauer. Wichtiger ist ihnen, wie viel sie über das Geben und Empfangen von Liebe gelernt haben.

Als mich vor Jahren eine Frau namens Jane aufsuchte, wunderte ich mich darüber, dass ihre verstorbene Mutter zugab, eine mögliche Abtreibung Janes ins Auge gefasst zu haben. Sie erklärte, dass sie zum Zeitpunkt ihrer Schwangerschaft ein Teenager und auf die Mutterschaft nicht vorbereitet gewesen sei. Schließlich habe sie sich doch für Jane entschieden und sie mit der Unterstützung ihrer Eltern großgezogen. Von außen betrachtet, schien Jane in einer liebevollen behütenden Familie aufgewachsen zu sein. Doch sie begriff nicht, warum sie ihr ganzes Leben lang mit dem Gefühl zu kämpfen hatte, weder erwünscht noch geliebt zu sein. In gewisser Weise war ihre Seele in einen Körper eingezogen, der noch immer geprägt war von den ambivalenten Gefühlen, die ihre Mutter während der Schwangerschaft gehabt hatte. Durch das Wiedersehen mit ihrer verstorbenen Mutter lernte Jane, ihre verwirrenden Gefühle zu verstehen und zu überwinden. In der Folge nahm ihre Liebe zu ihrer Mutter noch weiter zu.

Seelen sind nicht verzweifelt darauf fixiert, das erstbeste Leben oder irgendeinen verfügbaren Körper zu ergattern. Aus dem, was Verstorbene mir erzählt haben, weiß ich, dass die Inkarnation nicht dem Zufall überlassen ist. Die Inkarnation ist von höchster Bedeutung, folglich warten die Seelen gerne auf die richtigen Voraussetzungen. Bestandteil ihrer Erwägungen sind die Eigenschaften eines vollständigen Familienzweiges, die Persönlichkeiten der Eltern, die Verbindung der elterlichen DNA und die Geschwisterreihenfolge.

Während einer besonders denkwürdigen Sitzung mit einer Dame, die spirituelle Themen unterrichtete, überraschte es mich, mehrere Seelen von Babys bei ihr zu sehen. Sie alle hatten einen gemeinsamen Sprecher. Er erklärte, dass diese Babys von Frauen einer Gruppe geboren werden würden, die diese Dame damals in spirituellen Dingen unterwies. Einigen dieser Frauen war es bis dahin nicht gelungen, schwanger zu werden. Meine Klientin bestätigte diese Informationen. Mehrere ihrer Schülerinnen waren seither allen Widrigkeiten zum Trotz schwanger geworden. Für mich war es offensichtlich, dass diese Seelen sich bewusst dafür entschieden hatten, in dieser Zeit von diesen Frauen geboren zu werden. Ich hatte das eindeutige Gefühl, dass ihre Geburt bestimmt war.

Obgleich dieses Phänomen geradezu nach weiteren Erklärungen schreit und viele Vermutungen auslöst, lieferten mir die Verstorbenen in diesem Fall keine weiteren Erklärungen. Doch im Gespräch mit ihrem Sprecher erhielt ich die Mitteilung, dass die durch eine ausbleibende Schwangerschaft bei den Frauen hervorgerufene Enttäuschung, Trauer und das Ringen um ein Kind sie veranlasst hatten, ihre spirituelle Entwicklung aktiv zu fördern. Ihre Verbundenheit, die durch ihr Interesse an den Belangen der Seele entstand, war förmlich eine Einladung an eine Gruppe weiser und entschlossener Seelen.

Ich bin nicht die Erste, die bemerkt, dass einige Kinder, die in den letzten zwanzig Jahren zur Welt gekommen sind, von einer beunruhigenden Reife und von einer Weisheit sind, die weit jenseits aller Erwartungen liegt. Da das Bewusstsein in unserer Welt wächst und die Menschen Spiritualität immer bereitwilliger in ihren Alltag integrieren, bringen jene, die die Gegenwart für den Zeitpunkt ihrer Geburt ausgewählt haben, genau die Gaben und Eigenschaften in die Welt, die unsere Spezies für ihr Vorankommen in der Evolution braucht.

Während ich Ihnen diese Zusammenhänge darlege, muss ich daran denken, dass sich all die totgeborenen und ungeborenen Babys, denen ich begegnet bin, viel weniger dafür interessieren, was ihre Seelen brauchen, als dafür, wie sie anderen mit ihrer Liebe weiterhelfen können. Ihr Lebenszweck erfährt keine Einschränkung dadurch, ob sie nun Minuten oder Jahre auf dieser Erde zugebracht haben.

Im Vergleich mit der Ewigkeit sind all unsere irdischen Leben kurz. Ich sage dies, weil ich noch von keinem Baby, das diese Erde noch vor seinen ersten Schritten verlassen musste, gehört habe, dass es sich eine längere Inkarnation gewünscht hätte. Mir geben verstorbene Babys das Gefühl: «Ich habe bekommen, was mir noch fehlte.» Oder: «Ich habe erreicht, was notwendig war.»

Wenn eine Seele eine Inkarnation in Betracht zieht, dann weiß sie, dass sie durch Abtreibung oder Fehlgeburt enden kann. Geboren zu werden und in einem Körper zu leben muss nicht das einzige Ziel einer Seele sein. Was vom Beginn bis zum Tod erlebt wird, ob es nun kurz oder lang ist, stellt immer genau das dar, was von der Seele, der Mutter und der Familie benötigt wird.

Kann es sein, dass mein jetziges Kind eine neue Inkarnation meiner früheren Fehlgeburten ist?

Ich bin vorsichtig mit der Behauptung, dass irgendetwas unmöglich ist – in der Regel deshalb, weil ich meist rasch eines Besseren belehrt werde. Auf diese Frage würde ich folgendermaßen antworten: Ja, es ist möglich, dass sich die Seele, die durch eine Fehlgeburt aus dem Körper geschieden ist, entscheidet, sich zu einem späteren Zeitpunkt noch einmal zu inkarnieren. Doch darf man nicht vergessen, dass diese Seele ja vielleicht schon in ihrer ersten Inkarnation alle ihre Vorstellungen verwirklichen konnte. In meinen Gesprächen mit den Seelen, die durch eine Fehlgeburt aus ihrem Körper schieden, konnte ich feststellen, dass sie zwar mit der Familie verbunden bleiben, dass ihre Mütter aber nach der Fehlgeburt durchaus noch andere Kinder bekommen.

Können fehlgeborene oder abgetriebene Kinder neuerlich in die gleiche Familie hinein wiedergeboren werden, aus der auch die Mutter stammt, die sie ursprünglich einmal empfangen hat?

Theoretisch ist das möglich. Tatsächlich hat mir jedoch bisher kein Verstorbener von solchen Plänen berichtet. Natürlich ist es leichtverständlich, warum sie dies unterlassen würden. Das Leben ist auch so schon kompliziert genug; da muss eine Frau, die eben ein Kind verloren hat, nicht wissen, dass nun ihre Schwester dieses Kind empfangen hat. Das wäre wie spirituelle Leihmutterschaft. Bitte denken Sie daran, dass sich für eine Seele, die eine bestimmte Inkarnation anstrebt, alle Umstände und Bedingungen der Inkarnation grundlegend ändern, wenn die Eltern andere sind. Ich habe bisher nicht die Erfahrung gemacht, dass Seelen nach dem Motto «Wenn es bei dir nicht klappt, dann suche ich mir eine andere Mutter» von einem Familienmitglied zum anderen springen.

Reinkarnieren sich Vorfahren innerhalb ihres Stammbaums?

Ich wünschte, die Verstorbenen würden etwas öfter mit mir über Reinkarnation sprechen. Den meisten Verstorbenen, mit denen ich es zu tun habe, ist jedoch vor allem daran gelegen, mit den Menschen, die ihnen nahestehen und noch leben, ihr zurückliegendes Leben zu besprechen. Die Vergangenheit kann in der gegenwärtigen Inkarnation erfolgreich abgearbeitet werden, weil wir unabgeschlossene Heil- und Lernaufgaben mit in unser gegenwärtiges Leben nehmen.

Die Verstorbenen haben auch deshalb ein so großes Interesse daran, der gegenwärtigen Generation Heilung zu bringen, weil sich diese Heilung auch auf ihre zukünftigen Inkarnationen auswirken kann. Wenn ich mich mit Vorfahren aus zurückliegenden Jahrhunderten unterhalte, dann weisen sie hin auf sich wiederholendes Verhalten, das manchmal sogar seit mehreren Generationen bestehen kann. Beispielsweise sagte ein schon lange verstorbener Seekapitän einem jungen Mann, der mehrere Generationen nach ihm geboren worden war, auf den Kopf zu, dass er sich schon lange ein Boot wünsche. Der junge Mann musste den Wahrheitsgehalt dieser Behauptung nicht nur eingestehen, sondern auch bestätigen, dass alle Männer in seiner Familie Boote oder auf die eine oder andere Weise beruflich etwas mit Transport zu tun haben. Der alte Seebär erklärte dem jungen Mann, dass er seiner Frau helfen müsse, ihre Ängste davor zu überwinden, dass sie ihn an die See verlieren könnte. Es stellte sich heraus, dass der alte Seebär selbst auf See umgekommen war und seine junge Ehefrau verwitwet zurückgelassen hatte. Der junge Mann erkannte den Bericht als wohlbekannte Familiengeschichte, die schon viele in der Familie veranlasst hatte, sich Sorgen zu machen, auch seine junge Frau. Es kommt oft vor, dass die Echos der Vergangenheit bis in die Gegenwart hinein zu hören sind. Doch ist nur die gegenwärtige Generation dazu in der Lage, ein solches Echo zum Verstummen zu bringen.

Manchmal erwähnen Verstorbene, dass sie und der Klient, der den Kontakt mit ihnen suchte, schon in mehr als einem

Leben etwas miteinander zu tun hatten. Während einer Sitzung in Laguna, Kalifornien, erwähnte ein verstorbener Vater eine ganze Reihe von Leben, in denen er mit seinem Sohn zusammen gewesen war. Ihre Beziehung war in all diesen Leben nicht immer die gleiche gewesen. Der Vater erwähnte ein Leben, in dem er und sein Sohn in einer Stadt in Deutschland, die er mir auf einer Landkarte zeigte, Uhrmacher gewesen waren. Der Sohn blickte mich völlig entgeistert an, weil er gerade erst von einer Reise in dieses Städtchen zurückgekommen war, sich dort von einem Uhrmachergeschäft angezogen gefühlt und sogar eine Uhr gekauft hatte. In einem früheren Jahrhundert waren er und sein Vater also Uhrmacher in Deutschland gewesen, doch in diesem Leben waren sie Amerikaner deutscher Abstammung. Ich hatte den Eindruck, dass es sich bei beiden um ein und dieselbe Familie handelte, doch ich erhielt keine Einzelheiten, die man hätte überprüfen können.

Wenn jemand ein Kind abtreibt, das in einem früheren Leben ein Vorfahre war, zerstört er damit das Schicksal dieser Familie?

Die Verstorbenen haben mir klargemacht, dass jede unserer Handlungen Einfluss nimmt – im Himmel und auf Erden gleichermaßen. Nichts ist ohne Folgen, denn weder leben noch sterben wir in einem Vakuum. Aus der umfassenderen Perspektive der Jenseitsbewohner ist jedoch das, was wir als Zerstörung empfinden, für sie immer eine Gelegenheit zur Veränderung, die zur Transformation führen kann. Es stimmt also, die Abtreibung eines Kindes, das in einem früheren Leben ein Vorfahre war, kann das Schicksal einer Familie verändern oder verschieben. Doch aus der Perspektive der Verstorbenen wird dabei nichts zerstört.

Wenn eine Schwangerschaft durch Abtreibung oder Fehlgeburt abgebrochen wird, dann empfindet die Mutter möglicherweise Schuldgefühle, Enttäuschung und Trauer. Wenn ein Kind zwar geboren wird, aber später dennoch ohne ersichtlichen Grund stirbt, dann kann der Verlust noch durch Gefühle des Versagens, Vorwürfe und Wut kompliziert werden. Doch der Geist der verstorbenen Kinder bleibt bei ihrer Familie, bietet Unterstützung, Freude und Heilung an.

9

ES IST EINFACH FALSCH

Mord, Völkermord und andere Verbrechen gegen die Menschlichkeit

DAS TWITTERN DER VERSTORBENEN

«Das Sterben allein macht einen nicht zu einem netten Menschen.»
Sagte ein junger Verstorbener, als er gefragt wurde, ob er im Jenseits seinem Mörder begegnet sei.

JENSEITSGEDANKEN

Verwechslung

Das verstorbene Mädchen stand direkt vor mir und starrte mich mit ihren großen, runden, sehr dunklen Augen an. Ihr Gesicht war eingerahmt von schwarzen Locken, die ihr bis auf die Schultern fielen. *Das muss Anne Frank sein*, dachte ich sofort.

Noch bevor ich zehn war, hatte ich *Das Tagebuch der Anne Frank* mehrmals mit der Taschenlampe unter der Bettdecke gelesen. Die Lebensgeschichte dieses Mädchens berührte mich zutiefst und die fehlende Beschreibung ihres Endes noch viel mehr. Als ich das verstorbene Mädchen vor mir sah, glaubte ich, nun endlich die Gelegenheit zum Austausch mit diesem Menschen zu erhalten, dessen Lebenserfahrungen mir so viel bedeuteten.

Doch das Mädchen vor mir sah sehr viel jünger aus als Anne Frank zu dem Zeitpunkt, als sie sich versteckte und in ihr Tagebuch schrieb. Das allein reichte noch nicht aus, um mich davon abzubringen, dass ich Anne Frank vor mir hatte, denn wie wir gesehen haben, sind Verstorbene fähig, in jüngeren oder älteren Versionen ihrer selbst in Erscheinung zu treten.

Das muss Anne Frank sein, dachte ich. «Nein, bin ich nicht!», hörte ich in meinem Kopf die Antwort des Mädchens.

In diesem Augenblick nahm ich all die anderen Verstorbenen wahr, die um sie herumstanden. Sie sahen aus, als befänden sie sich in einem Bahnhof. Sie trugen ihre besten Sachen, hatten Gepäck in den Händen und standen aufgereiht hinter meiner Klientin. Ich verstand ein paar Namen, die sie in meinen Gedankenstrom warfen. Natürlich ging ich davon aus, dass dies Personen waren, die zu sehen meine Klientin gekommen war.

Keineswegs.

Als ich die von den Verstorbenen mir mitgeteilten Informationen an die Dame weitergab, unter anderem, dass sie alle während des Zweiten Weltkriegs im Konzentrationslager gestorben waren, zeigte meine Klientin noch weniger Bereitschaft, sich mit ihnen zu befassen.

Ich begriff sie nicht. Die Mitglieder ihrer Familie waren unter unmenschlichen Bedingungen ums Leben gekommen, doch sie wollte nichts von ihnen wissen. Ich war äußerst bestürzt.

Doch die Klientin hatte ihren Termin bei mir nicht gebucht, um mit den Verwandten zu sprechen, die während des Holocaust umgekommenen waren. Diese jedoch wären gerne mit ihr in Kontakt getreten. Sie war gekommen, um Verbindung zu einer Freundin herzustellen und herauszufinden, ob ihre geliebte Katze noch bei ihr war.

Im Verlauf unserer Sitzung kommunizierte ich mit ihrer Freundin, und auch die Katze trat kurz in Erscheinung. Dabei sah ich die ganze Zeit die Verwandten der Klientin, die ruhig hinter ihr standen und geduldig darauf warteten, an die Reihe zu kommen. Als wir die Sitzung eben abschlossen, blickte mich das kleine Mädchen mit den großen dunklen Augen an und ... lächelte.

Das Lächeln dieses Kindes blieb lange Zeit in meinem Gedächtnis haften. Sie und die anderen, die ich gesehen hatte, waren in einem der furchtbarsten Verbrechen des zwanzigsten Jahrhunderts umgekommen. Trotzdem schien das Mädchen ihr bestes Kleid zu tragen, auch wenn es vielleicht das letzte Kleid war, das sie überhaupt in ihrem Leben trug. Vermutlich war ihr kurzes Leben hier auf Erden auf entsetzliche Weise beendet worden, und dennoch lächelte sie. Dieser Umstand berührte mich auf eine Weise, die ich mit Worten nicht wiedergeben kann. Immerzu musste ich daran denken, *wie* sie gestorben war; doch sie machte mir bewusst, dass sie trotz der Intentionen ihrer Schergen weiterlebte.

Anders als Anne Frank in ihrem Tagebuch kannte das kleine Mädchen zu dem Zeitpunkt, an dem ich sie kennenlernte, bereits das Ende ihrer Geschichte hier auf Erden. Und *trotzdem* lächelte sie mich an. Dieses Lächeln erschien mir ebenso geheimnisvoll wie jenes der Mona Lisa.

Dieses kleine verstorbene Mädchen, dem ich vor so vielen Jahren begegnet bin, hat mich zum Schreiben dieses Kapitels inspiriert. Jedes Mal, wenn ich im Fernsehen etwas über Mord und Gewalt in der Welt sehe, muss ich an sie denken.

Notruf!

«Stell den Fernseher an, wir sind im Krieg!», sagte die Stimme im Telefon und riss mich am frühen Morgen des 11. September 2001 aus dem Schlaf.

Die Anruferin und ich sind beide New Yorkerinnen; sie war in der Innenstadt aufgewachsen und ich in der Vorstadt. Wir beide hatten Verwandte und Freunde, die in Manhattan lebten und arbeiteten. Als wir uns in den Tagen nach diesem furchtbaren Ereignis mit Freunden und Kollegen austauschten, staunten wir darüber, wie viele Menschen wir kannten, die direkt vom Absturz der Flugzeuge und dem Zusammenbruch der beiden Türme betroffen waren.

Selbst in einem größeren Zusammenhang ist der Tod immer etwas Persönliches. Jeder einzelne Verstorbene ist eine Mutter oder ein Vater, eine Schwester oder ein Bruder, ein Sohn oder eine Tochter. In meiner Vorstellung muss der Schmerz, der durch einen plötzlichen, scheinbar sinnlosen Tod ausgelöst wird, bei jedem einzelnen der Hinterbliebenen geheilt werden. Diese Überzeugung ist für mich und meine Arbeit überlebenswichtig, denn sonst könnte mich die Trauer der Hinterbliebenen leicht überwältigen.

Als ich jünger war, hat mich die traumatische Energie, die an Schauplätzen von Katastrophen vorherrscht, meistens vollständig vereinnahmt. Als zehnjähriges Schulkind musste man mich einmal von einem der Gettysburger Schlachtfelder tragen, weil ich dort einen nicht enden wollenden Weinkrampf bekommen hatte. Was als Geschichtsstunde begonnen hatte, führte mich zu der Erkenntnis, dass es einige historische Stätten gibt, mit denen ich nicht besonders gut fertigwerde. Und obwohl ich das nun weiß, fühle ich mich dennoch vollkommen überwältigt, wenn ich in manchen Ländern die Schauplätze von großem Blutvergießen aufsuche. In Kambodscha beispielsweise konnte ich kaum meinen Fuß auf den Boden setzen, ohne sogleich das Entsetzen und den Massenmord, der dort stattgefunden hatte, fast körperlich zu empfinden. Zum Glück hatte ich, als ich zu Besuch in diesem Land war, bereits weitgehend gelernt, wie ich mit den aufsteigenden Gefühlen klarkommen kann. Doch wenn ich eine persönliche Beziehung zu einem Schauplatz wie etwa New York habe, dann kann ich mich weniger gut gegen die Reaktionen der Verstorbenen und die Trauer ihrer Angehörigen abschirmen.

Deshalb bat ich am 12. September diejenigen, die am Vortag gestorben waren: «Bitte fallt nicht alle zugleich über mich her.» Ich *wollte* den Menschen helfen, die sich aus der Bahn geworfen fühlten. Ich war mir *sicher*, ihnen eine Stütze sein zu können, allerdings *mussten* sie einer nach dem anderen zu mir kommen.

Doch wie es so häufig bei mir der Fall ist: Die Verstorbenen hatten andere Pläne mit mir. Eine Woche nach dem Terrorangriff überredeten mich Freunde zu einer gemeinsamen Sitzung. «Wir bilden einen Kreis und beten für die Familien», schlug meine Freundin Andrea vor. *Das hört sich positiv und angemessen an*, dachte ich.

Doch wenn man ein Medium mit Menschen in einen Raum setzt, die wohlmeinend und für Übersinnliches empfänglich sind, dann *muss* mehr passieren als gemeinsames Beten. Innerhalb von Minuten füllte sich mein Wohnzimmer mit Verstorbenen, die uns ihre Namen nannten und uns mitteilten, dass sie nicht «vermisst» waren. Sie hatten die Fotos und die panischen Gesuche um Kontaktaufnahme gesehen, mit denen ihre Angehörigen die Umgebung gepflastert hatten. Sie hatten mitbekommen, wie Freunde und Familienmitglieder sich aber auch wirklich überall nach ihrem Verbleib erkundigten. Diese Verstorbenen wussten, dass ihre Angehörigen sich an die Hoffnung klammerten, dass sie nur vermisst und vielleicht noch am Leben waren. Aus der Perspektive der Verstorbenen war es entscheidend, Klarheit zu schaffen. Sie wollten nicht als vermisst gelten, sondern ihren Hinterbliebenen mitteilen, dass es ihnen im Jenseits gut ging.

Eine verstorbene Dame ging zielgerichtet zu Andrea, nannte ihr ihren vollständigen Namen und erklärte, dass sie an ihrem Arbeitsplatz nur unter ihrem Ehenamen bekannt war und daher fälschlicherweise unter ihrem Mädchennamen auf der Vermisstenliste stand. Sie wollte, dass ihre Angehörigen Bescheid wussten.

Als sich mitten in diesem Durcheinander von mitteilungsbedürftigen Verstorbenen meine Geisthelfer zeigten, fiel mir ein Stein vom Herzen. Sie kamen mir ebenso effizient vor wie die Mitarbeiter des Roten Kreuzes oder der Hilfsorganisationen nach einer Naturkatastrophe. Ausgerüstet mit Klemmbrettern und Stiften, hakten sie Namen auf ihren Listen ab. Jeder einzelne Verstorbene wurde dann durch eine violette Tür geführt, die in meinem Wohnzimmer in Erscheinung getreten war. Einer nach dem anderen verließ das Zimmer, bis es wieder ruhig und friedlich war.

Es beeindruckte mich, wie gut die Verstorbenen auf ihrer Seite die Sache organisierten. Egal wie chaotisch es auch am 11. September am Schauplatz des Grauens in New York zugegangen sein mag, ich habe keinen Zweifel daran, dass jeder, der an diesem Tag starb, persönlich entweder von einem ihm bekannten Jenseitsbewohner oder aber von einem Geisthelfer betreut und auf den richtigen Weg gebracht wurde.

Ich habe ja bereits erwähnt, dass jeder persönlich ins Jenseits geleitet wird, doch bei dieser Gelegenheit war es wirklich erstaunlich, mit welcher Aufmerksamkeit die Verstorbenen sich umeinander kümmerten. So wie es bei uns Notfallhilfe gibt, so existiert auch im Jenseits eine Erstversorgung. Eigens für die Begrüßung abgestellte Verstorbene nehmen die Neuankömmlinge ganz ähnlich wie im Diesseits in Empfang.

Beispielsweise teilte mir kurz vor Thanksgiving eine verstorbene Mutter mit, die vor dem 11. September gestorben war, dass sie alle die Neuankömmlinge im Jenseits zu einem Thanksgiving-Essen einladen würde. «Das erscheint mir vollkommen naheliegend», sagte mir ihre Tochter. «Mutter hat an Thanksgiving immer alle eingeladen, die neu in unsere

Gegend gezogen waren. Selbstverständlich wird sie sich im Jenseits nicht anders verhalten.»

Nach einer großen traumatischen Katastrophe, gleichgültig ob sie von Menschenhand oder von der Natur verursacht wurde, fließen den Hinterbliebenen oft Hilfe und Hilfsleistungen in großem Umfang zu mit dem Ziel, ihr Leid zu lindern. Einzelne Bürger spenden Summen, die Cent- oder Millionenbeträge sein können. Wohltätigkeitsveranstaltungen und Spendenmarathons im Fernsehen veranlassen weltweit Menschen, Geld zu geben, um die erforderliche Unterstützung zu ermöglichen. In solchen Krisenzeiten handeln wir nach dem Motto: «Was einem von uns geschieht, geschieht uns allen.» Im Jenseits jedoch gilt dieses Motto *immer*. Wo wir Unterschiede wahrnehmen, da sehen die Verstorbenen nur Gemeinsamkeiten. Bei uns auf Erden lösen sich die vermeintlichen Unterschiede zwischen uns erst auf, wenn Gebäude zerfallen und Leben erlischt.

Auch wenn Erdbeben, Wirbelstürme, die methodische Ermordung ganzer Rassen und das Fällen von Türmen durch Flugzeuge, die sich auf einem Kurs der Zerstörung und des Todes befinden, im großen Maßstab Menschenleben kosten, jeder einzelne Tod betrifft uns persönlich. Die Jenseitsbewohner tun ihr Bestes, damit wir das nicht vergessen.

Wenn irgendwo auf der Welt ein Unglück geschieht, dann gehören zu den nachfolgenden Medienberichten unweigerlich Interviews mit Menschen, die davon erzählen, wie sie sich «veranlasst» oder sogar «gezwungen» fühlten, fremden Menschen auch dann zu helfen, wenn sie anderen Kulturen oder Nationen angehören. Wenn sie ihre Hilfsbereitschaft erklären sollen, dann sagen sie Sätze wie: «Ich weiß nicht, warum ich das Bedürfnis zu helfen so stark empfunden habe, aber so war es.» Wenn sich Menschen auf der anderen Seite der Erde veranlasst fühlen, positiv auf das Leben eines völlig Fremden einzuwirken, dann, weil sie persönlich betroffen sind. Die Verstorbenen sorgen dafür, dass wir so empfinden. Sie bringen uns dazu, ihren Angehörigen zu helfen.

Als Amerikanerin hat es mich immer erstaunt, für wie unabhängig wir uns halten. Doch in meiner Arbeit mit den Verstorbenen werde ich unablässig darauf hingewiesen, wie sehr wir voneinander abhängen.

Auch Jahre nach dem Ereignis vom 11. September und weit fort von New York erinnerten mich die Verstorbenen neuerlich daran, dass ich helfen kann, einem nach dem anderen.

Die Rose blüht immer noch

Erinnere dich nur daran,
im härtesten Winter,
tief unter dem kalten Schnee
liegt der Keim,
der mit der Sonne Liebe
im Frühling zur Rose erblüht.

Der letzte Ton des Bette-Midler-Songs erklang in vollkommener Stille. Niemand im Publikum wagte es, auch nur zu atmen. Aus irgendeinem Grund hatte ich mich inspiriert gefühlt, eine Gruppensitzung mit diesem Lied zu beenden, bei dem alle mitsangen. Ich konnte nicht wissen, dass dieses Lied für eine Familie im Publikum eine ganz besondere Bedeutung hatte. Es war das Lieblingslied einer jungen Frau gewesen, die beim Einsturz der World-Trade-Center-Türme gestorben war. Kurz darauf, als ihre Eltern mich aufsuchten, lernte ich diese wunderschöne und charmante Verstorbene kennen.

«Jeder liebt diese junge Frau!», rief ich. «Und ich kann leicht erkennen, warum. Sie hat eine übersprudelnde Persönlichkeit und liebt das Leben. Sie ist unbezähmbar. Sie wollte in New York leben, doch in ihrem Herzen ist sie ein Kleinstadtmädel geblieben.»

Die Eltern, die vor mir saßen, waren gramerfüllt, und als ich vor meinem inneren Auge einen Film vom Einsturz des World Trade Centers sah, konnte ich das leicht nachvollziehen. Zu Beginn unserer Sitzung hatte mir diese entzückende junge Frau einen Bienenstock gezeigt, der ihr als Symbol für das alte Wort diente, von dem sich ihr Name ableitete. Sie hatte mich in Einzelheiten ihres Lebens eingeweiht, die nur ihre Eltern wissen und bestätigen konnten. Sie sprach über Geschehnisse, die sich nach ihrem Tod ereignet hatten, um ihnen zu versichern, dass sie noch immer in ihrem Leben gegenwärtig war.

Alles in allem kommunizierte sie mit mir als Medium ausgezeichnet.

«Ihre Tochter kam oft zu spät», sagte ich, an die Eltern gerichtet. «Deshalb glaubten Sie zunächst, sie sei dem Anschlag entgangen.»

«Ja, das stimmt», sagte der Vater. Die Liebe zu seiner Tochter und sein Stolz auf ihre Leistungen sprachen aus jedem seiner Worte und aus jeder seiner Gesten. Außerdem war er äußerst besorgt um seine Frau, die am Boden zerstört war.

«Sie sagt mir, dass sie hatte helfen wollen. Sie sei getötet worden, als die Bruchstücke der Gebäude herabregneten. Sie starb, während sie versuchte, anderen Menschen zu helfen. So war einfach ihre Persönlichkeit.»

Es machte mir große Freude, mich mit dieser begeisterungsfähigen jungen Frau auszutauschen. Sie lud den ganzen Raum mit ihrer Energie auf, sodass mir die Haare auf dem Kopf und die Härchen auf den Armen zu Berge standen. Es kam mir so vor, als säße ich in einem Raum voller statischer Elektrizität.

Obgleich sie in der Katastrophe starb, die uns alle in eine neue Welt katapultierte, kam sie mit der Rolle, die sie darin spielte, mühelos zurecht; sie starb, als sie das tat, was sie immer tat: anderen Menschen helfen. Ihre Familie sollte wissen, dass sie bei ihrem Tod keine Angst gehabt hatte, dass sie ihren Tod überlebt hatte und dass sie sie alle liebte.

Große Reden und politische Stellungnahmen waren nicht nötig. Die absichtsvolle Zerstörung hatte ihr nichts anhaben können und auch nicht ihrer von Liebe erfüllten Seele.

Der Schein trügt

Für diejenigen von uns, die schon vor 2001 in den Vereinigten Staaten lebten, waren Terrorangriffe nicht alltäglich. Doch es gibt überall auf der Welt Länder, wo dies anders ist, und das schon seit Jahren. In manchen Städten kann es an Todesmut grenzen, wenn man in einem Straßencafé einen Cappuccino genießt. An diese Tatsache wurde ich erinnert, als eine Frau namens Lillian mich aufsuchte.

«Neben Ihnen steht ein verstorbener Mann. Er übermittelt mir den Eindruck von Ehemann, und sein Name klingt wie ‹Sol›, die Sonne. Ihr Mann ist äußerst beeindruckend. Er erzählt mir von Filmen. Er spricht wie ein Produzent.»

«O ja, diesen Beruf hat er ausgeübt», bestätigte sie.

«Er tritt mit einer jungen Frau in Erscheinung und lässt mich wissen, dass sie Ihre Tochter ist.»

Lillian, die Dame, die mir gegenübersaß, hatte die Schönheit, die Anmut und die Ausstrahlung einer früheren Schauspielerin. Sie war außerordentlich gefasst für jemanden, der sowohl Ehemann als auch Tochter verloren hatte.

Lillians Ehemann ließ einen Film auf meiner inneren Leinwand abspielen, in dem Vater und Tochter ins Gespräch vertieft an einem Cafétisch zu sehen waren. Es war ein friedlicher, sonniger Tag bis ... WUMM! Mit einem blendenden weißen Licht ging der Film zu Ende.

Weder Sol noch seine Tochter hielten sich lange bei dem Film auf, den sie mir gezeigt hatten. Sie wollten lieber über Familienangelegenheiten sprechen, über den kleinen Jungen, der schon bald in die Familie hineingeboren würde. Sie sprachen über die Ausbildung der Tochter und über ihr Interesse an einer schriftstellerischen Tätigkeit. Lillians Tochter erwähnte, dass sie an Lillians Seite gewesen sei, als diese in den Geschichten gelesen habe, die sie als Kind zu Papier gebracht hatte. Sol versuchte ein paar Dean-Martin-Songs zu singen, eher schlecht als recht.

Ich hatte es bereits mit vielen Menschen zu tun, die eines gewaltsamen Todes gestorben sind. Nur in ganz seltenen Ausnahmefällen befassen sich die jung Verstorbenen mit der Gewalt. Sie sprechen lieber über die Einzelheiten des Lebens als über die Details des Sterbens. Viele haben mir bestätigt, dass ihnen auf dem Weg ins Jenseits jeglicher Schmerz erspart blieb. Eine junge Verstorbene erklärte ihren Eltern: «Ich sah zu, wie es geschah. Ich hatte keinerlei Schmerzen.»

Ich sprach mit einem jungen Verstorbenen, der gefoltert, ermordet und bis zur Unkenntlichkeit verbrannt worden war. Als er mit seinem Vater Verbindung aufnahm, beschrieb er sein Zimmer zu Hause und darunter Details wie den Sportwagenkalender und die liebevolle Beziehung zu seinem Vater sowie zum Rest der Familie. Dieser junge Mann trug nicht dazu bei, die Albträume seines Vaters zu verstärken, indem er die Umstände seines Todes beschrieb. Weder durchlebte er im Jenseits sein entsetzliches Sterben immer wieder von Neuem, noch wollte er, dass sein Vater sich im Diesseits damit auseinandersetzen musste.

Immer wieder haben mir verstorbene Kinder versichert, dass sie im Jenseits nicht so leben, wie sie im Diesseits gestorben sind. Ihr Tod ist eine Erinnerung, die sie, wenn sie es wollen, herbeirufen können.

Eine junge Frau, die von einer Machete getroffen worden und verblutet war, verglich die Erfahrung mit einer Geburt. «Meine Geburt war eine blutige Angelegenheit. Der Übergang ins Jenseits war genauso», erklärte sie mir. Später erfuhr ich, dass ihre Mutter bei der Geburt starke Blutungen gehabt hatte.

Das schlimmste Trauma, das wir uns nur vorstellen können, scheint auf diejenigen, die in seiner Folge gestorben sind, nur wenig Einfluss zu haben. Die Kinder im Jenseits verharren nicht im diesseitigen Grauen. Und sie bemühen sich redlich, auch ihre Eltern im Diesseits davon fernzuhalten.

Worte sorgfältig wählen

Als Medium höre ich sorgfältig auf das, was Verstorbene zu sagen haben. Ihre Botschaften können mich in Form von Worten, Symbolen, Bildern und Empfindungen erreichen. Im Laufe der Jahre bin ich gut darin geworden, die jenseitige in die diesseitige Sprache zu übersetzen. Als Medium habe ich es außerdem gelernt, sorgfältig auf das Schweigen zu achten, denn das Verschwiegene ist manchmal ebenso erhellend wie das Ausgesprochene.

Dies gilt besonders dann, wenn es um Mord oder irgendwelche anderen Katastrophen geht. Ob ein Tod nun durch Menschenhand oder durch die Kräfte der Natur bewirkt wurde, eins ist auffallend: Niemals bezeichnen sich die Verstorbenen als «Opfer».

Wir hingegen bezeichnen schnell bald *jeden* als Opfer. Sie

brauchen nur den Fernseher anzuschalten, und schon hören Sie Formulierungen wie «die Opfer des Wirbelsturms» oder «die Opfer des verurteilten Serienmörders».

Ein junger Verstorbener schnitt mir sofort das Wort ab, als ich von ihm als Opfer sprach.

Ihn hatte, während er in seinem Wagen fuhr, eine Kugel getroffen und getötet, die von jemandem, der es auf Kraftfahrer abgesehen hatte, abgefeuert worden war. Während ich mit ihm sprach und seine Botschaften an seine Mutter weitergab, fiel mir plötzlich ein, dass ich einen Nachrichtenbeitrag über ihn gesehen hatte. *Oh, ich weiß, wer du bist*, sagte ich in Gedanken zu ihm. *Deine Geschichte kam in den Nachrichten. Du bist ein Opfer von …*

Noch bevor ich den Satz beenden konnte, fuhr er mir ins Wort: «Ich bin kein Opfer.» Das war klargestellt.

«Ihr Sohn sieht sich nicht als Opfer», erklärte ich seiner Mutter.

«Ich habe meinen Sohn so erzogen, dass er sich für nichts und niemanden zum Opfer machen lässt», bestätigte sie stolz.

Jenseitsbewohner sind physisch nicht verletzbar wie wir im Diesseits; und sie tragen im Himmel auch keine Abzeichen, auf denen «Opfer» steht.

Verstorbene ergehen sich auch nicht in Vermutungen darüber, was gewesen wäre, wenn. Sie stellen keine Vermutungen darüber an, was hätte geschehen können oder sollen. Sie sprechen mit erstaunlicher Ruhe und Gelassenheit über das, was «ist». Das kann manchmal ein wenig nervenaufreibend sein, insbesondere dann, wenn Familienmitglieder nach Schuldigen suchen oder nach Informationen, die sie in ihrem Gerechtigkeitsempfinden bestätigen.

Eine Frau, die ihren Schwager verdächtigte, ihre Schwester vergiftet zu haben, verlangte: «Bitten Sie meine Schwester,

Ihnen zu sagen, ob mein Schwager sie vergiftet hat. Kann schon sein, dass ich die Einzige in der Familie bin, die das für möglich hält, aber ich *weiß*, dass ich recht habe.» Die verstorbene Schwester weigerte sich, Schuldzuweisungen auszusprechen.

Eine Mutter, die mit dem Urteil eines Schöffengerichts nicht zufrieden war, fragte ihren verstorbenen Sohn, ob sie sich an die nächste Instanz wenden solle. Der Sohn, der im Gesetzesvollzug tätig gewesen war, sagte: «Mir geht es gut. Ich weiß, dass du mich liebst.»

«Ja», sagte sie weinend, «ich liebe dich von ganzem Herzen.»

«Dort, wo ich jetzt bin, brauche ich kein Urteil. Wenn du vor Gericht gehen willst, dann tu es, weil es für dich wichtig ist, aber nicht für mich», sagte er und entließ sie aus der selbstauferlegten Verpflichtung, ihn noch über seinen Tod hinaus zu verteidigen.

Später erfuhr ich, dass sie sich durch ihren Kreuzzug für Gerechtigkeit von ihrem zweiten Sohn entfremdet und fast ihre Ehe zerstört hatte.

Der Arm des Gesetzes ist lang, aber er reicht nicht bis ins Jenseits. Das ist auch gar nicht nötig.

Die Vorstellung, dass jemand, der ermordet wurde, nicht zur Ruhe kommen kann, bis die Tat aufgeklärt ist, gibt höchstens einen guten Filmstoff ab. Ein Kriminalroman, in dem die Bösen zum Schluss in die Falle gehen, mag eine reizvolle Lektüre sein, doch in meiner Welt ist Mord nicht unterhaltsam, und die Justiz schafft auch nicht immer Heilung.

Balanceakt

Ein junger Mann Anfang zwanzig, der in der Nähe eines Mini-Markts niedergeschossen worden war, brachte mir bei, wie sich irdische Gerechtigkeit und himmlische Liebe voneinander unterscheiden.

Er hörte auf den Spitznamen Rally, weil er für sein Leben gern Autorennen fuhr. Als er bei einer Zusammenkunft mit seiner Mutter und Tante erschien, übernahm er sogleich die Führung.

«Ich sehe eine große Zahl Autos mit origineller Lackierung», teilte ich seiner Mutter mit.

«An Wochenenden hat er nichts lieber getan, als an Autos zu basteln», erklärte seine Mutter Tisha. Sie war eine hübsche, kleinwüchsige Frau mit mandelförmigen Augen, die selbst kaum älter als ein Teenager aussah.

«Er sagt mir, dass Sie ihn um den Hals tragen. Ihm gefällt sein Gesicht in Gold.»

Aus dem Ausschnitt ihrer Bluse zog sie einen quadratischen Anhänger. Darauf waren die Gesichtszüge eines jungen Mannes in die Oberfläche eingraviert. Man konnte sie kaum erkennen.

«Rally zeigt mir in großen Mengen Blumen und Kerzen auf dem Bürgersteig. Ich sehe Stofftiere, sogar Luftballons und viele Menschen entlang des Gebäudes.»

«Ja, viele kommen dorthin, wo er gestorben ist.»

«Er zeigt mir Gitterstäbe und vermittelt mir den Eindruck, dass eine Person aufgrund der Ereignisse bereits ins Gefängnis gekommen ist.»

«Ja, das trifft zu», bestätigte sie.

«Aber diese Person ist aus einem anderen Grund im Gefängnis und nicht, weil sie etwas mit dem Tod Ihres Sohnes zu tun hat, nicht wahr?»

«Im Zusammenhang mit dem Tod meines Sohnes gab es keine Beweise. Das ist einfach ungerecht», sagte sie und sah plötzlich um Jahre gealtert aus.

«Er war nicht sofort tot, sagt er mir, doch er hat keine Schmerzen gehabt. Er möchte, dass Sie das wissen.» Rally sagte in meinem Ohr das Wort «Bruder» und zeigte mir einen Schnappschuss von einem jungen Mann, der über ihm stand. «Ihr jüngerer Sohn hat ihn gefunden, nicht wahr?», fragte ich die Mutter.

Sie nickte bestätigend.

Rally beschrieb das Fahrzeug, in dem sich der Schütze befand. Obgleich Zeugen den Wagen gesehen hatten, meldete sich niemand mit Informationen über den Schützen. Rally zeigte mir, wie er umgerissen wurde, als der erste Schuss fiel, und wie er versucht hatte, seine Begleiterin mit seinem Körper zu schützen.

«Er hat sie beschützt», bemerkte Rallys Mutter. «Es ist einfach ungerecht, dass mein Sohn sterben musste. So unfair.»

«Rally zeigt mir einen Spielplatz. Darauf gibt es Schaukeln, Karusselle und Wippen», fuhr ich fort. «Er hat sich gegen die Rabauken stark gemacht.»

«Ja, mein Rally war ein Kämpfer. In der Nähe unseres Hauses gibt es einen kleinen Park. Früher bin ich mit ihm da hingegangen. Ich kann mich jedoch nicht daran erinnern, dass es dort eine Wippe gab.»

Was hat es mit der Wippe auf sich, fragte ich Rally im Geiste.

Da zeigte er mir auf meiner inneren Leinwand die Justitia mit ihrer Waage der Gerechtigkeit. Das Bild half mir nicht wirklich weiter, doch gab ich es an seine Mutter weiter.

«Ja, Gerechtigkeit», sagte sie, «für meinen Sohn gibt es keine. Egal ob diese Statue auf jedem Gericht steht oder nicht.»

Mir war klar, dass es Rally um etwas ganz Bestimmtes ging,

doch weder ich noch seine Mutter begriffen, worauf er hinauswollte. Zum Glück sind Jenseitsbewohner geduldig.

Wieder übermittelte mir Rally das Bild von der Wippe. Diesmal stand das Wort «Liebe» daraufgeschrieben, und die Wippe befand sich vollkommen in der Waagerechten.

Als ich die Information an Rallys Mutter weitergab, sagte sie: «Das ist typisch für meinen Jungen, immer spricht er nur von Liebe.»

Diese Worte blieben in mir haften: «Immer spricht er nur von Liebe.» Doch dieser junge Mann tat mehr, als nur von Liebe zu sprechen. Er setzte seine Liebe in die Tat um! Das Letzte, was er hier auf Erden getan hatte, war es, einen anderen Menschen vor einem Kugelhagel zu schützen.

Ich dachte nach über Rally, die Wippe der Liebe und die Waagschalen der Gerechtigkeit. Diese Bilder bewahrte ich mir lange Zeit im Kopf.

Im Laufe der Jahre bin ich dazu übergegangen, Rallys Wippe als Metapher für die himmlischen Maßstäbe zu verwenden, auf deren Basis wir im Jenseits über uns urteilen. Befindet sich unser Geben mit unserem Nehmen im Gleichgewicht? Sind ausgedrückte und zurückgehaltene Liebe gleichauf? Haben wir andere mehr geliebt als uns selbst? Oder waren uns unsere Bedürfnisse wichtiger als die unserer Mitmenschen? Wenn wir uns auf das eine Ende der Wippe setzen, der Summe unserer Taten gegenüber, bleibt die Wippe dann im Gleichgewicht?

In meiner Arbeit mit den Verstorbenen mache ich mich hier auf Erden zu ihrem Fürsprecher für vollkommene und ausgeglichene Liebe, denn das ist die Energie, die sie mir schicken. Die Kraft ihrer energetischen Liebe kann hier auf Erden Veränderungen bewirken.

Liebe senden

Wenn ich es mit verstorbenen Kindern zu tun habe, die einem Mord zum Opfer gefallen sind, dann übergehen sie die Details ihres Sterbens, weil ihnen mehr daran gelegen ist, ihren Eltern und eigentlich allen Menschen Trost und Inspiration zur Veränderung zu bringen.

Eigentümlicherweise tun sie dies, indem sie gerne zuallererst über ihre Beerdigung sprechen.

Das erscheint uns vielleicht ein wenig morbid, doch den Kindern kommt es vollkommen normal vor. Kinder kommen nicht zu ihrer eigenen Beerdigung, um wie Tom Sawyer zu hören, was die Leute über sie sagen – sie kommen, um sich an der Liebe und Unterstützung für ihre Eltern und Angehörigen zu beteiligen.

Ein junger Verstorbener gestand mir, dass ihm nichts über eine gute Party ging. Seine Eltern bestätigten, dass seine Freunde die Trauerfeier übernommen und sie mit Live-Musik und Videos zu einem unvergesslichen Ereignis gemacht hatten.

Verstorbene Kinder haben ihre helle Freude daran, mir mitzuteilen, dass in der Kirche, in der Leichenhalle oder dem Auditorium nicht genug Raum war, um all den Menschen Platz zu bieten, die bei der Beerdigung oder der Trauerfeier dabei sein wollten. Und dabei handelt es sich nicht um Selbstverherrlichung; es ist ihre Art, ihre Eltern daran zu erinnern, dass ihre Zeit auf Erden wichtig war und dass sie nicht vergessen werden.

Verstorbene Kinder bedienen sich der Arme anderer, um ihre Eltern zu berühren und zu umarmen. Jede E-Mail, Karte, gezeigte Fotografie, Facebook-Nachricht und jeder Leichenschmaus verschafft ihnen die Gelegenheit, andere dazu zu inspirieren, ihren Eltern Trost zu spenden. Abhängig von dem

Maß, in dem ihr Tod bekannt gemacht wird, können junge Verstorbene Hunderte, wenn nicht gar Tausende Menschen dazu inspirieren, ihre trauernden Eltern zu trösten. Diese Unterstützung kann die Eltern wiederum veranlassen, zu Vorkämpfern etwa von legislativen Initiativen zum Schutz der Kinder anderer zu werden. Wir empfinden jeden Mord als zutiefst tragisches und trauriges Ereignis, doch der Ermordete selbst empfindet ihn als Gelegenheit, den Hinterbliebenen bewusst zu machen, wie sie fürsorglicher und liebevoller miteinander umgehen können.

Ein Hochzeitsgeschenk

Die Liebe der Verstorbenen kann Heilung bewirken, ganz egal, wie gruselig die Umstände ihres Todes auch waren.

Eines Abends während einer Schulungssitzung trat eine junge Verstorbene in Erscheinung und sprach darüber, wie sie gestorben war. Sie wies darauf hin, dass sie zu keiner der anwesenden Damen «in Beziehung» stand. Sie war zwei Wochen vor ihrer Hochzeit ermordet worden.

Kathy, eine hübsche Frau Anfang zwanzig, war eines Abends gerade dabei, an ihrem Arbeitsplatz ihre Sachen zusammenzupacken, als sie noch an ihrem Schreibtisch ermordet wurde. Sie nannte mir alle gruseligen Einzelheiten. Trotz allem bezeichnete sie sich kein einziges Mal als Opfer, machte niemandem Vorwürfe und verlangte nicht von mir, ihren Mörder zu fangen. Ihr ging es um etwas vollkommen anderes.

Ich musste sieben Jahre warten, um herauszufinden, worum es sich handelte.

«Meine Schwester hat mir vor einer Weile davon erzählt, dass Sie mit meiner Verlobten gesprochen haben», sagte der

Mann am Telefon. «Ich fliege demnächst nach Los Angeles und würde gerne einen Termin mit Ihnen ausmachen.»

Ich wusste sofort, wer er war. Das, ich muss es zugeben, war ungewöhnlich, denn schließlich waren Jahre vergangen, seit ich seiner verstorbenen Verlobten begegnet war. Die Begegnung war viel länger her als nur «eine Weile». Doch die Einzelheiten dieses Mordes waren wie mit unauslöschlicher Tinte in meinem Gedächtnis festgeschrieben.

Als ihr Verlobter meinen Raum betrat, fiel mir sofort seine Körperhaltung auf. Charles war Pilot bei der Marine, und das war in jeder seiner Bewegungen zu erkennen. Es saß mit geradem Rücken auf seinem Stuhl und blickte mich erwartungsvoll an. Ich wusste, mit wem er sprechen wollte, aber natürlich konnte ich nicht versprechen, dass sie oder auch sonst irgendwer in Erscheinung treten würde.

Und dann hatte sie ihren Auftritt ... in einem roten Kleid.

«Kathy steht in einem roten Kleid unmittelbar neben Ihnen. Sie sagt, dass Sie nur ein Foto von ihr haben, und auf dem trägt sie dieses rote Kleid.»

«Das stimmt», sagte er und zog ein Foto aus seinem Aktenkoffer. «Sie ließ sich nicht gerne fotografieren.»

Dann sprach Kathy über Familienmitglieder, eine Zeremonie, in der Charles eine Belobigung erhalten hatte, und über das neue Haus, das er soeben gekauft hatte. Kein einziges Mal kam sie auf die Art ihres Todes zu sprechen – keine Einzelheiten, kein Blut. Das einzig Rote in meinem Zimmer war ihr Kleid.

«Es ist in Ordnung», sagte Kathy plötzlich völlig unerwartet, «wenn du heiratest. Ich liebe dich und möchte, dass du glücklich bist.»

Die Augen des Marinepiloten füllten sich mit Tränen. «Deshalb bin ich heute hier», sagte er. «Ich muss wissen, dass

Kathy meinen Plänen zustimmt, bevor ich sie umsetze. Deshalb habe ich in Los Angeles auf dem Weg zu meiner neuen Braut haltgemacht.»

Jetzt standen mir die Tränen in den Augen.

Ich weiß nicht, ob Kathys Mörder vor Gericht gestellt wurde. Kathy jedenfalls hatte mehr Interesse daran, dass der Mann, den sie liebte, neue Liebe fand, als daran, dass ihr Mörder verurteilt wurde.

ANTWORTEN AUS DEM JENSEITS

Landen alle schlechten Menschen in der Hölle?
Oder gelangen manche von ihnen in den Himmel?

Zunächst einmal sei gesagt, dass die Jenseitsbewohner andere Vorstellungen als wir davon haben, wie ein «schlechter» Mensch beschaffen ist. Eine Verstorbene, die zu Lebzeiten äußerst religiös gewesen war, schien überrascht, als sie nach ihrem Tod ihren ungläubigen Bruder wiedersah. «Die lassen jeden in den Himmel!», rief sie überrascht. Offenbar war ihr Bruder das schwarze Schaf der Familie gewesen, war aber dennoch geliebt worden. Ein junger Verstorbener fasste die Unterschiede zwischen Himmel und Hölle knapp zusammen. «Das Sterben allein macht einen nicht zu einem netten Menschen», erklärte er seiner Mutter. «Ich verbringe meine Zeit lieber mit netten Menschen.» Ich bin seiner Meinung. Auch ich bin lieber in der Gesellschaft von netten Menschen, insbesondere, wenn ich mit Verstorbenen arbeite.

Ich werde immerzu gefragt, wie die Hölle ist. Da ich sie nicht aus eigener Anschauung kenne, kann ich aus erster

Hand nichts beisteuern. Doch die Verstorbenen haben mir immer wieder vor Augen gehalten, dass wir mit unserem Handeln im Diesseits unsere Wirklichkeit im Jenseits erschaffen. Für diejenigen von uns, die Mitgeschöpfen absichtlich geschadet haben, ist das Jenseits bevölkert von jenen mit ähnlichen Absichten. Man kann sich nur schwer vorstellen, wie es wohl wäre, wenn alle Mörder beisammen sind. Es würde mich wundern, wenn an einem solchen Ort nicht ein Schild mit der Aufschrift «Willkommen in der Hölle» stünde.

Kann mein geliebter Mensch im Himmel nicht zur Ruhe kommen, bis ihm oder ihr Gerechtigkeit auf Erden widerfahren ist?

Die Verstorbenen erklären mir häufig, dass sie im Himmel einen Frieden empfinden, wie wir ihn uns nicht vorstellen können. Hand in Hand mit diesem außergewöhnlichen Gefühl von Frieden geht das Empfinden großer Sicherheit. Im Jenseits sind Kinder umhüllt von der Liebe ihrer Familien. Bisher hatte ich keinen Kontakt zu einem Verstorbenen, für den irdische Gerechtigkeit eine Voraussetzung für seinen Frieden im Himmel ist. Zum Glück müssen Verstorbene nicht mehr länger unter körperlichen Schmerzen leiden. Das bedeutet jedoch nicht, dass jene, die das Gesetz brechen und Leid verursachen, nicht ihrer gerechten Strafe zugeführt werden sollen. Es bedeutet lediglich, dass wir, auch wenn die Beweise für eine Verurteilung nicht ausreichen oder die Strafe für das Verbrechen nicht angemessen scheint, unseren geliebten Verstorbenen nicht im Stich gelassen haben. Irdische Gerechtigkeit hat ihre Grenzen. Die gute Nachricht lautet, dass unsere geliebten Verstorbenen jenseits dieser Grenzen in Frieden und Liebe leben.

Was geschieht, wenn die Polizei den Mörder niemals findet?

Kein Mensch kann sich für alle Zeiten der Gerechtigkeit entziehen. Im Jenseits ist es unmöglich, sein Handeln zu verbergen und der Bestrafung für dieses Handeln zu entgehen. *Das gelingt keinem!* Das gilt für uns alle gleichermaßen. Rechtfertigungen und Rationalisierungen entfallen, und die Tat steht in scharfem Kontrast zum hellen Licht vollkommener Liebe.

Wenn jemand ermordet wird, hat er dann als Verstorbener die Gelegenheit, seinem Mörder bei dessen Tod entgegenzutreten?

Bisher hat noch kein Verstorbener mir gesagt, dass er darauf wartet, seinen Mörder zu begrüßen. Allerdings habe ich in Visionen und Träumen zu sehen bekommen, dass diejenigen, die eine Trennung zwischen Menschen, die einander lieben, verursachen, zu spüren bekommen, wie es sich anfühlt, wenn man ganz und gar von Liebe abgeschnitten ist. Es ist nicht notwendig, von einem Mörder Rechenschaft zu fordern, weil er schließlich erkennt, wie sein Handeln sich auf andere ausgewirkt hat. Wenn ein Mensch hier auf Erden nur wenig Mitgefühl empfinden kann, dann wird im Himmel seine Reue umso größer sein.

Wenn jemand bei einem Ereignis ums Leben kommt, das in den Medien Schlagzeilen macht, warum will er oder sie dann lieber über alltägliche Dinge sprechen als über das Ereignis, das seinen oder ihren Tod verursacht hat?

Es kommt vor, dass in der Kommunikation mit Verstorbenen selbst alberne Kleinigkeiten plötzlich von großer Bedeutung sind. Beispielsweise sagte eine verstorbene Mutter zu ihrer Tochter, dass sie an diesem Tag mit ihr im Geschäft war – und sie nannte sogar die Marke des Toilettenpapiers, das ihre Tochter in den Einkaufswagen gelegt hatte. Obgleich es lächerlich schien, über Toilettenpapier zu sprechen, so hatte doch gerade diese Marke für die Tochter eine besondere Bedeutung. Menschen, die wir lieben, weihen wir nun einmal in die intimsten Details unseres Lebens ein. Die Verstorbenen beziehen sich auf solche alltäglichen Details, weil sie uns als Erinnerung an die Liebe dienen. Verstorbene wollen uns lieber an die erfahrene Liebe erinnern als an den durch ihren Tod erfahrenen Schmerz.

JENSEITSESSENZ

Menschen, die ihr Leben aufgrund eines furchtbaren Verbrechens verloren haben, müssen die Umstände ihres Todes nicht so lange immer wieder neu durchleben, bis die Täter schließlich ihrer gerechten Strafe zugeführt werden. Verstorbene empfinden sich selbst nicht als Opfer, sondern als Initiator der Veränderung im Diesseits. In Situationen, in denen viele Menschen gleichzeitig sterben, wird jeder einzelne von einem Jenseitsbewohner betreut und durch seinen Sterbeprozess geleitet. Die Liebe, die sich nach einer solche Katastrophe über hinterbliebene Familienmitglieder und Freunde ergießt, wird von der Liebe inspiriert, die die Verstorbenen aus dem Himmel senden.

10

DEN HIMMEL AUF DIE ERDE HOLEN

Wie Kinder uns aus dem Jenseits eine Nachricht schicken

DAS TWITTERN DER VERSTORBENEN

«Ich war schon vor meinem Tod auf meiner Beerdigung.»
Sagte ein junger Verstorbener, dessen Gedenkfeier am Abend stattfand, bevor bei ihm die lebenserhaltenden Maßnahmen ausgesetzt wurden.

JENSEITSGEDANKEN

Den Schein wahren

«Ihr Sohn gibt mir zu verstehen, dass Sie ihn nach seinem Tod mit Ihren eigenen Augen gesehen haben», sagte ich zu der Mutter, die mir gegenübersaß. «Er stand in Ihrer Schlafzimmertür.»

«Ich wusste doch, das war kein Traum!», rief sie. «Mein Sohn stand *wirklich* da.» Sie schien erleichtert über meine Bestätigung, dass sie ihren Sohn tatsächlich gesehen hatte. Offenbar glaubte niemand sonst, nicht einmal ihr Ehemann, dass so etwas möglich war.

Verstorbene oder Geister zu sehen ist nicht nur möglich, es wird auch von Tag zu Tag wahrscheinlicher. Und das geschieht nicht nur, weil die Verstorbenen ihre Taktiken geändert haben; *unsere* Denkart ist eine andere geworden. Weil wir uns immer weiter für die Jenseitskommunikation öffnen, deshalb fällt es den Verstorbenen leichter, uns ihre Gegenwart spüren zu lassen.

Als ich anfing, öffentliche Veranstaltungen für Jenseitskommunikation abzuhalten, wollte ich von meinem Publikum wissen, wer schon einmal persönlich einem Medium begegnet war. Es waren immer nur sehr wenige Hände, die sich in die Höhe streckten. Heutzutage verhält es sich umgekehrt.

Dennoch haben viele Leser dieses Buches vermutlich noch nie ein Medium gesehen und noch nie eine Verbindung zum Jenseits hergestellt. Das ist nicht schlimm. Die Verstorbenen werden Sie dort abholen, wo immer Sie auch sind, und werden Sie ab dann begleiten.

In den letzten Jahren wird mir vermehrt berichtet, dass ein Kontakt zu geliebten Verstorbenen aufrechterhalten werden kann, nachdem ein Medium die erste Verbindung hergestellt hat oder der Betreffende auf einer öffentlichen Veranstaltung für Jenseitskommunikation war. Manchmal kann bereits die Anwesenheit in einem von Jenseitsenergie erfüllten Raum das Bewusstsein dafür öffnen. Während Einzelsitzungen kann ich spüren, wie die Verstorbenen an mir üben, als wollten sie herausfinden, mit welcher Vorgehensweise sie ihren Standpunkt am besten vermitteln können. Wäre ich etwas weniger selbstbewusst, dann könnte ich auf den Gedanken kommen, ihr Ziel sei es, die Arbeit von Medien überflüssig zu machen. Stattdessen meine ich jedoch, die Jenseitsbewohner wollen uns zeigen, dass die Kommunikation mit ihnen *allen* Menschen offensteht, nicht nur ein paar Auserwählten.

Wie alles in unserer Welt verändert sich auch die Arbeit der Medien. Mir scheint, als seien wir bald nicht mehr nur dafür zuständig, für Sie die Verbindung zu Ihren geliebten Verstorbenen herzustellen, sondern wir sollen Ihnen helfen, Ihr Bewusstsein und Ihre Kommunikationsfähigkeit zu schärfen. Für mich ist es eine Bereicherung mitzuerleben, dass sich im Laufe der Jahre die Arbeit als Medium mehr zu einer gemeinsamen Bemühung und Erfahrung entwickelt hat. Die Verstorbenen wollen uns anscheinend zur Zusammenarbeit bewegen, damit wir neue Möglichkeiten der Beziehungsaufnahme zwischen dem Diesseits und dem Jenseits schaffen. Bei Veranstaltungen, über E-Mails und Facebook bitten mich die Leute nun vermehrt, zu erklären und zu übersetzen, was ihre geliebten Verstorbenen ihnen mitteilen wollen, statt mich zu fragen, ob sie in der Nähe sind.

Dies gilt besonders dann, wenn es sich um verstorbene Kinder und Jugendliche handelt. Das sollte uns wirklich nicht wundern. Schließlich haben wir als Eltern ihnen beigebracht, dass sie anrufen sollen, sobald sie ihr Ziel erreicht haben. Warum sollten sich die Dinge anders verhalten, nur weil der Himmel das Ziel ist? Wir sollen wissen, dass sie angekommen sind und dass es unseren Kindern gut geht. Vielen von ihnen genügt es nicht, einfach nur die Deckenlampe flackern zu lassen, um damit ihren Eltern ihre Gegenwart zu vermitteln. Wenn sie in Erscheinung treten, dann kann es kraftvoll und dramatisch geschehen, cool oder lustig oder einfach nur albern, wie Kinder eben manchmal sind.

Zwei Tage bevor ich mit dem Schreiben dieses Kapitels begann, hatte ich eine Sitzung, in der ich daran erinnert wurde, in welche Richtung sich die Kommunikation mit dem Jenseits entwickelt.

Eine neue Art des Umgangs

Eine äußerst selbstbeherrschte Dame namens Dawn suchte mich auf. Sie war in Schwarz und Rot gekleidet, trug eine Perlenkette um den Hals, hatte ihre Haare streng nach hinten frisiert und zu einem Knoten geschlungen.

Als Dawn sich setzte, spürte ich bereits, wie eine Gruppe Verstorbener sich um uns sammelte. Anfangs fühlte ich mich ein wenig überfordert und bat alle, sich einen Platz zu suchen und zur Ruhe zu kommen. Aus den Augenwinkeln sah ich einen verstorbenen hellorange gestreiften Kater, der sich auf dem Boden neben uns niederließ. Dawn bestätigte, dass sie vor

Jahren einen solche Kater besessen und ihn sehr geliebt hatte. Der Kater ließ in rascher Abfolge ein paar Bilder vor meinem inneren Auge aufblitzen – davon zwei von Hunden! Der erste war ein dunkelfarbiger Mischling, der einiges von einem Terrier in sich hatte, der zweite eine reinrassige kleine Prinzessin, die wie ein Shih Tzu aussah. Dawn bestätigte, dass sie vor Kurzem Hunde angeschafft hatte, auf die diese Beschreibungen passten. Der Kater ließ mich wissen, dass sich die kleine Prinzessin einfach hinsetzte und getragen werden wollte, sobald sie selbst keine Lust mehr hatte zu gehen.

«Das trifft zu», sagte Dawn. Bei mir dachte ich: *Typisch für Katzen, so viel über Hunde mitteilen zu wollen.* Doch dann machte mich der Kater darauf aufmerksam, dass Dawn, da die Hundeprinzessin keine Lust auf lange Spaziergänge hatte, mehr Ermutigung brauchte, um an die frische Luft zu gehen. Dawn stimmte zu und erzählte, dass sie nun regelmäßig gehen würde, ob mit oder ohne Hunde. Der Kater teilte mir mit, dieses Gehen diene nicht nur der körperlichen Ertüchtigung, sondern verschaffe Dawn die Gelegenheit, ein kreatives Projekt weiterzuverfolgen – ein Buch, in dessen Titel das Wort «Weg» eine Rolle spielte. Dawn stand die Überraschung ins Gesicht geschrieben.

«Ja», gab sie zu, «ich denke daran, ein Buch zu schreiben. Und im Titel kommt tatsächlich das Wort ‹Weg› vor.» Ich konnte sehen, dass sie im Begriff war, mir den vollständigen Titel zu nennen, doch ich bremste sie. Vielleicht wollten ja andere Verstorbene ebenfalls noch etwas zu diesem Projekt sagen. Charlie, der Kater, zeigte mir vor meinem inneren Auge ein Bild, wie er mit Dawn um einen Teich oder ein Auffangbecken spazierte. «Genau dorthin wollte ich meine Spaziergänge verlegen», kündigte Dawn an. Der Kater würde an ihrer Seite sein.

Als ich meinen Blick vom Kater abwandte, bemerkte ich eine junge Verstorbene an Dawns Seite, die mir eine schwesterliche

Verbindung signalisierte. Außerdem hörte ich das Wort «Brustkrebs» in meinem Kopf. Dawns Schwester war an Brustkrebs gestorben. Sie erklärte mir, dass sie bei einem Mann sei, einer Vaterfigur, der gerade an Krebs starb. Dawn bestätigte, dass ihr Stiefvater an Krebs erkrankt war und die Familie alles vorbereitete, damit er im Hospiz sterben konnte. Dawns Schwester Virginia sagte, sie bleibe an der Seite ihres Stiefvaters, den sie zutiefst liebe. Sie erklärte, der Stiefvater habe angefangen, ihre Gegenwart wahrzunehmen. Dawn sollte wissen, falls der Vater (Virginia ließ, wie viele Verstorbene es tun, einfach das «Stief-» fort) ihre Besuche erwähnte, dass der Vater sie wirklich sah und sie sich nicht nur einbildete.

Nun hörte ich das Wort «Selbstmord» so dicht an meinem Ohr, dass ich annahm, ein Verstorbener müsse direkt neben mir stehen, sich vorbeugen und mir sein Geheimnis ins Ohr flüstern. Dann sah ich einen Verstorbenen, der zu Dawn herantrat. Er sagte rasch hintereinander die Worte «Martin», «Arbeit» und «Texas». Ich gab die Informationen an Dawn weiter, und ihre Augen weiteten sich. «Martin war mein Kollege. Er hat sich das Leben genommen, als er vor einer Woche geschäftlich in Texas unterwegs war. Wir haben im Büro über ihn gesprochen.» Ich hörte die umstehenden Verstorbenen lachen, was mir im Zusammenhang mit einem Selbstmord merkwürdig vorkam.

«Nun», sagte ich, «das muss ein unerwarteter Schock gewesen sein, denn Martin war ein richtiger Spaßvogel, immer optimistisch und guter Laune, richtig?» Dawn stimmte zu. Immer hatte Martin einen Witz parat und ein freundliches Wort auf den Lippen. Martin nannte den Namen desjenigen, der ihn ersetzte, und beschrieb ihn ausführlich. Er versprach Dawn, die Übergangszeit mit dem neuen Mitarbeiter für sie leichter zu machen, und er forderte sie auf, sich auch weiterhin in beruflichen Angelegenheiten mit ihm zu besprechen.

Wenn irgendetwas Verrücktes sie bei der Arbeit zum Lachen brachte, dann würde sie wissen, dass Martin in der Nähe war.

Als Nächste trat Dawns verstorbene Tante Gloria in Erscheinung. Sie beschrieb sich selbst als Streitaxt, die sich nichts bieten ließ. Dawn nickte. Tante Gloria erklärte, dass Dawn Hilfe mit ihrer Mutter brauche. Sie wolle es nicht wahrhaben, dass ihr Mann sterben würde, und treffe keinerlei Vorbereitungen für seinen Tod. Außerdem boykottiere sie alles, was Dawn zu organisieren versuche, angefangen bei Arztterminen bis hin zum Umzug ihres Stiefvaters ins Hospiz. Tante Gloria versprach Dawn, ihr Bestes zu tun, um die Ängste ihrer Mutter zu lindern, denn sie selbst habe das Gleiche durchgemacht. Auch ihr Mann war nach fünfzigjähriger Ehe an Krebs gestorben. Sie hatte sich bis zu seinem Ende allein um ihn gekümmert. Wenn Dawn den Duft von Rosen wahrnehme, dann wisse sie, dass Tante Gloria da sei, um sie zu unterstützen.

Als Nächstes hörte ich eine Stimme «Mama!» sagen. Ein junger Verstorbener trat zu mir und nannte mir den Namen «Chris». Dawns Sohn Chris sprach nicht über seinen Tod, sondern über das Buch, das seine Mutter zu schreiben beabsichtigte. Er versprach, sie auf ihrem Weg zu begleiten und zu inspirieren. (Und wieder spielte das Wort «Weg» eine Rolle.) Er wolle seiner Mutter helfen, über ihn zu schreiben. Dawn ihrerseits bestätigte, dass sie genau über ihre Erfahrungen mit ihrem Sohn hatte schreiben wollen.

Und dann fing Chris an, Witze zu reißen – jedenfalls hoffe ich, dass es nur ein Witz sein sollte, als er sagte: «Mama, du musst kein Geld für ein Medium ausgeben, denn ich komme selbst zu dir. Du kannst mich sehen!» Ich berichtete Dawn, dass Chris mich im Alleingang in die Arbeitslosigkeit befördern wolle. Dawn lachte und gab zu, schon seit Wochen Chris in ihrer Nähe zu fühlen. Als sie sich umdrehte, sah sie ihn. Chris war begeistert über das Gelingen seines Kunststücks. Dawn schien erleichtert, weil sich diese Dinge während unserer Sitzung zutrugen. Die Verstorbenen, so erklärte ich Dawn, verlangten von mir immer öfter, ihren Angehörigen ihre eigene Kontaktaufnahme mit den Jenseitsbewohnern zu bestätigen. In diesem Zusammenhang erinnerte mich Chris daran, dass mich seine Mutter vor über einem Jahr schon einmal aufgesucht hatte (diese Begegnung war mir tatsächlich entfallen). Nach unserem ersten Zusammentreffen hatte Dawn die Gegenwart ihres verstorbenen Sohnes deutlicher wahrgenommen. Je mehr sie sich für seine Gegenwart öffnen konnte, desto wagemutiger gestaltete er seine Besuche.

«Ich habe solches Glück», freute sich Dawn. «Der Tod ist gar nicht das Ende des Lebens. Beziehungen können fortgeführt werden, wenn auch auf andere Weise. Ich möchte wirklich gerne ein Buch schreiben, das anderen Menschen mit solchen Fragen hilft.» Damit sprach mir Dawn aus dem Herzen.

Ich habe gezögert, Dawns Geschichte zu erzählen, weil ich die Enttäuschung anderer Eltern fürchte, die ihre verstorbenen Kinder ebenfalls sehen möchten und es nicht können. Weil wir bereitwilliger daran glauben, dass eine Begegnung mit Verstorbenen möglich ist, nehmen auch unsere Erwartungen zu. Nun, da das Übernatürliche jeden Tag ein bisschen natürlicher wird, entwickelt sich auch eine neue Form von Angst. Bisher haben sich die Leute gefürchtet, wenn sie zu mir kamen, weil sie sich nicht vorstellen konnten, wie die Kommunikation mit dem Jenseits funktioniert. Inzwischen fürchten sie sich mehr davor, dass ihnen aus irgendeinem Grund die Botschaft ihrer geliebten verstorbenen Menschen entgeht, obwohl sie sich ihrer Gegenwart gewiss sind.

Mit freundlichen Grüßen

«MEINE MUTTER KAM IM TRAUM ZUM MIR. IHR MUND BEWEGTE SICH, DOCH ICH HÖRTE NICHT, WAS SIE SAGTE», hieß es in einer E-Mail von einer Frau, die entweder verzweifelt war oder vergessen hatte, die Großbuchstaben-Taste auszuschalten. «WAS WOLLTE SIE MIR BLOSS MITTEILEN?», fragte sie.

Die stetig wachsende Anzahl vergleichbarer E-Mails in meinem elektronischen Eingangskorb veranlasst mich dazu, gemeinsam mit einem Freund und Mitarbeiter einen Workshop zu diesem Thema zu entwickeln: Wie machen sich Verstorbene bemerkbar, und was haben ihre oftmals knappen Mitteilungen zu bedeuten? Mein Freund Ken Newelt, ein Ehe- und Familientherapeut, steuerte den Titel bei: «Klopf, klopf – wer ist da? Zeichen und Signale aus dem Jenseits». Das war nicht nur ein lustiger Titel für einen Workshop. Verstorbene klopfen tatsächlich gelegentlich, um uns ihre Anwesenheit kundzutun.

Beispielsweise hörte ich, als ich mich gerade auf eine Sitzung in Riverside, Kalifornien, vorbereitete, ein Klopfen an der Tür. *Sie kommen zu früh*, dachte ich. Als ich die Tür öffnete, war niemand da. Es saßen jedoch zwei Personen auf der Bank im Flur. «Haben Sie gerade geklopft?», wollte ich von ihnen wissen. «Nein», antworteten beide übereinstimmend. Dann hörte ich mich die Worte sagen: «Ich dachte, du seist es, Tom.» Doch als ich in meinen Terminkalender schaute, konnte ich darin keine Verabredung mit einem Tom entdecken. Eine Viertelstunde später klopfte es erneut. *Nicht schon wieder*, dachte ich. Als ich die Tür öffnete, sah ich dort nur die beiden Personen, die auch vorher schon da gewesen waren. Sie wirkten ein wenig beunruhigt. Als sie nun mein Arbeitszimmer betraten, gingen sie seitwärts und ließen mich nicht einen Moment lang aus den Augen. Sobald sie sich gesetzt hatten, sagte der junge Mann: «Meine Mutter und ich sind heute hierhergekommen, um mit meinem Vater Tom zu sprechen. Als Sie vorhin die Tür öffneten und den Namen ‹Tom› nannten, da wussten wir, dass er bereits da war. Er war schon *immer* zu früh dran. Allerdings war uns die Sache ein wenig unheimlich.»

Wenn Verstorbene an unsere Tür klopfen, dann ist es nur dann «unheimlich», wenn wir es so empfinden. Unter anderem entwickelten Ken und ich den «Klopf, klopf»-Workshop auch deshalb, weil wir den Leuten ihre Angst nehmen wollen. Sie brauchen eine sichere Umgebung, in der sie ohne Angst über die freundlichen Verstorbenen sprechen können, die uns umgeben.

In unserem Workshop ordneten wir die Kontaktaufnahme mit Verstorbenen nach Kategorien, angefangen bei der alltäglichen bis hin zur komplizierten. Bei der alltäglichen Form ist die «Begrüßung» in der Regel direkt und einfach wie etwa das Flackern einer Lampe oder die plötzliche Verbreitung eines Parfüms, das man mag. Kompliziertere Kommunikationsformen beinhalten eventuell eine dritte Person, die der Verstorbene dazu inspiriert, eine Botschaft zu übermitteln. Oder aber es verschwinden Dinge und tauchen wieder auf. In einem späteren Abschnitt dieses Kapitels werden wir noch auf solche komplexeren Formen der Kontaktaufnahme zu sprechen kommen.

Da ich die energetische Sprache der Jenseitsbewohner verstehe, kann ich meinen Klienten helfen zu erkennen, was ihre geliebten verstorbenen Angehörigen ihnen mitteilen wollen. Kens Erfahrungen im Umgang mit Trauer gestattet es unseren Workshopteilnehmern, die Gefühle, die diese neue Form der Beziehungsaufnahme in ihnen auslöst, zu verarbeiten.

Eine der Teilnehmerinnen erwähnte, dass sie beim Autofahren regelmäßig den Rauch von Zigaretten wahrnehme. Sie erklärte, dass ihr Vater geraucht habe und dass sie überzeugt sei, sein Zigarettenkonsum müsse eine Ursache für seinen Tod gewesen sein. Sie hatte Zigaretten immer verabscheut, doch nun beglückte sie ihr Duft in ihrem Auto. Was also früher schmerzliche Erinnerungen in ihr wachgerufen hatte, war nun zu einem tröstlichen Hinweis darauf geworden, dass ihr Vater noch immer bei ihr war. In gewisser Weise wurde der Duft dieser speziellen Zigarettenmarke zu seiner Signatur. Eine Signatur ist nichts anderes als ein gleichbleibendes Signal, mit dem ein Verstorbener uns sagt: «Ich bin hier.»

Sich einarbeiten

Jede Woche nehmen Dutzende neue Verstorbene Kontakt mit ihren auf der Erde hinterbliebenen Angehörigen auf, um sie wissen zu lassen, dass sie auch weiterhin bei ihnen sind. Es wäre wunderbar, wenn alle Menschen ihre Verstorbenen in deren körperlicher Erscheinung sehen könnten, so wie die beiden Mütter, von denen ich bereits berichtet habe. Doch möchte ich hier noch einmal betonen, dass die Außerordentlichkeit der Erscheinung nicht gleichzusetzen ist mit dem Maß an Liebe, die ein Verstorbener empfindet. Zur Verdeutlichung nutze ich gerne folgende Geschichte. Stellen Sie sich vor, Ihr kleiner Junge kommt mit einem selbstgemalten Kinderbild bestehend aus den üblichen krakeligen Linien aus dem Kindergarten nach Hause. Selbstverständlich würden Sie das Bild stolz irgendwo aufhängen, nicht wahr? Sie hatten gewiss nicht die Erwartung, dass Ihr Sohn mit einem Gemälde wie aus der Rembrandtschule nach Hause kommt.

Genauso verhält es sich mit den Verstorbenen. Manche setzen ihre Energie geschickter ein als andere, um damit ihr Anliegen zu verdeutlichen. Andere sind wie die Kindergartenkinder, die erst noch das Abc lernen müssen. Wieder andere sind die Kommunikationsgenies. Und das gilt auch für uns. Manche von uns sind von Natur aus auf die Kommunikation mit Verstorbenen eingestellt, andere müssen hart arbeiten, um ihre Empfänglichkeit für die Botschaften aus dem Jenseits zu verbessern und ihre Kommunikationsfähigkeit zu schulen.

Ich habe ein großes Interesse daran, meinen Klienten einfache Verfahrensweisen für die Kommunikation mit dem Jenseits beizubringen. Als Erstes sage ich ihnen: Sie können zwar erwarten, dass es zu einer Kommunikation kommt; doch die Art und Weise der Kommunikation können Sie nicht bestimmen.

Die Geschichte einer verzweifelten Mutter macht diese Tatsache anschaulich. Sie hatte ihren verstorbenen Sohn gebeten, ein bestimmtes Lied an drei aufeinanderfolgenden Mittwochen (seinem Todestag) zu einer bestimmten Uhrzeit (zu der er gestorben war) zu spielen, damit sie wusste, dass er bei ihr war. Natürlich war diese Mutter furchtbar enttäuscht, als sich ihre Erwartung nicht erfüllte. Jetzt war sie endgültig davon überzeugt, dass ihr Sohn sie verlassen hatte. Nachdem ich Kontakt zu so vielen verstorbenen Kindern hatte, konnte ich mir nicht vorstellen, dass ihre Befürchtungen zutrafen. Viel eher hielt ich es für wahrscheinlich, dass ihr Sohn sich noch im Kindergarten für Jenseitskontakte befand und an der schweren Aufgabe gescheitert war, die sie ihm gestellt hatte.

Bei unserer nächsten gemeinsamen Sitzung erwähnte ihr verstorbener Sohn, dass er mehrmals versucht hatte, Kontakt aufzunehmen. Sein Foto fiel vom Kaminsims und zerbrach nicht. Er stellte den Fernseher an, als sein Lieblingsfußballteam spielte. Doch weil seine Mutter so feste Vorstellungen davon hatte, wie er sich bemerkbar machen sollte, entgingen ihr diese Versuche. Erwartung, die nicht an feste Vorstellungen geknüpft ist, ist die beste Einladung für jeden Verstorbenen, das Gespräch mit uns aufzunehmen. Feste Vorstellungen über das Wie und Wann stehen jeglichem Jenseitskontakt nur im Wege.

Vielen Dank, dass du dich gemeldet hast

Mein nächster Vorschlag ist täuschend einfach und trotzdem ein unglaublich wirkungsvoller Zugang, durch den Verstorbene zu uns gelangen können: Entwickeln Sie eine Grundeinstellung der Dankbarkeit. Das hört sich vielleicht schwerer an, als es eigentlich ist, insbesondere dann, wenn Sie meinen, dass es gerade nichts gibt, wofür Sie dankbar sein könnten.

Genauso verhielt es sich vermutlich bei einer Mutter, die ihren Sohn verloren hatte. Nachdem sie einen von mir geschriebenen Artikel gelesen hatte, in dem ich beschrieb, dass Verstorbene gerne Glöckchen zum Klingen bringen, um ihre Anwesenheit mitzuteilen, zeigte sie ihre Enttäuschung darüber, dass ihr verstorbener Sohn sich nicht einer seiner Lieblingsglöckchen bedient hatte, um sich zu Gehör zu bringen.

Ich antwortete dieser enttäuschten Mutter mit den Worten: «Nicht alle Verstorbenen nutzen Glöckchen. Ihr Sohn könnte Sie überraschen, indem er sich auf ganz andere Weise bemerkbar macht. Als Medium kann ich Hinterbliebenen bei der Kontaktaufnahme helfen, indem ich sie ermutige, sich schon im Vorfeld für die Bemühungen ihrer Verstorbenen zu bedanken, denn wir können sicher sein, dass sie sich um die Herstellung einer Verbindung bemühen.»

Fünf Tage später setzte sich die Dame mit mir in Verbindung, um mir mitzuteilen, dass zwar keines der Glöckchen ihres Sohnes geklingelt habe, doch sei etwas anderes Ungewöhnliches vorgefallen. Nachdem sie ihrem Sohn dafür gedankt habe, dass er sich um die Kontaktaufnahme mit ihr bemühe, sei sie zu Bett gegangen. Etwa eine Stunde später sei sie aus dem Schlaf geschreckt, weil sie den Klang einer Glocke gehört habe. Einer der Hüte ihres Sohnes, der mit Glöckchen verziert ist, sei hinuntergefallen. Das habe sie sehr glücklich gemacht, auch wenn sie sich nicht sicher sei, ob es sich um einen Zufall oder um eine tatsächliche Kontaktaufnahme durch ihren Sohn handle.

Bei dem Stand der Dinge war ich sicher, dass ihr Sohn sich schon bald erneut und nachdrücklicher mit ihr in Verbindung setzen würde, und wir wurden nicht enttäuscht.

Zehn Tage später berichtete mir die trauernde Mutter, dass Sie von ihrem Sohn geträumt habe. Der Traum sei ihr so real erschienen, dass sie ihn weder abtun noch sich erklären könne. Im Traum habe ihr Sohn sie überzeugt, dass er seinen Tod überlebt habe. Sie sei mit dem sicheren Gefühl erwacht, dass es ein Leben nach dem Tod geben müsse.

Dieses Beispiel bestätigt deutlich, was ich seit Langem predige: Trauer wirkt von Natur aus entfremdend, Dankbarkeit hingegen verbindet.

Schöne Träume!

Als die Mutter im vorhergehenden Kapitel berichtete, dass ihr Sohn ihr im Traum erschienen war, hatte ich keinen Zweifel daran, dass es sich tatsächlich um eine Erscheinung handelte und keinesfalls um Wunschdenken. Ich bin mir deshalb so sicher, weil der Dame ihr Traum so wirklich vorkam, und das ist typisch für Erscheinungen im Traum. Träume, durch die man in Kontakt mit Verstorbenen tritt, enthalten eher alltägliche Abläufe statt Bilderfetzen oder fremde Schauplätze. So berichtete eine andere Mutter, die im Traum Besuch von ihrem verstorbenen Sohn erhielt, dass sie sich zum Gespräch in einer Art Clubhaus in abgewetzten Sesseln niedersetzten, vor denen ein mit Flaschen- und Gläserringen übersäter Wohnzimmertisch stand. Als mich im Traum eine verstorbene Freundin besuchte, saßen wir gemeinsam am Küchentisch und tranken zusammen Tee.

Es ist noch gar nicht lange her, da führte ich mit einer Dame aus Malibu, Kalifornien, ein Telefonat. Ihr verstorbener Sohn Donny wollte ihr mitteilen, wie sehr er sich über ihr Wiedersehen im Traum die Nacht zuvor gefreut hatte. Er teilte mir ihre Enttäuschung darüber mit, dass er sich davor längere Zeit nicht in ihren Träumen hatte blicken lassen. Auf meiner inneren Leinwand zeigte er mir einen Strand, an dem sie in ihrem Traum zusammen spazieren gegangen waren. Donnys Mutter bestätigte, dass sie gleich nach Donnys Tod von ihm geträumt hatte, dann jedoch zwei Jahre lang nicht mehr. Umso erfreuter war sie, dass sie nun in der vorangegangenen Nacht im Traum wie zu seinen Lebzeiten mit ihm am Strand gewesen war.

Bei Veranstaltungen werde ich häufig gefragt: «Woher kann ich denn wissen, ob es sich um eine Erscheinung im Traum oder nur um einen normalen Traum handelt?» Meist beantworte ich die Frage mit einer Gegenfrage: «Wie waren denn die Farben?» Normalerweise werden in der Antwort Begriffe wie «intensiv», «überwältigend und unbeschreiblich» oder «mit nichts Irdischem vergleichbar» verwendet. Ein blinder Mann, dem seine Mutter im Traum erschienen war, erzählte, sie habe ein Kleid in allen Regenbogenfarben getragen. Erscheinungen im Traum sind tatsächlich strahlender und farbiger. Eine Mutter sagte treffend: «Ich hätte eine Sonnenbrille mitnehmen sollen.»

Für Erscheinungen im Traum gilt, was wir zuvor bereits für die kleinen Lebenszeichen von Verstorbenen ermittelt haben: *Entwickeln Sie keine festen Vorstellungen!* Ich bringe dies zur Sprache, weil es Menschen gibt, die, obwohl ihnen ihre verstorbenen

Angehörigen im Traum erscheinen, darüber verzweifeln, dass sie sich anders als erwartet verhalten. «Meine Tochter stand da, aber sie hat überhaupt nichts gesagt», beklagte sich eine Mutter verstört. «Als sie noch lebte, haben wir immer lange miteinander gesprochen. Meinen Sie, dass sie böse auf mich ist, weil ich es nicht ertragen konnte, sie einäschern zu lassen?», wollte sie von mir wissen.

«Natürlich nicht», versicherte ich ihr. «Mit seiner Erscheinung im Traum will ein Verstorbener oft nichts anders als nur signalisieren: ‹Hallo, ich lebe noch.› Nicht jeder Verstorbene spricht im Traum zu uns.»

Eine andere Mutter geriet in Panik, weil sich zwar der Mund ihrer verstorbenen Tochter im Traum bewegte, doch sie nichts hören konnte. Sie war sich sicher, dass ihr Kind ihr irgendetwas mitteilen wollte, und konnte sich nicht erklären, warum es ihr nicht gelang. «Ihre Tochter muss erst noch üben», erklärte ich ihr. Wie Sänger und Schauspieler müssen auch Jenseitsbewohner manchmal Stimmübungen machen. Im Jahr darauf erschien dieser Mutter ihre Tochter erneut im Traum. «Es geht mir gut, Mama», sagte sie diesmal.

Gelegentlich erwähnt ein Verstorbener im Verlauf einer Sitzung, dass er einer bestimmten Person im Traum erscheinen wollte, dass diese Person jedoch nicht gut schlafe. Es ist nichts Ungewöhnliches, dass sich nach dem Tod eines geliebten Menschen die Alltagsroutine auflöst und der Schlaf ausbleibt. Ausgerechnet in dieser Situation, in der die Hinterbliebenen den Zuspruch ihrer verstorbenen Angehörigen am meisten bräuchten, kann es für sie schwierig sein, mit ihnen Kontakt aufzunehmen. In der ersten Trauerphase ist es daher ratsamer, bei Freunden, Selbsthilfegruppen oder Therapeuten Trost zu suchen. Indem wir uns aktiv mit unserer Trauer auseinandersetzen, schaffen wir für die Verstorbenen Raum in unserem Leben.

Jenseitsbewohner sind Opportunisten. Sie werden jedes Mittel nutzen, um durchzudringen. Möglicherweise finden sie sogar einen Weg, um das Hindernis, das Trauer für sie darstellt, zu umgehen. Sie brauchen sich auch keine Sorgen zu machen, falls Ihr Sohn, Ihre Tochter, Ihre Mutter, Ihr Vater, Ihr Bruder oder Ihre Schwester im Traum eines anderen erscheint. Das bedeutet nicht, dass dieser Verstorbene Ihnen aus dem Weg geht! Er oder sie hat lediglich anderenorts einen offenen Zugang gefunden. Wenn wir uns vom Leben abgeschnitten fühlen, weil ein für uns wertvoller Mensch gestorben ist, dann ist auch unsere energetische Verbindung zum Jenseits gestört. Trauer kann eine Verbindung entweder kappen oder herstellen. Im Anhang biete ich Übungen an, die denjenigen, die sich vom Leben abgeschnitten fühlen, einen neuen Zugang eröffnen oder durch Trauer verursachte Blockierungen auflösen.

Tierischer Instinkt

Verstorbene kommunizieren auch mit uns, indem sie das Verhalten von Tieren beeinflussen. Haustiere sind für die Energie von Jenseitsbewohnern besonders empfänglich. Als ich letztlich bei meiner Friseurin war, berichtete sie mir, dass ihr Hund an diesem Morgen ein getrocknetes Rosengebinde von der Beerdigung ihrer Großmutter angebellt habe. Sie war überzeugt davon, dass der Hund ihre Großmutter sah.

Als eine Dame namens Carol zu einer Sitzung kam, erzählte ihr verstorbener Sohn ihr durch mich: «Ich spiele mit Toby.» Ich nahm an, dass Toby sein Bruder oder ein Freund war. Doch tatsächlich handelte es sich um seinen Hund! Carol berichtete daraufhin, dass Toby seit dem Tod ihres Sohnes eines seiner Spielzeuge packe und damit vor der Zimmertür ihres Sohnes hin und her renne.

Bei mir zu Hause sind die Katzen, wenn es um Jenseitsbewohner geht, immer empfangsbereit. Gelegentlich sieht es so aus, als beobachteten die drei ein Tennisspiel. Ihre wuscheligen Köpfe bewegen sich im Gleichtakt hin und her. Ich weiß, dass mein verstorbener Cousin Tommy gelegentlich nur zum Spaß bei mir hin und her läuft.

Auch Vögel, Libellen und Schmetterlinge lassen sich leicht von Verstorbenen beeinflussen. «Wie kann ich denn wissen», fragte mich Bernie aus Nordkalifornien, «ob meine Mutter bei mir ist? Ich habe ja nicht ständig ein Medium in der Nähe!» Während unserer Sitzung lieferte ihre Mutter dann eine eigene Signatur für jedes Familienmitglied: Chanel No. 5 für ihren Vater, Schmetterlinge für sie und Adler für ihren Sohn. Bernie war überrascht, als ich ihr dies mitteilte. «Das Lieblingsparfüm meiner Mutter war Chanel No. 5», erklärte sie. «Mein Vater hat ihr zu jedem Geburtstag einen neuen Flakon geschenkt. Mir hat meine Mutter eine mit Schmetterlingen verzierte Schale geschenkt und mir vor ihrem Tod gesagt, dass sie immer dann, wenn Schmetterlinge zugegen sind, ebenfalls anwesend sei.» Außerdem liebe ihr Sohn Adler und habe eine Adlerskulptur auf seinem Schreibtisch stehen. Bernies Mutter personalisierte jede ihrer Signaturen, damit jeder sicher sein konnte, dass ihre Anwesenheit genau ihm galt.

Dann spielte mir Bernies Mutter ein Bild von einem Kind in einem Schneeanzug auf meine innere Leinwand. Sie erinnerte ihre Tochter daran, dass sie sie immer gründlich eingepackt hatte, bevor sie sie im Schnee spielen ließ. «Nach meinem Tod warst du wieder ein Kind in einem Schneeanzug», sagte Bernies Mutter. «Du warst eingepackt in so vielen Schichten Trauer, dass du weder vorwärtsgehen noch meine Berührung spüren konntest. Zieh jetzt deinen Schneeanzug aus, Liebes. Es ist sonnig und warm.»

Ein verstorbener Sohn teilte seiner Mutter Jody während einer Sitzung mit, dass er mitten unter all den Vögeln in ihrem Hof sitze. «O ja», erinnerte sich Jody, «das war wirklich ungewöhnlich. Eines Morgens, als ich besonders traurig war, blickte ich vom Balkon hinunter in den Hof, und da war alles voller Vögel. Erst war ich erschrocken, doch dann flogen sie auf und setzten sich in die Bäume, auf das Dach und sogar auf das Balkongeländer. Mit einem Mal war ich umringt von Vögeln.»

Ich gebe Jody recht: Diese Vogelsache war wirklich bemerkenswert. Ungewöhnliches Verhalten bei Haustieren, Vögeln und Insekten kann also ein Hinweis darauf sein, dass Verstorbene zugegen sind. Doch nicht jedes Mal, wenn wir einen Schmetterling vorüberflattern sehen, muss dahinter ein Jenseitsbewohner stecken, der «Hallo!» sagen will. Halten Sie sich jedoch gerade in der Antarktis auf und ein Schmetterling landet auf Ihrem Finger, dann kann man schon davon ausgehen, dass ein Verstorbener zugegen ist – oder dass der Klimawandel nun wirklich ausufert.

Die vielen Möglichkeiten der Technik

Jenseitsbewohner machen gerne Lärm, weil sie damit unsere Aufmerksamkeit erlangen können. Auf meiner Facebook-Seite teilte eine Mutter die nachfolgende Geschichte darüber mit, wie ihr verstorbener Sohn sie wissen lässt, dass die Musik weitergeht: «Bei mir zu Hause steht neben dem Kamin eine kleine Congatrommel auf dem Boden. Als ich neulich abends nach Hause kam und auf dem Sofa Platz nahm, hätte ich schwören können, dass ich hörte, wie jemand auf ihr spielte. Mein Sohn war Musiker und außerdem ein Spaßvogel! Und ich könnte schwören, dass er derjenige ist, der ausgerechnet nachts dieses Spektakel im Haus veranstaltet.»

Jenseitsbewohner vergnügen sich auch gern mit Windglockenspielen. Ich liebe ihren Klang, doch mein Windspiel musste ich schließlich abhängen, weil es so häufig erklang, dass die Nachbarn sich schon beschwerten.

Als ein verstorbener Vater seiner Tochter zusagte, dass er das Windglockenspiel betätigen werde, da machte er sein Versprechen mehr als wahr. Es folgt, was die Tochter mir auf meiner Facebook-Seite mitteilte: «Während einer Sitzung bei Ihnen erschien mein Vater und bemerkte, wir hätten ja im Zuge der Umbauarbeiten in unserem Hinterhof das Windspiel abgehängt. Tatsächlich hatte mein Mann es abgenommen und auf dem Gartentisch liegen gelassen. Sie haben uns mitgeteilt, dass mein Vater versuchen würde, es zum Klingen zu bringen, auch wenn der Wind fehlte oder es abgebaut war. Gelegentlich hörte ich es mitten in der Nacht erklingen. Eines Abends kam mein Mann, der damals noch ein Riesenskeptiker war, von der Garage herauf und erzählte, dass er das Windspiel laut habe klingen hören, während er sich in der Garage aufgehalten habe. Er habe nachgeschaut, wo es sei, und tatsächlich läge es noch immer auf dem Tisch. Außerdem sei es windstill gewesen. Einige Wochen später kam mein Mann wieder zu mir gelaufen – ich war im Haus beim Kochen – und erzählte, dass unser zweijähriger Sohn zu dem wieder aufgehängten Windspiel aufgeblickt und gesagt habe: ‹Da ist Opa.› Ich brauche also gar nicht zu erwähnen, dass es seither ‹Opas Windspiel› heißt und dass wir, wenn es erklingt, nun wissen, er will uns grüßen.»

In meinem monatlichen Newsletter habe ich darüber geschrieben, wie gerne sich Verstorbene der Technik bedienen, um uns ihre Anwesenheit kundzutun. Meine Leser berichteten mir daraufhin, wie gerne Jenseitsbewohner Handys, iPods, DVD-Spieler, Computer und eigentlich alles, was mit Strom betrieben wird, nutzen, um in Kontakt zu treten.

Eine Mutter, deren Sohn drei Jahre zuvor gestorben war, erschrak, als ihr Telefon eines Tages klingelte und sie die Handynummer ihres Sohnes auf dem Display sah. Als sie sich meldete, war niemand da (jedenfalls nicht im physischen Sinne).

Daniel, dessen Erfahrungen ähnlicher Art waren, hinterließ die nachfolgende Mitteilung auf meiner Facebook-Seite: «Seit Kurzem erhalte ich Anrufe auf meinem Handy von der Nummer 555-000-0000.» Außerdem habe sich seit dem Tag, an dem sein Nachbar gestorben sei, seine Garagentür willkürlich geöffnet und geschlossen. Als der Techniker den Schließmechanismus kontrolliert und als voll funktionstüchtig diagnostiziert hatte, kam Daniel zu dem Schluss, dass es sein verstorbener Nachbar sein musste, der auf diese Weise «Hallo!» sagte. Auf diesen Gedanken war er nicht nur deshalb gekommen, weil dieses unerklärliche Vorkommnis mit dem Tod seines Nachbarn zusammenfiel, sondern auch, weil genau diese Tür dem Nachbarn einmal aus Versehen auf den Kopf geknallt war.

Verstorbene Nachbarn, Verwandte und Freunde greifen gerne zurück auf den Schauplatz bestimmter Aktionen, um sich mit ihrer Hilfe zu identifizieren. Wenn zum Beispiel ein bestimmtes Lämpchen in ihrem Auto an- und ausgeht, da ist sich eine Mutter sicher, dann muss es ihr Sohn Luke sein, der ihr seine Anwesenheit bestätigt. Auf meiner Facebook-Seite schrieb sie: «Vor seinem Tod zeigte er mir, wie man die Reifendruck-Warnleuchte in meinem Mini Cooper ausstellen kann. Seit seinem Tod im Jahr 2005 geht diese Leuchte grundlos an und aus. Wenn das geschieht, dann weiß ich, dass mein Sohn bei mir ist.»

Auch Musik nutzen Jenseitsbewohner gerne, um uns zu zeigen, dass sie präsent sind. Beispielsweise kann es sein, dass ein bestimmter Lieblingssong ertönt, sobald man das Autoradio anstellt. Oder aber, dies ist einer anderen Mutter passiert, die verstorbene Tochter wählt die Musik aus, die auf ihrem iPod gespeichert ist.

Bei meiner Sitzung mit Debra hörte ich in meinem Kopf plötzlich den Elton-John-Song «Don't Let the Sun Go Down on Me». Ich erzählte ihr davon, und sie wusste sofort etwas damit anzufangen. Debras Tochter schien mir eine waschechte Punkerin mit jeder Menge Tätowierungen und Piercings und keineswegs ein Elton-John-Fan zu sein. Umso überraschter war ich, dass ich von ihr ausgerechnet diese Musik in meinen Kopf gespielt bekam. Debra erklärte mir, warum ihr und ihrer Tochter diese Musik so viel bedeutete.

Ein halbes Jahr vor ihrem Tod im Alter von dreiundzwanzig Jahren zeigte sich ihre Tochter plötzlich geradezu besessen von Elton Johns Balladen und spielte seine Musik ununterbrochen. Debra, die ebenfalls gerne Musik hört, besitzt einen iPod, auf dem mehr als viertausend Stücke gespeichert sind. Als Debra eines Tages verzweifelt weinte und ihrer Tochter sagte, dass sie ohne sie nicht weiterleben könne, da stellte sie ihren iPod an, um sich mit der Musik zu trösten. Obwohl das Gerät auf «Shuffle» gestellt war, spielte ein Elton-John-Song nach dem anderen. Eben als Debra meinte zu erkennen, dass die Shuffle-Funktion offenbar nicht mehr eingestellt war, kam ein Weihnachtslied. Debras Tochter liebte Weihnachten und Elton John. Sie liebt auch ihre Mutter. Debra ist sich sicher, dass ihre Tochter ihr mit dieser vermeintlichen Funktionsstörung des iPods sagte: «Ich bin bei dir, Mama.»

Zahlenrätsel

Verstorbene nutzen auch gerne Ziffern und Zahlen als Signaturen. Eine Mutter äußerte sich folgendermaßen auf meiner Facebook-Seite: «Mein Sohn war von frühester Kindheit an von Flugzeugen fasziniert. Seit er gestorben ist, fühle ich mich immer dann veranlasst, auf die Uhr zu sehen, wenn es gerade 7:37 oder 7:47 Uhr ist – die Boeing 737 und die Boeing 747 waren seine Lieblingsflugzeuge. Außerdem sammelte er Ein-Cent-Münzen. Jedes Mal, wenn wir uns nach ihm sehnen, finden wir an den abwegigsten Orten und unter den merkwürdigsten Umständen Ein-Cent-Münzen.»

Erstaunlicherweise sind die himmlischen Ein-Cent-Stücke immer brandneu und glänzen wie frisch geprägt. Heutzutage scheinen die Verstorbenen auch schon die Inflation zu berücksichtigen, denn ich höre nun immer öfter, dass auch höherwertige Münzen von ihnen in Umlauf gebracht werden.

Doch die Jenseitsbewohner beschränken sich in ihrer Freigebigkeit keineswegs auf Münzen. Eine junge Frau namens Carey berichtete mir, dass sie nun all die weißen Federn sammle, die ständig um sie herum auftauchten. Sie war überzeugt, dass ihre Mutter ihr damit ein Lebenszeichen schickte. «Eines Tages bemerkte ich eine weiße Feder, die in einer schlammigen Pfütze schwamm», erzählte sie mir. «Als ich mich bückte und sie aufhob, da war sie vollkommen sauber und strahlend weiß. Die Federn meiner Mutter sind immer makellos.»

Gelegentlich kommt es vor, dass Jenseitsbewohner bei der Wahl ihrer Kommunikationsmittel eine erstaunliche kreative Komplexität an den Tag legen. Als Medium war ich, ohne es zu wissen, an mehreren ihrer Vorhaben beteiligt. Nachfolgend eines meiner Lieblingsbeispiele für aktive kreative Liebe.

Während einer kleinen Gruppenveranstaltung erzählte eine junge Mutter namens Darla diese Geschichte:

> Als ich ungefähr vor zwei Jahren zum ersten Mal bei Ihnen war, da meldete sich meine Tochter und erzählte Ihnen etwas von Hummeln. Mit diesen Informationen konnte

ich absolut nichts anfangen. Sie aber bestanden darauf, dass meine Tochter Ihnen Hummeln zeige. Außerdem erwähnten Sie einen Geburtstagskuchen. Da mein Geburtstag nur zwei Tage zurücklag, ließ ich mich davon überzeugen, dass meine Tochter über meinen Geburtstag sprach. Obwohl ich mit den Hummeln nichts anfangen konnte, haben Sie mir geraten, die Information im Hinterkopf zu behalten. Meine Tochter hatte Ihnen gesagt, dass ich die Zusammenhänge in den kommenden Tagen begreifen würde.

Sie hat mich nicht enttäuscht. Am nächsten Tag konnte ich mich nur schwer überwinden, zur Arbeit zu gehen, weil es der Jahrestag ihres Todes war. Meine Kollegen an meinem neuen Arbeitsplatz wussten nichts über meine Trauer. Ich hatte sehr darauf geachtet, nichts davon nach außen dringen zu lassen. Aber natürlich wussten sie, wann ich Geburtstag habe. Eine Kollegin, die eine begeisterte Hobbybäckerin ist, kam am Montagmorgen mit ihrer Schöpfung ins Büro. Mit dem abgedeckten Kuchen in der Hand trat sie an meinen Schreibtisch. «Ich weiß, dass Sie am Freitag Geburtstag hatten», sagte sie, «wir werden ihn eben heute feiern müssen.» Dann entfernte sie die Abdeckung vom Kuchen. Zu meiner größten Überraschung war der Kuchen bedeckt mit kleinen Hummeln aus Zuckerwerk. Ich stotterte ein Dankeschön, und sie entgegnete: «Ich war am Wochenende auf einem Backworkshop, sah dort diese Hummeln und konnte es nicht lassen, mit ihnen Ihren Kuchen zu verzieren.» Ein wenig zusätzliche Nachforschung ergab, dass sie die Hummeln etwa zu dem Zeitpunkt kaufte, als meine Tochter auf Ihrer Veranstaltung über Geburtstagskuchen und Hummeln sprach.

Ohne Zweifel hat Darlas Tochter ihr Wort gehalten.

Ein Foto zur Erinnerung

Jenseitsbewohner posieren auch gerne für Familienbilder. Eine Dame teilte mir per E-Mail mit, dass sie, während sich das eben geschossene Polaroidfoto noch entwickelte, ganz deutlich ihren verstorbenen Vater darauf gesehen habe. Doch nachdem die Entwicklung zum Abschluss gekommen war, sei dort, wo er eben noch zu sehen war, nichts als ein Lichtreflex geblieben.

Als ich vor einigen Jahren auf einem Fest eingeladen war, machten Freunde Fotos von mir beim Tanzen. Auf diesen Fotos war ich vollständig eingehüllt von Lichtpunkten unterschiedlicher Größe. Ich hatte keinen Zweifel daran, dass diese «Lichtpunkte» oder Orbs etwas mit meiner Mutter zu tun hatten. Sie hatte es immer genossen, auf Partys zu sein, und kannte einige der Gäste.

Dass Verstorbene auf Fotos erscheinen, ist nichts Neues. In zurückliegenden Jahren habe ich viele unterhaltsame Stunden damit zugebracht, in längst schon vergriffenen Büchern solche Fotos zu studieren. Auf einigen dieser Fotos sehen die Erscheinungen der Verstorbenen wie altmodische Daguerrotypien aus, andere wirken wie durchscheinende Manifestationen von verschwommenen Gesichtern. Bei frühen Beispielen solcher Aufnahmen war es erforderlich, dass ein Medium zugegen war, weil die Verstorbenen das von Medien abgesonderte Ektoplasma benötigten, um daraus Körper und Gesicht zu formen. Bei einigen der Bilder ist die Echtheit verbürgt, andere sind Fälschungen.

Die oben beschriebenen Orbs hingegen können auf Fotos in Erscheinung treten, egal ob ein Medium anwesend ist oder nicht. Sie sind entweder durchsichtig, trüb oder in den Farben verwischt. Manche lassen erst nach erheblicher Vergrößerung ein Gesicht erkennen.

nen unentdeckt gebliebenen Herzfehler gestorben. Als sie dann schließlich aufstehen musste, war sie zu der Überzeugung gekommen, dass sie sich alles doch nur eingebildet hatte. Doch der Vorgang wiederholte sich an den beiden Folgetagen, und sie war nun sicher, dass es ihr Sohn Dugan war, der genauso wie früher nach ihr rief.

Auf einer Veranstaltung in San Diego, Kalifornien, trat ich zu einer Frau, die in der zweiten oder dritten Reihe saß. Ihre Haare waren schwarz, kurz und lockig. Sie war sorgfältig, wenn auch lässig gekleidet und saß sehr aufrecht auf ihrem Stuhl. Als sie merkte, dass sie meine Aufmerksamkeit erregt hatte, erstarrte sie und schien sich entziehen zu wollen. Weil jedoch ein junger Verstorbener hinter ihr stand, konnte ich sie nicht in Ruhe lassen. Ich erwähnte den jungen Mann, doch sie entgegnete: «Nein, ich kenne keinen jungen Mann, der gestorben ist. Ganz sicher nicht.» Doch der junge Mann gab nicht auf.

«Er nennt mir den Namen Justin», sagte ich und hoffte, ihrem Gedächtnis auf die Sprünge zu helfen.

«Nein, ich kenne keinen Justin», beharrte sie.

Ich sagte: «Nun, ich weiß nicht, was ich Ihnen noch sagen könnte. Bitte vergessen Sie Justin nicht. Es könnte sein, dass Ihnen die Zusammenhänge später klar werden.»

Als ich mich umwandte, hörte ich eine Stimme rufen: «Ich bin hier!» Ich drehte mich wieder zu der Frau und fragte: «Haben Sie etwas gesagt?» Nun saß sie sogar noch steifer auf ihrem Stuhl, ihre Augen waren weit aufgerissen, und sie wirkte äußerst überrascht. «Ja, ich kenne Justin, aber ich will nicht mit ihm reden.»

Sie war nicht die Einzige im Raum, die überrascht war. Jeder im Saal hatte Justin «Hier bin ich!» rufen hören. Er wollte unbedingt wahrgenommen werden. Eine Frau im

Publikum sagte später: «Das eigentliche Wunder war ja wohl, dass wir nicht alle aufgestanden und zur Tür gelaufen sind.»

In der Tat. Das Publikum schien sich nicht einmal davor zu fürchten, dass es die Stimme des verstorbenen Justin wirklich hören konnte, so sehr überraschte er die Menschen im Raum mit seiner Entschlossenheit. Ich wünschte, ich könnte Ihnen verraten, warum Justin so beharrlich war. Bestimmt wollten alle, die sich an diesem Tag im Raum befanden, wissen, warum Justin erschienen war und warum die Dame auf keinen Fall mit ihm sprechen wollte. Doch keiner von beiden erläuterte seine Beweggründe. Unter solchen Umständen verzichte ich in der Regel darauf, Druck zu machen, weil ich sehr wohl weiß, dass eine Beziehungsaufnahme nicht erzwungen werden kann.

Ohnehin sind verstorbene Kinder äußerst hartnäckig, wenn es darum geht, ihren geliebten Hinterbliebenen ein Lebenszeichen zu schicken. Ob sie im Traum erscheinen, sich an elektronischen Geräten zu schaffen machen, sich durch Musik zu Gehör bringen oder sich in einer Fotografie zeigen, ihre Botschaft lautet einfach: «Ich bin hier.» Und manchmal genügt das bereits, denn diese erste Begegnung öffnet die Tür zu einer neuen Art der Beziehungsaufnahme.

ANTWORTEN AUS DEM JENSEITS

Wie kann man einen Jenseitsbewohner dazu bewegen, Kontakt aufzunehmen? Hilft es, wenn man «bitte» sagt?

Im Diesseits ist «bitte» das Zauberwort, doch wenn es um die Jenseitskommunikation geht, dann ist «danke» weit wirkungsvoller. Dankbar zu sein hilft *uns*, uns für die Botschaften geliebter Menschen aus dem Jenseits zu öffnen. Vor Veranstaltungen und Einzelsitzungen bedanke ich mich immer bei den Verstorbenen für ihre Anwesenheit und für ihre Unterstützung bei meiner Arbeit. Ich lebe mein Leben in dem Wissen, dass ich nicht allein bin. Diese Gewissheit erlange ich nicht, weil ich auf meine eigenen Fähigkeiten und Begabungen vertraue. Sie beruht auf einer inneren Einstellung der Dankbarkeit, die ich in mir jeden Tag aufs Neue fördere. Bedanken Sie sich bei Ihren geliebten Verstorbenen dafür, dass sie bei Ihnen sind, auch wenn Ihnen ihre Anwesenheit nicht bewusst ist. Probieren Sie es aus, und geben Sie acht auf das, was passiert. Lassen Sie sich überraschen.

Wenn Jenseitsbewohner Einfluss auf die physische Welt nehmen können, werden sie dann für mich Hindernisse aus dem Weg räumen? Werden sie mich beschützen? Werden sie mir das Leben leichter machen?

Die Verstorbenen werden uns nie etwas abnehmen, was wir für uns selbst tun können und müssen. Dafür gibt es gute Gründe. Eine Mutter, die es ihrem Kind niemals gestattet, mit den Füßen den Boden zu berühren, hindert es daran, laufen zu lernen. Nach einer bestimmten Zeit entwickeln sich die Muskeln zurück, und das Kind würde verkrüppeln. Die Jenseitsbewohner ersparen uns Hindernisse nicht, weil sie uns auf keinen Fall zu spirituellen Krüppeln machen wollen. Hingegen inspirieren sie uns dazu, eigene Mittel und Wege zu finden, um Hindernisse aus dem Weg zu räumen oder zu umgehen. Oder sie führen uns Menschen zu, die mit uns gemeinsam unsere Hindernisse überwinden.

Ja, die Jenseitsbewohner beschützen uns, doch das bedeutet nicht, dass wir keine Herausforderungen zu bestehen haben. Dazusitzen und von den Verstorbenen zu verlangen, dass sie uns das Leben leichter machen, führt zu nichts. Die Verstorbenen können uns bei fast allem helfen, nur nicht bei der Überwindung unserer Trägheit. Doch wenn Sie sich erst in Bewegung setzen, auch ohne eine genaue Vorstellung von Ihrem Ziel, dann können Ihnen die Verstorbenen als Führer dienen.

Gibt es den Schwarzen Mann wirklich? Sind ruhelose Seelen im Zwischenreich zwischen Himmel und Erde gefangen? Wenn ja, wie können wir ihnen bei ihrer Befreiung helfen?

Zum Glück bin ich dem Schwarzen Mann nie begegnet. Doch bin ich auf einige unangenehme Verstorbene gestoßen, die sich entschieden haben, ihrem irdischen Erfahrungshorizont verhaftet zu bleiben. Weil mich meine Arbeit ausschließlich in Kontakt mit *geliebten* Verstorbenen und Geistführern bringt, gerate ich nur äußerst selten an verstörte Seelen. Es gibt jedoch Medien, die sich der Aufgabe verschrieben haben, diese ruhelosen Seelen zu retten. Diese Aufgabe zu erfüllen kann eine große Herausforderung sein. Das ist nichts für schwache Nerven.

JENSEITSESSENZ

In der Folge des in den zurückliegenden Jahren wachsenden Interesses an der Jenseitskommunikation berichten nun viele von ihrem Kontakt zu geliebten Verstorbenen. Verstorbene können ihre Anwesenheit auf vielerlei Arten kundtun, doch ihre Botschaft ist im Grunde einfach: *Wir kommen in Liebe.* Jenseitsbewohner können in Träumen erscheinen, als Orbs oder Lichtstreifen auf Fotos sichtbar werden und Ihnen manchmal sogar «himmlische Cent-Stücke» auf den Weg legen. Es ist jedoch wichtig, sie in ihrem Selbstausdruck nicht dadurch zu behindern, dass wir ihnen *unsere* Erwartungen an ihr Erscheinungsbild aufzwingen. Indem Sie in sich eine innere Einstellung der Dankbarkeit fördern, die Sie ihnen für alles Gute, das Sie ihnen bereits verdanken, entgegenbringen, laden Sie die Verstorbenen ein, neuerlich an Ihrem Leben Anteil zu nehmen.

ANHANG: IST DA JEMAND?

Wie jeder die Personen der Jenseitswelt wahrnehmen kann

DAS TWITTERN DER VERSTORBENEN

«Es ist schwierig, vom Himmel herabzuschreien, also lauscht dem Flüstern.»

Riet ein junger Verstorbener seinen Eltern, die ihn baten, doch etwas von sich hören zu lassen.

JENSEITSGEDANKEN

Wenn ich dabei bin, mich «einzustimmen», dann höre ich manchmal eine Art Flüstern im Hintergrund. Fast kommt es mir vor wie weißes Rauschen. Ob Sie nun ein solches Flüstern hören oder nicht, es besteht kein Zweifel daran, dass wir und die Jenseitsbewohner uns gegenseitig beeinflussen. Sie müssen sich keine Sorgen machen, dass Ihnen die Botschaft eines geliebten Menschen aus dem Jenseits entgehen könnte. Irgendwie und irgendwann erreichen alle Botschaften ihren Empfänger. Natürlich kann man sich leicht vorstellen, dass nur Medien dazu in der Lage sind, Mitteilungen aus dem Jenseits weiterzugeben, doch das trifft nicht zu. Es kann durchaus vorkommen, dass Verstorbene einen ehemaligen Kollegen oder auch einen ganz Fremden dazu inspirieren, eine Nachricht weiterzugeben.

So erging es einem meiner Freunde. Eines Tages überraschte ihn eine Kollegin mit den Worten: «Wie geht's denn so, Bautzi?» Er wollte sofort von ihr wissen, wieso sie «Bautzi» zu ihm gesagt hatte, während ihr die Sache natürlich sofort peinlich war.

«Ich habe keine Ahnung, wie ich auf Bautzi komme. Das Wort kam einfach so.»

Mein Freund, der gerade eine schwierige Phase durchmachte, fühlte sich von dem Kosewort getröstet. Seine Großmutter hatte ihn «Bautzi» gerufen, und die spontane Begrüßung seiner Kollegin hatte für ihn die Gegenwart seiner verstorbenen Großmutter spürbar gemacht.

Die Kollegin meines Freundes würde sich sicherlich nicht als übersinnlich bezeichnen und schon gar nicht als Medium. Doch seiner verstorbenen Großmutter war das egal. Die Verstorbenen wissen so manches von uns, das wir selbst vielleicht gar nicht akzeptieren wollen. Die Fähigkeit zu übersinnlicher Wahrnehmung ist eine natürliche Begabung. Weil sie angeboren ist, kann sie eingesetzt, ausgebaut und verfeinert werden. Außerdem ist es möglich, sie zu erweitern: um die Fähigkeit, Verstorbene zu hören. Selbst wenn Sie meinen, so dicht zu sein wie eine Wand, haben auch Sie die Möglichkeit, geliebte Verstorbene zu hören. Das steht außer Frage.

In einer Situation, in der die Trauer alles dominiert, möchte ich ganz gewiss keine unrealistischen Erwartungen wecken. Also denken Sie bitte daran, dass die Entwicklung der natürlichen Übersinnlichkeit ein Prozess ist, der bei manchen Menschen sogar mehrere Jahre dauern kann. Ich möchte Ihnen im Rahmen dieses Kapitels jedoch eine Reihe von Ratschlägen für die Kommunikation mit dem Jenseits geben, die bei entsprechender Übung das Potenzial haben, jeden mit geliebten Verstorbenen in Kontakt zu bringen.

Außerdem möchte ich darauf hinweisen, dass die Kommunikation mit dem Jenseits nicht auf regelmäßiger Basis oder fortgesetzt erfolgen muss. Zwischen den einzelnen Kommunikationsgeschehnissen können manchmal Wochen und sogar Jahre liegen. Sind die Abstände groß, bedeutet das jedoch nicht, dass jemand, den Sie lieben, Sie aufgegeben hat. Unser Leben ist nicht nur bestimmt von einem natürlichen energetischen Auf und Ab, auch unsere Beziehungen sind einem natürlichen Rhythmus unterworfen – auch jene, die über den Tod hinausgehen. Je bewusster wir uns die Energie in unserem Leben machen, desto besser sind wir eingestimmt auf den Rhythmus im Diesseits … und im Jenseits.

Weil ich der Meinung bin, dass diese Art von Bewusstheit uns von Natur aus mitgegeben, jedoch in Vergessenheit geraten ist, habe ich einen Begriff ersonnen, der sie bezeichnet: Psi-bewusst. Wenn wir Psi-bewusst leben, dann unterstützt unsere Übersinnlichkeit unser bewusstes Denken. Statt mit unserem Verstand den Kampf gegen unsere übersinnlichen Anteile aufzunehmen, bedeutet Psi-bewusstes Leben ein Verschmelzen der beiden Bereiche zu einem ganzheitlichen Leben. Dieser Ansatz ist die Basis der Jenseitsbewohner. Durch sie habe ich diesen ganzheitlichen Ansatz zu schätzen gelernt, und ich möchte das Gelernte hiermit an Sie weitergeben.

Die in diesem Kapitel vorgestellten Übungen und Meditationen schaffen die Voraussetzungen für eine Psi-bewusste Lebensführung und öffnen das innere Ohr für Mitteilungen aus dem Jenseits. Selbstverständlich ist es mir unmöglich, mein komplettes Wissen in eine Handvoll Übungen zu packen. Doch bei regelmäßiger Anwendung können diese Übungen Sie auf den Weg zu einer Lebensführung bringen, die die Verstorbenen im Jenseits einschließt.

Laut gehen

Die Verbindung zum Himmel stärken

Manche Menschen meinen, sie müssen, um sich der Verstorbenen bewusster zu werden, ihren Körper verlassen und ins Jenseits gehen. Keineswegs! Es scheint gegen die Intuition zu gehen, doch je mehr Sie sich in Ihrem Körper zu Hause fühlen, desto leichter haben es die Jenseitsbewohner, sich Ihrer Sinne zu bedienen, um sich bei Ihnen bemerkbar zu machen. Die nachfolgende Übung soll Sie ermuntern, Ihr Leben mit größerer Bewusstheit zu erfahren. «Laut gehen» ist vor allem für diejenigen von Nutzen, die erst vor Kurzem einen großen Verlust hinnehmen mussten. Die Übung hilft Ihnen, sich wieder mit Ihrem Körper, Ihren Mitmenschen und der Welt verbunden zu fühlen statt von allem abgeschnitten.

1 Ziehen Sie bequeme Schuhe an. Falls Sie Ihren Gang an einem Strand oder auf einem anderen Untergrund planen, auf dem sich Ihre Füße nicht verletzen können, dann benötigen Sie keine Schuhe.
2 Bevor Sie sich auf den Weg machen, stellen Sie sich, einen Fuß vor dem anderen, in Schrittposition auf. Schaukeln Sie leicht vor und zurück, bis Sie Ihr Zentrum finden. Verharren Sie einen Moment lang in dieser zentrierten Position.
3 Beginnen Sie nun, auf natürliche Weise zu gehen. Achten Sie schon bei Ihrem ersten Schritt darauf, wie sich Ihr Fuß anfühlt, wenn er den Boden berührt.
4 Nehmen Sie nun bei jedem Schritt wahr, wie sich Ihre Füße anfühlen. Sie können sich sogar vorstellen, dass sich in Ihren Sohlen kleine Magnete befinden, die Ihre Füße an den Boden ziehen. Falls Sie barfuß gehen, achten Sie darauf, wie sich der Sand, das Gras oder die Erde anfühlt. Ist der Boden kühl? Wie empfinden Sie die Sandkörner zwischen Ihren Zehen?
5 Wie klingt es, wenn Ihre Füße den Boden berühren? Machen Sie sich den Rhythmus bewusst.
6 Achten Sie, sobald sich der Rhythmus Ihrer Bewegungsabläufe stabilisiert, auf die anderen Geräusche in Ihrer Umgebung. Singen Vögel? Hören Sie Wellen brechen oder sanft

ans Ufer rollen? Trägt Ihnen der Wind die Stimmen anderer Menschen zu?

7 Richten Sie, während Sie weitergehen, Ihre Aufmerksamkeit auf die Gerüche in Ihrer Umgebung. Nehmen Sie den Duft von Blumen wahr? Riechen Sie die salzige Meeresluft? Oder Essensgerüche aus einem nahegelegenen Restaurant oder aus einem Wohnhaus?

8 Setzen Sie Ihren Gang fort. Nehmen Sie all das Obengenannte um sich herum wahr – Ihre Füße auf der Erde, den Rhythmus Ihrer Schritte, die Geräusche und Gerüche in Ihrer Umgebung.

9 Falls Sie sich von Gefühlen überwältigt fühlen, dann kehren Sie mit Ihrer Aufmerksamkeit zurück zu den Geräuschen, die Ihre Füße auf dem Boden machen. Spüren Sie, wie Ihre Füße Sie mit der Erdoberfläche verbinden.

10 Achten Sie während Ihres Gangs auf die Farben in Ihrer Umgebung. Das Blau des Himmels, das Grün des Grases, das Braun der Erde unter Ihren Füßen. Wie viele unterschiedliche Blautöne können Sie im Himmel ausmachen? Welche Grünschattierungen enthält das Gras? Wie verändern Licht und Schatten die Farben Ihres Weges vor Ihnen?

11 Setzen Sie Ihren Weg fort, achten Sie auf die Geräusche, die Ihre Füße machen, wenn sie den Boden berühren. Wie hört es sich an, wenn Ihre Füße mit der Erde Kontakt aufnehmen?

12 Stellen Sie beim Gehen fest, wie die Luft um Sie her schmeckt. Ist sie salzig? Schmeckt sie so, als würde es bald regnen? Schmeckt sie nach Frühling? Oder nach Herbst? Oder nach Winter?

13 Denken Sie daran, falls Sie sich plötzlich von Gefühlen oder sinnlichen Eindrücken überfordert fühlen, dann richten Sie Ihre Aufmerksamkeit zurück auf Ihre Füße und wie sie

den Boden berühren. Lauschen Sie dem Rhythmus Ihres Gehens. Gehen Sie laut.

14 Sollten Sie es mit eingeschränkter Mobilität zu tun haben, dann passen Sie die Übung Ihren Erfordernissen an. Sollten Sie in einem Rollstuhl sitzen, dann würde es Ihnen dennoch nützen, an der frischen Luft und auf natürlichem Untergrund zu sein. Falls es Ihnen möglich ist, die Füße zu heben, dann «gehen» Sie im Sitzen und halten Sie sich im Übrigen an die Vorgaben der Übung.

Der Hamsterball

Eine Schutzhülle schaffen

Als mich eine Nachbarin besuchte, brachte sie ihren Hamster mit ... in seinem Plastikball. Der war um einiges größer als das Tier. Als sie ihn in seinem Ball auf den Boden setzte, raste der Hamster darin durch mein Wohnzimmer, ohne meine drei Katzen auch nur zu beachten. Um die Wahrheit zu sagen, in Panik versetzt von einem Riesenball, der in seinem Inneren von einer kleinen pelzigen Kreatur angetrieben wurde, ergriffen meine Katzen die Flucht. Dieser kleine Geselle war meine Inspiration für die nachfolgende Übung, und ich nenne sie deshalb die Hamsterball-Übung.

Wenn Sie Ihr Bewusstsein für die Jenseitswelt öffnen möchten, dann ist eine gute Erdung die entscheidende Voraussetzung. Diese Erdung erreichen Sie mit der Übung «Laut gehen». Außerdem sollten Sie eine Schutzhülle für Ihren Körper schaffen, die es Ihnen gestattet, Ihr Bewusstsein innerhalb der von Ihnen festgelegten Grenzen zu erweitern.

Da ich schon immer sehr empfänglich für alle möglichen Energien war, ich bin darauf angewiesen, mich vor ihnen abzuschirmen – insbesondere in Flughäfen und allen großen

Menschenansammlungen. Wenn ich mich in meinem vorgestellten Hamsterball befinde, dann kann ich wahrnehmen, was um mich her geschieht, doch fühle ich mich nicht so leicht verletzbar.

Die Hamsterball-Übung ist für alle hilfreich, die sich durch den Verlust eines geliebten Menschen mehr als sonst ungeschützt fühlen. Wenn Sie es bereits als Herausforderung empfinden, unter Menschen zu gehen, dann dämpft die Übung, wenn Sie sie vorher machen, Ihre aufgewühlten Gefühle und gibt Ihnen die Kontrolle zurück.

Sie können die Übung sitzend oder stehend machen, je nachdem, was Ihnen angenehmer erscheint.

1 Spüren Sie Ihre Füße auf dem Boden. Stellen Sie sich vor, dass sich Ihre Fußsohlen wie durch Magnetkraft am Boden festsaugen und in ihn einsinken.
2 Sobald sich Ihre Füße auf angenehme Weise verankert fühlen, stellen Sie sich vor, dass ein klarer, durchsichtiger, weißer oder goldfarbener Ball unter Ihnen hervorwächst. Obgleich Sie Ihre Schutzhülle so groß werden lassen können, wie Sie wollen, sollten Sie klein anfangen. Stellen Sie sich vor, dass Sie den Ball berühren, wenn Sie Ihre Arme ausbreiten.
3 Die Außenwand des Balls muss nicht hart oder fest sein. Sie können von elastischer Beschaffenheit sein und Ihnen Bewegungsspielraum geben.
4 Wenn Sie Ihren Hamsterball erschaffen, dann legen Sie ganz nach Ihren Vorstellungen fest, was hereinkommen darf und was nicht. Wenn Sie für geliebte Menschen offen sein möchten, dann verankern Sie diese Intention in Ihrer Schutzhülle. Wenn Sie angenehme Erinnerungen zulassen wollen, dann arbeiten Sie auch diese Vorstellung ein. Sie

sind der Schöpfer Ihrer Schutzhülle; Sie allein entscheiden über ihre Beschaffenheit.

5 Überprüfen Sie auf dem Weg durch Ihren Alltag, ob Ihre Füße fest auf dem Boden stehen und ob Ihr Hamsterball Ihnen den von Ihnen gewünschten Schutz bietet.

In einem Ball zu leben ist für mich zu meiner zweiten Natur geworden. Da manche behaupten, dass mich mein Terminkalender zu einem Hamster im Laufrad macht, scheint mir der Hamsterball ein passendes Bild zu sein. Doch immerhin kommt mir das Leben in meinem für mich geschaffenen Raum nicht so hektisch vor. Indem ich für den Tag Vorsätze fasse, bekommt mein Leben eine Richtung. Jedes Mal, wenn ich mich in Menschenmengen aufhalten muss, etwa auf Jahrmärkten oder Konzerten, achte ich besonders darauf, mich mit einer Schutzhülle zu umgeben.

So wie der Hamsterball dem Hamster half, sich in meinem Wohnzimmer den großen, furchterregenden Katzen zu stellen, so kann Ihnen die Hamsterball-Übung das Selbstvertrauen und die Sicherheit geben, die Sie benötigen, wenn Sie vor neuen Aufgaben stehen und sich nicht überfordert fühlen wollen.

Grundhaltung: Dankbarkeit

Denjenigen danken, die man liebt

Ich werde oft nach einfachen Methoden gefragt, die helfen, sich den verstorbenen geliebten Menschen näher zu fühlen. Ich habe herausgefunden, das geht am leichtesten und schnellsten, wenn man Wertschätzung für alles Gute entwickelt, das man ihnen zu verdanken hat. Wenn ein geliebter Mensch stirbt, dann kommt es uns manchmal so vor, als sei auch der Platz dieses Menschen in unserem Leben verschwunden. Doch die Verstorbenen, die sich bei Versammlungen oder Sitzungen zu Gehör bringen, wollen wieder und wieder an gemeinsamen Erinnerungen anknüpfen. «Weißt du noch, als wir …», so beginnen viele ihrer Sätze. Sie heben schöne Erinnerungen hervor, um eine scheinbar verlorene Beziehung wiederherzustellen.

Es ist sinnvoll, für gute Zeiten dankbar zu sein, denn Jenseitsbewohner greifen sie gerne auf, um sich bemerkbar zu machen. Erinnern Sie sich noch an die Mutter, deren verstorbene Tochter Elton-John-Songs auf ihrem iPod erklingen ließ? Wenn das Verlustgefühl der Mutter sie dazu angetrieben hätte, alle Musik zu entfernen, die sie an ihre Tochter erinnert, dann hätte dieser Kommunikationskanal nicht zur Verfügung gestanden.

Durch den Ausdruck von Dankbarkeit werden die Aussichten auf eine Kontaktaufnahme vergrößert, nicht geschmälert. Je stärker das Gefühl von Dankbarkeit ist, desto zahlreicher sind die Gelegenheiten, bei denen geliebte Verstorbene Sie ihre Gegenwart spüren lassen können.

Sie brauchen:

- Einen Korb oder eine Schachtel mit Deckel. Sie selbst entscheiden, wie Sie sie gestalten wollen. Sie können sie mit Aufklebern verschönern, sie bemalen oder mit Familienfotos bekleben.
- Zettel. Verwenden Sie möglichst Zettel in Ihren Lieblingsfarben oder in denen des verstorbenen geliebten Menschen. Oder nutzen Sie die Regenbogenfarben, denn sie verfügen ebenfalls über eine Energie, die die Kontaktaufnahme fördert.
- Stifte, Buntstifte und Marker.
- Wenn Sie wollen, Fotos oder Andenken von Ihren verstorbenen geliebten Menschen.

1. Sprechen Sie den Namen des geliebten Menschen laut aus und betrachten Sie dabei ein Foto von dieser Person oder stellen sie sich diese vor.
2. Schreiben Sie auf einzelne Zettel, auf welche Weise dieser Mensch Ihr Leben bereichert hat, zum Beispiel durch eine gemeinsame Vorliebe für eine bestimmte Musik oder für bestimmte Witze, die Sie noch immer zum Lachen bringen, durch die gewährte Unterstützung in schwierigen Schulsituationen, den Spaß auf gemeinsamen Urlaubsfahrten oder den liebevollen Gutenachtkuss. Schreiben Sie so viele Beispiele auf, wie Ihnen innerhalb von fünf Minuten einfallen, und legen Sie die beschriebenen Zettel in Ihre für diesen Zweck gestaltete Schachtel. Sie können die Aufzählung später noch erweitern.
3. Vielleicht möchten Sie die Erinnerungen anderer an den von Ihnen geliebten Menschen einbeziehen. Heutzutage ist es üblich, dass Jugendliche ihre Gedanken zum Tod eines Freundes beispielsweise bei Facebook veröffentlichen.
4. Danken Sie dem geliebten Menschen für alles Gute, was er Ihnen und anderen zu seinen Lebzeiten getan hat.
5. Sie können Ihre Schachtel jederzeit um neue Beispiele ergänzen oder auch unwesentlich gewordene wieder entfernen.

Eine innere Haltung der Dankbarkeit kann uns helfen, vieles von dem zurückzuholen, was wir durch den Tod des geliebten Menschen für immer verloren zu haben glauben. Immer wenn Ihnen der Verstorbene fehlt, öffnen Sie Ihre Schachtel, holen einen Zettel heraus und danken ihm für diese spezielle Bereicherung Ihres Lebens. Ich versichere Ihnen, dass Ihr «Danke» im Jenseits gehört wird.

Die Bühne

Geliebten Verstorbenen zugestehen, sie selbst zu sein

Bei meinen Workshops zur Entwicklung medialer Fähigkeiten betone ich immer, wie wichtig es ist, die individuelle Ausdrucksform der Jenseitsbewohner zu akzeptieren. Wenn wir nicht bereit sind, feste Vorstellungen aufzugeben, dann legen wir unseren geliebten Verstorbenen nur Steine in den Weg. Ohne unsere Erwartungen kann ihre Energie frei fließen, und sie sind in ihrer Kommunikationsform uneingeschränkt. Je weniger Bedingungen wir für die Kontaktaufnahme stellen, desto leichter ist es für sie, uns ihre Gegenwart mitzuteilen.

1 Es ist sinnvoll, die Anweisungen der Übung aufzunehmen und dann den Schritten zu folgen, während Sie die Aufnahme abspielen. Auf diese Weise schaffen Sie Ihre eigene geführte Meditation.
2 Setzen Sie sich aufrecht auf einen Stuhl mit gerader Lehne, die Füße fest auf dem Boden. Lassen Sie Ihre Hände bequem in Ihrem Schoß ruhen.
3 Schließen Sie die Augen. Holen Sie mehrmals tief Luft.
4 Stellen Sie sich vor, dass Sie alleine im Zuschauerraum eines abgedunkelten Theaters sitzen. Die Gänge sind gesäumt von kleinen weißen Lichtern, die den Weg zur Bühne vor Ihnen weisen.
5 Vor Ihrem inneren Auge sehen Sie, wie Sie sich von Ihrem Sitz erheben und zur Bühne gehen.
6 Sobald Sie am Rand der Bühne ankommen, bemerken Sie Stufen, die hinauf zu ihr führen.
7 Wenn Sie Ihren Fuß auf die erste Stufe setzen, sehen Sie, dass sie rot zu leuchten beginnt. Holen Sie das zweite Bein nach. Stehen Sie nun mit beiden Füßen auf der rotleuchtenden Stufe. Spüren Sie, wie sich diese Farbe anfühlt. Füh-

len sich Ihre Füße warm an? Oder kühl? Welche Gefühle geraten in Ihnen in Bewegung? Nehmen Sie diese Gefühle wahr, und lassen Sie sie dann vorbeiziehen.

8 Steigen Sie auf die nächste Stufe. Sobald Sie sie berühren, leuchtet sie in der Farbe Orange. Stellen Sie fest, wie sich die Farbe Orange unter Ihren Füßen anfühlt. Wie schmeckt die Farbe Orange? Und wie riecht sie?

9 Wenn Sie ein wenig Zeit mit der Farbe Orange zugebracht haben, dann nehmen Sie die nächste Stufe und landen auf der Farbe Gelb. Auch hier halten Sie inne und warten, bis die Farbe ihre ganze Intensität entfaltet hat. Stellen Sie sich vor, dass Sie in gelbes Licht eingehüllt sind. Finden Sie heraus, ob Sie die Farbe Gelb riechen können. Welche Erinnerungen löst die Farbe in Ihnen aus? Gestatten Sie es den Bildern, in Ihren Geist zu strömen. Achten Sie auf die Klänge, von denen diese Erinnerungen vielleicht begleitet werden.

10 Die nächste Stufe leuchtet grün. Sobald Sie auf ihr stehen, lassen Sie sich von dem grünen Licht erfüllen. Gestatten Sie es der Farbe, allen Schmerz und alle Pein fortzuwaschen und Ihr Herz mit Heilung zu erfüllen. Falls Sie sich mit einem Mal von Trauer überwältigt fühlen, dann öffnen Sie sich diesen Gefühlen und lassen Sie dann Ihr Herz von der Farbe Grün erfüllen.

11 Auf der nächsten Stufe werden Ihre Füße in blaues Licht gehüllt. Lassen Sie es zu, dass das blaue Licht bis zu Ihrem Kopf aufsteigt und Ihren Hals einhüllt. Dabei kann in Ihren Ohren ein Druckgefühl entstehen, wie Sie es vom Fliegen kennen.

12 Die nächste Stufe strahlt indigoblau. Diese Farbschattierung kann man gelegentlich bei besonders stimmungsvollen Sonnenuntergängen sehen. Wenn Sie diese Stufe

betreten, dann nehmen Sie vielleicht eine Art Horizont zwischen den Stufen und der Bühne wahr.

13 Die Bühne beginnt in tiefviolettem Licht zu erstrahlen. Als Sie sie betreten, nimmt das Strahlen noch zu, wird so lange immer heller, bis die gesamte Bühne schließlich in ein sanftes weißes Licht gehüllt ist.

14 Während sich Ihre Augen noch an das Licht gewöhnen, füllt sich die Bühne langsam mit geliebten Jenseitsbewohnern. Beschränken Sie sich darauf, sie nur anzusehen und ihr Treiben zu beobachten. Entweder die Verstorbenen nehmen Sie zur Kenntnis oder aber nicht. Lassen Sie es zu, dass sich die Szene so entfaltet, wie sie es tut.

Jedes Mal, wenn ich diese geführte Meditation in meiner Gruppenarbeit zum Einsatz gebracht habe, waren die Teilnehmer von den Ergebnissen überrascht. Ein Vater sah seine verstorbene Tochter im Kreis anderer verstorbener Familienmitglieder. Eine Mutter beobachtete ihren verstorbenen Sohn beim Hockeyspielen. Sie stand am Rand und feuerte ihn an. Eine junge Frau erblickte ihre tote Mutter in einem Garten. Sie pflückte einen Strauß Blumen für sie und übergab ihn ihr.

15 Nach kurzer Zeit verblasst das weiße Licht, und die Bühne wird wieder von violettem Licht erfüllt. Auf Ihrem Rückweg über die kleine Treppe beginnen die Stufen, erneut zu strahlen. Nacheinander, nun in umgekehrter Reihenfolge, gelangen Sie von der indigoblauen zur blauen, grünen, gelben, orangefarbenen und schließlich zur roten Stufe. Das Licht im Saal geht langsam an, und Sie sehen die Plätze im Zuschauerraum.

16 Vor Ihrem inneren Auge sehen Sie, wie Sie den Gang zurück zu Ihrem Platz gehen und sich setzen.

17 Bleiben Sie noch einige Augenblicke bei sich. Dann öff-

nen Sie sich den Geräuschen um Sie herum und nehmen wahr, welche Gerüche durch den Raum strömen. Bewegen Sie Ihre Zehen und Finger. Spüren Sie Ihre Füße auf dem Boden.

18 Sobald Sie sich Ihrer Umgebung vollständig bewusst sind, öffnen Sie die Augen.

19 Danken Sie Ihren geliebten Verstorbenen dafür, dass sie bei Ihnen waren, und denken Sie über Ihre Erfahrung nach.

Ich rate davon ab, diese geführte Meditation mehr als einmal alle drei Monate zu machen. Die Teilnehmer meiner Workshops haben mir berichtet, dass diese Meditation sie für die Gegenwart Verstorbener und für ihre Kontaktaufnahmen im Alltag sensibilisiert hat.

Ob wir uns darüber im Klaren sind oder nicht oder auch nur bereit, die Wahrheit zu akzeptieren, es gibt eine fortgesetzte Kommunikation zwischen Jenseits und Diesseits. Diese Verbindung kann sich manifestieren, wenn ein Musiker morgens mit einem genialen Einfall für eine Melodie erwacht oder wenn die Fotografie eines geliebten Menschen von der Wand fällt. Langsam beginnen wir im Diesseits zu begreifen, was die im Jenseits schon lange wissen. Wir stehen nicht alleine da, sondern sind miteinander verbunden.

Stellen Sie sich vor, wie es wohl wäre, wenn Sie sich an einem langen Bankettisch mit lebenden und verstorbenen Familienmitgliedern und Freunden niedersetzen könnten. An diesem Tisch ist es allen möglich, einander darüber Mitteilung zu machen, wie sich das Handeln der anderen auf das eigene Leben ausgewirkt hat. Es wird Sie überraschen, was Sie da zu hören bekommen! Vielleicht dankt Ihnen ein Neffe dafür, dass Sie ihm eine Ausbildung ermöglicht haben. Oder ein Onkel erinnert Sie daran, wie Sie immer über seine Witze gelacht haben. Oder eine Tochter erklärt Ihnen, dass Ihre Kritik an ihrer Garderobe sie dazu bewog, ihren Traum von einer Karriere als Modedesignerin aufzugeben. Oder ein Vater bittet Sie um Verzeihung dafür, dass er sich zu Tode getrunken hat. Oder ein Sohn entschuldigt sich, weil er sich selbst das Leben genommen hat.

Wir müssen nicht gestorben sein, um eine solche Zusammenkunft zu erleben. Die Jenseitsbewohner nehmen Einladungen aus dem Diesseits mit Begeisterung an. Sie wollen hier und jetzt an unserem Leben teilnehmen. Medien sind an einem solchen Banketttisch einfach nur die Platzhalter der Verstorbenen.

Ich kann meine Arbeit als Medium nur deshalb tun, weil die Verstorbenen mich in ihren Dienst genommen haben. Ich stehe in dem Graben, den der Tod zwischen den Lebenden diesseits und jenseits aufgetan hat. Jedoch im Laufe der Jahre wird der Graben kleiner. Immer mehr Menschen haben eine eigene Beziehung zur Jenseitswelt entwickelt. Nichts könnte mich mehr freuen als die Vorstellung, dass wir eines Tages so tief miteinander verbunden und Medien gar nicht mehr erforderlich sind.

Bis dieser Tag gekommen ist, werde ich weiterhin der Platzhalter der Jenseitsbewohner am Banketttisch des Lebens sein.

Einladung an den Banketttisch

Das Gespräch mit geliebten Jenseitsbewohnern beginnen

Wie also können wir das Gespräch mit geliebten Jenseitsbewohnern beginnen? Jede Kommunikation fängt mit einer Einladung an. Ob Sie sich nun auf ein Gespräch mit einem Medium vorbereiten oder die Möglichkeit ausprobieren, selbst die Verbindung zum Jenseits aufzunehmen, die nachfolgende Übung kann Sie darin unterstützen. Sie heißt «Einladung an den Banketttisch», und die zugrundeliegende Technik nennt man Visualisierung. Dieser Begriff ist eine komplizierte Umschreibung dessen, was wir als Kinder einfach als unsere Phantasie begriffen haben.

Diese Übung eignet sich gleichermaßen für Anfänger und für Experten in der Jenseitskommunikation. Bevor Sie mit der Übung beginnen, ist es besser, ihren Text einmal vollständig durchzulesen. So müssen Sie sich beim Üben nicht unterbrechen. Oder aber Sie nehmen die Anweisungen auf und spielen Sie ab, wenn Sie das erste Mal die Übung ausführen.

1 Setzen Sie sich aufrecht auf einen Stuhl mit gerader Lehne, die Füße fest auf dem Boden. Lassen Sie Ihre Hände mit den Handflächen nach oben bequem in Ihrem Schoß ruhen. Schließen Sie die Augen.
2 Überantworten Sie dem Stuhl Ihr ganzes Gewicht. Falls Sie irgendwo in Ihrem Körper Anspannung spüren, dann atmen Sie in diesen Bereich hinein und stellen sich vor, dass Sie mit dem Ausatmen die Spannung loslassen.
3 In diesem entspannten Zustand sitzen Sie bewusst auf dem Stuhl und spüren Ihre Füße fest auf dem Boden. Seien Sie einen Moment lang ganz still. Falls irgendwelche Gedanken auftauchen, lassen Sie sie einfach vorbeiziehen.
4 Sobald Ihr Geist ruhig wird, stellen Sie sich ein angenehmes rosafarbenes Licht vor, das Sie einhüllt und den ganzen Raum erfüllt. Spüren Sie, wie sich das anfühlt. Das rosafarbene Licht erschafft einen sicheren und von Liebe erfüllten Raum, in dem Sie und Ihre geliebten Verstorbenen einander begegnen können.
5 Malen Sie sich vor Ihrem inneren Auge aus, dass Sie an

einem Tisch sitzen. Überlassen Sie die Beschaffenheit des Tisches Ihrer Phantasie. Es kann ein einfacher Küchentisch sein oder ein kunstvoller Bankettisch. Entscheiden Sie über die Zahl der Stühle, die an ihm stehen sollen. Er kann mit ererbtem Porzellan eingedeckt sein oder, wenn Ihnen ein Picknick besser gefällt, mit Papptellern. Wenn Sie Bechern vor bleikristallenen Gläsern den Vorzug geben, dann ist das auch in Ordnung. Es ist Ihr Tisch. Bereiten Sie ihn genau so, wie er Ihnen gefällt.

6 Während Sie den gedeckten Tisch vor sich sehen, überlegen Sie, wen Sie zum Bankett einladen möchten. Wenn Sie wollen, können Sie sogar an jedem Platz ein Namenskärtchen aufstellen.

7 Nun, da alles vorbereitet ist, kommt der Zeitpunkt, die Gäste (oder den Gast) willkommen zu heißen.

8 Wenn Sie bereit sind, dann stellen Sie sich auf Ihrer linken Seite eine Tür vor. Die Tür ist entweder violett oder hat einen violetten Rahmen.

9 Wenn die Tür sich öffnet, dann sagen Sie im Geiste: «Herzlich willkommen ...» (Setzen Sie den Namen des geliebten verstorbenen Menschen ein.)

10 Betrachten Sie den Jenseitsbewohner. Seien Sie nicht überrascht, wenn die Person jünger oder gesünder aussieht, als Sie sie in Erinnerung haben. Akzeptieren Sie ihr Aussehen, und befreien Sie sich von allen festen Vorstellungen, die Sie bezüglich ihres Aussehens haben.

11 Wenn Sie möchten, können Sie im Geiste (oder auch laut) *alles* sagen, was Sie sagen möchten. Sie können einfach nur Ihre Freude über das Wiedersehen ausdrücken oder auch Dinge mitteilen, die sich über längere Zeit in Ihnen angestaut haben. Machen Sie sich Luft – auch wenn Sie wütend sind über ihren Tod. Das ist erlaubt. Damit vertreiben Sie

Jenseitsbewohner nicht. Seien Sie sich klar darüber, dass die Verstorbenen Sie hören können, auch wenn sie scheinbar nicht reagieren.

12 Wenn Sie fertig sind, dann bleiben Sie ein paar Augenblicke still sitzen. Machen Sie sich die Gedanken bewusst, die Ihnen vielleicht in den Sinn kommen. Es ist leicht, sie als Ihre eigenen Gedanken abzutun, doch seien Sie nicht vorschnell. Möglicherweise tritt Ihnen eine Erinnerung ins Bewusstsein. Die Verstorbenen erinnern uns gerne an gemeinsame gute Zeiten.

13 Danken Sie Ihren Verstorbenen dafür, dass sie Ihre Einladung angenommen haben. Gestatten Sie es ihnen, vom Tisch aufzustehen und den Raum durch die violette Tür zu verlassen.

14 Sehen Sie sich den Tisch noch einmal genau an. Gelegentlich lassen geliebte Menschen ein Geschenk zurück. Vielleicht ist es eine Rose oder ein Spielzeug oder eine Karte.

15 Nehmen Sie das Geschenk an, das vielleicht als Dankeschön zurückgelassen wurde.

16 Spüren Sie sich nun wieder auf dem Stuhl, mit den Füßen fest auf dem Boden und den Händen in Ihrem Schoß. Werden Sie sich langsam wieder des Raums um Sie herum bewusst.

17 Sobald Sie dazu bereit sind, öffnen Sie die Augen.

Es kann sein, dass es jedes Mal andere Verstorbene sind, die Ihrer Einladung zum Bankett folgen. Auch Ihr Erleben kann jedes Mal ein anderes sein. Nehmen Sie die Gelegenheit wahr, um den Kontakt zu geliebten Verstorbenen im Jenseits aufzunehmen und zu pflegen.

Die Patchworkdecke

Die Flicken der Jenseitskommunikation vernähen

Die meisten meiner Kursteilnehmer wissen anfangs nicht, wie sie mögliches Wunschdenken von einem tatsächlichen Kontakt zu einem Verstorbenen unterscheiden sollen. Bei gewissenhafter Arbeit mit der Übung «Die Patchworkdecke» ergibt sich aus den vielen kleinen Flicken der Jenseitskommunikation manchmal ein aussagekräftigeres Muster.

Wie ich in diesem Buch beschrieben habe, liefern uns die Jenseitsbewohner ihre Informationen meist in kleinen Bruchstücken: hier ein Name, da ein Gefühl, dort ein Bild oder ein Symbol auf der inneren Leinwand. Gelegentlich tauchen die fehlenden Stücke erst Tage, Wochen oder sogar Jahre nach dem ersten Kontakt auf und ermöglichen ein tieferes Verständnis.

Die nachfolgende Übung hilft Ihnen, die mitgeteilten Einzelteile zu einem Gesamtbild zusammenzusetzen, damit Sie die Patchworkdecke als Ganzes sehen. Im Verlauf unserer alltäglichen Verrichtungen mag das eine oder andere vorfallen, das Sie zu dem Gedanken veranlasst: «Könnte das vielleicht ein geliebter Verstorbener sein, der sich bei mir meldet?» Es geschieht leicht, dass wir diese kleinen Zwischenfälle als Zufälle oder Hirngespinste abtun. Doch wenn Sie dokumentieren, was vorgefallen ist und wann, dann wird nach und nach ein Muster sichtbar.

Halten Sie immer ein kleines Notizbuch und einen Stift bereit, damit Sie alles aufschreiben können, was so aussieht, als sei es ein Gruß aus dem Jenseits. Quälen Sie sich nicht mit der Frage danach, wie bedeutsam eine Mitteilung ist. Manchmal ist es etwas so Einfaches wie ein Autonummernschild mit den Initialen eines geliebten Verstorbenen, das Ihnen ins Auge fällt.

Die im zehnten Kapitel aufgeführten Beispiele werden Ihnen helfen, eine Vorstellung dafür zu entwickeln, wie der

Kontaktversuch eines Verstorbenen aussehen kann. Wenn Sie von einem Verstorbenen träumen, dann schreiben Sie den Traum auf. Wenn Sie plötzlich ein vertrautes Aftershave riechen, obwohl niemand da ist, dann schreiben Sie es auf. Wenn Sie Orbs auf einem Foto sehen, dann halten Sie auch das fest. Notieren Sie alles, was ein Hinweis sein könnte, und vergessen Sie auch nicht, Zeit und Ort anzugeben.

Machen Sie sich keine Sorgen, wenn lange Zeit scheinbar nichts passiert. Manchmal nehmen Kontaktversuche aus dem Jenseits zu, wenn Feiertage oder Jahrestage anstehen.

Falls Freunde und Familienmitglieder ebenfalls Botschaften aus dem Jenseits notieren, dann werden Sie staunen, welche Muster entstehen, wenn Sie Ihre Aufzeichnungen vergleichen.

Wichtig ist nur, im Kopf zu behalten, dass Ihre geliebten Menschen aus dem Jenseits mit Ihnen Kontakt aufzunehmen versuchen. Wenn Sie sich und Ihr Herz öffnen und Dankbarkeit zu Ihrer grundlegenden inneren Einstellung machen, dann sind Sie bereit, ihre Mitteilungen zu empfangen.

Zehn Dinge, die die Begegnung mit verstorbenen Kindern zu einer einzigartigen Erfahrung machen

1 Kinder sind unglaublich begeisterungsfähig.
2 Kinder haben kein Bewusstsein vom Tod; auch dann nicht, wenn ihrem Tod eine lange Krankheit vorausging. (Sie haben vollkommen recht damit, dass wir nicht sterben. Der Tod ist einfach kein wichtiger Bestandteil ihres Lebens.)
3 Kinder nehmen gerne mit anderen Kindern Kontakt auf, auch dann, wenn sie nicht mit ihnen verwandt sind.
4 Kinder sind beharrlich – manchmal in erstaunlichem Maße.
5 Kinder gehen spielerisch mit der Kommunikation um. Sie nehmen gerne Einfluss auf die physische Welt.

6 Kinder stellen alle unsere Vorstellungen vom Leben und Tod in Frage.
7 Kinder sind neugierig, auch nach ihrem Tod. Und sie überschreiten gerne Grenzen.
8 Sie können Kinder zu nichts zwingen, auch nicht zur Beantwortung irgendwelcher Fragen.
9 Kinder lernen immer etwas dazu.
10 Kinder nennen die Dinge beim Namen. Immer!

Was wir von verstorbenen Kindern lernen können

- Spielen ist immer gut, aber nicht immer nach den Regeln.
- Raufbolde und Mobber haben vielleicht auf dem Spielplatz die Oberhand, aber im Leben verlieren sie.
- Das Leben ist wie Skateboardfahren. Man fällt oft auf die Nase, bevor man den Trick raushat.
- Lebe und lache.
- «Warum?» ist eine kurze Frage, die zu beantworten eine Ewigkeit dauert.
- Das Leben ist wie Schaukeln: je höher, umso schöner.
- Warte nicht, bis die Schule aus ist, um Spaß zu haben.
- Lass dein Leben eine inspirierende Geschichte erzählen.
- Werde nicht erwachsen, sondern wachse einfach weiter.
- Lebe jenseits der Grenzen, denn das Leben ist grenzenlos.
- Teile dein Spielzeug mit anderen, und du wirst immer Spaß haben.
- Wenn du meinst, alleine zu singen, dann hör nur gut zu: Im Hintergrund spielt immer ein ganzes Orchester.
- Fürchte dich nicht vor dem Schwarzen Mann unterm Bett. Er kann dich nicht vom Träumen abhalten.
- Wer möchte, dass sich seine Wünsche erfüllen, der sollte besser danke statt bitte sagen.

- Manchmal ist ein Schmetterling ein aus dem Himmel gesandter Kuss.
- Verzeihen verwandelt das Leben von einem Schwarzweiß- in einen Farbfilm.
- Der Tod wirkt lebensverändernd. Doch es ist besser, man ändert sich, bevor man stirbt.
- Der Himmel ist aus Liebe, Hoffnung und Freude errichtet.

Die Unabhängigkeitserklärung der Verstorbenen

Diese Wahrheiten betrachten wir als selbstverständlich:

1. Dass wir an allen Einzelheiten deines Lebens in allen Nuancen interessiert sind: das neue Kleid wahrnehmen, das du zu einem besonderen Anlass gekauft hast, die Liste von Pflichten kennen, die du abarbeiten musst, den tropfenden Wasserhahn in der Küche, deine Hobbys, an denen wir uns mit dir erfreuen.
2. Dass wir bemerken, was du aus Liebe zu uns tust: ein Foto bei dir trägst, eine Kerze anzündest, eine Stiftung gründest, Freunden Geschichten von uns erzählst (und wir gestatten dir sogar, ein bisschen dabei zu übertreiben).
3. Dass wir dich hören, wenn du mit uns vor dem Einschlafen und beim Fahren im Auto sprichst. Manchmal antworten wir dir mit einem bestimmten Lied im Radio oder durch die einfühlsamen Worte eines Fremden.
4. Dass wir dich lachen sehen wollen und dass deine zurückkehrende Lebensfreude unser Leben feiert und dass Trauer nicht der einzige Ausdruck deiner Liebe ist.
5. Dass wir in Träumen zu dir kommen, geschieht tatsächlich und ist keine Einbildung.
6. Dass durch die Heilung der Sucht und des Missbrauchs in

eurem Leben und durch eure Vergebung von unserem Versagen euch und uns gegenüber wir hier wieder ganz werden und dadurch der Weg von anderen, die nach euch kommen, verändert wird.

7 Dass wir euch in euren Entscheidungen leiten und von unserer Seite aus die Schaffung von Harmonie statt von Uneinigkeit fördern können, wenngleich wir niemals den freien Willen von euch und anderen beschneiden. (Testamente können wir leider nicht rückwirkend umschreiben, also bittet uns nicht um solche Sachen.)

8 Dass wir an den Feiertagen, den Geburtstagen und bei den Familienfesten anwesend sein werden. Wir begleiten euch bei eurer Hochzeit auf dem Weg zum Altar und nehmen freudig Anteil, wenn ein Baby den Kreis der Familie vergrößert. Besonders gerne lächeln wir den Babys zu, die unser Lächeln erwidern.

9 Dass eure Liebe und euer Gedenken uns nicht davon abhalten weiterzuziehen, sondern uns sogar Flügel verleihen, um in die entlegensten Ecken des Himmels zu gelangen und dabei immer noch den Kontakt zu euch aufrechtzuerhalten. Wir können tatsächlich an zwei Orten zugleich sein.

10 Dass wir im Himmel auf euch warten, ganz egal, wie wir gestorben sind, und sogar dann, wenn wir unser irdisches Dasein durch die eigene Hand beendet haben. Und, ja, wir werden wieder zusammen sein ... eines Tages.

Francis H. Gierisch – Dad, ich danke dir dafür, dass du immer an mich geglaubt hast.

Wendy, Bruce, Frankie und Tyler – ich danke euch dafür, dass ihr meine Familie seid, eine Familie, die ich liebe ... und mag.

Hope Innelli – vielen Dank, dass du für mich gleichermaßen Lektorin und Cheerleader bist. Dein Können, gutes Zureden und dein Einfühlungsvermögen in mein Thema weiß ich mehr zu schätzen, als ich sagen kann. (Bitte streich meine Danksagung an dich nicht raus, nimm das Kompliment einfach an!)

Jennifer Pooley – vielen Dank für die Begeisterung, mit der du mir auf der San-Diego-State-University-Schriftstellerkonferenz meine Liste mit Buchideen aus den Händen gerissen und mich schließlich dem wunderbaren Team vorgestellt hast, das dieses Buch erst ermöglichte.

Robert Brown – vielen Dank, dass du mir gezeigt hast, wie Medien in England arbeiten. Dank auch für deine unerschütterliche Hingabe an die Jenseitskommunikation und dafür, dass du mich auf so zahlreiche anregende «Reisen» mitgenommen hast.

Kevin – vielen Dank dafür, dass du mein Freund und Türhüter bist.

John Edward – vielen Dank für deine zeitgerechten Ratschläge und für deine Ermutigung, ein Wagnis einzugehen.

Tom – vielen Dank dafür, dass du die Forscherin in mir geweckt hast.

Michelle – vielen Dank dafür, dass du mich auf meiner Reise begleitest.

Ken – vielen Dank dafür, dass du in dunklen Tagen und hellen Nächten bei mir warst.

Suzy – vielen Dank dafür, dass du mich bewogen hast, meine Grenzen zu überschreiten.

Mary Anne – vielen Dank dafür, dass du mich an deinem Leben, deinem Zuhause und an deinem vollen Kühlschrank hast teilnehmen lassen.

Angela – vielen Dank für deinen unbeirrbaren Richtungssinn.

Vanora – vielen Dank dafür, dass du meine Seelenfreundin bist.

Ashley – vielen Dank dafür, dass du dich um die Details gekümmert hast.

Clay – vielen Dank dafür, dass du immer für mich da warst.

Wendy – vielen Dank dafür, dass du meine Arbeit gewürdigt hast, noch bevor sie irgendwem sonst ins Auge gefallen ist.

Chi, Isis, Vandal, Rhaevan und Koa – vielen Dank dafür, dass ihr mir Gesellschaft leistet und mich zum Lachen bringt.

An alle Medien, die mir vorangegangen sind – vielen Dank für euren Dienst an den Verstorbenen, nicht selten mit hohem persönlichen Einsatz. Eurer Arbeit verdankt es die meine, dass sie einen Platz in der Welt gefunden hat.

MIX
Papier aus verantwortungsvollen Quellen
FSC® C083411

Das für dieses Buch verwendete FSC®-zertifizierte Papier
Lux Cream liefert Stora Enso, Finnland.